19세기 영국 여성 작가와 기독교

이 연구는 2014학년도 이화여자대학교 교내연구비 지원에 의한 연구임.

Charlotte Brontë
Emily Brontë
Elizabeth Gaskell
George Eliot

19세기 영국 여성 작가와 기독교

Women Writers and Christianity in Nineteenth-Century England

오정화 지음

이화여자대학교출판문화원

| 머리말 |

내가 미국에서 영문학을 공부하던 1980년대는 미국 대학에 여성주의의 열풍이 불고 있던 시기였다. 여성주의 비평 방법들이 대거 등장하여 발전하기 시작했고 대학 교과 과정에서 여성 작가들의 작품을 읽는 과목들이 중요한 위치를 차지하기 시작했다. 한국에서 석사 논문을 쓸 때 여성주의 관점을 도입한 것에 대해 이런 것도 문학 비평이냐는 비판을 받아야 했던 나로서는, 미국 대학에서 마음껏 여성주의를 배우고 연구할 수 있는 것에 큰 기쁨을 느꼈다.

그러나 19세기 여성 작가들을 여성주의 관점에서 연구하던 나에게 불쑥불쑥 들던 의문이 있었다. 당시 여성주의는 기독교가 가부장제의 핵심 요인의 하나라고 비판을 많이 했고 여성주의 비평에서도 여성 작가들을 제한하고 방해한 주요 요소로 기독교를 꼽으면서 많은 공격을 하고 있었다. 나에게, 우리의 어머니들에게, 할머니들에게, 암흑에 빠져 있던 많은 조선의 여성들에게 기독교는 빛을 가져다주었고 해방을 가져다주었는데, 많은 한국의 여성들에게는 빛이고 해방이었던 기독교가 왜 서양 여성들에게는 억압의 기제였을까? 정말 19세기 여성 작가들에게 기독교는 억압의 기제였을 뿐일까? 그렇다면 왜 내가 읽는 19세기 여성 작가들은 모두 기독교인이었을까?

이러한 질문은 내가 서구 여성이 아니고 동양 여성이었기 때문에 영문

학을 공부하며 외부자로서 주변인으로서 가지게 되었던 의문이었을 것이다. 그러나 당시 지구 동쪽 끝 잘 알려지지 않은 나라에서 미국의 대표적 대학의 영문학과에 와 공부하고 있던 나로서는 그 의문을 크게 입 밖에 낼 수 없었다. 마치 19세기 여성 작가들이 가부장 사회에 반대되는 그들의 목소리를 내기가 그렇게 힘들었던 것처럼, 나는 외부자로서 주변인으로서 그것을 말하는 것이 매우 어려웠다. 당시 소위 주류 여성주의의 관점을 따라 논문을 쓰고 박사 학위를 받았던 내가 이 의문을 되살릴 수 있게 된 것은, 졸업한 지 약 10년 후 연구년에 그 학교에 다시 돌아갔을 때였다.

영문학 분야의 거의 모든 책들이 있는 그 대학 도서관에서, 마치 박사 학위 논문을 쓰던 그때로 돌아간 듯이 수많은 책들 사이를 누비고 있던 어느 날, 오래 묻어두었던 그 의문이 내 안에서 다시 고개를 들기 시작했고, 이 의문을 가지고 연구를 시작한 나는 뜻밖에도 지난 10년간 여성문학을 연구하는 비평에 변화가 시작되었음을 목도하게 되었다. 나와 같은 의문을 갖고 종교의 문제에 관심을 가지기 시작한 몇몇 비평가들을 만난 나는 새로운 해석 공동체를 발견한 희열 속에 이 문제를 정면으로 대면하기 시작했다.

그러므로 이 책은 2002년 새해가 시작될 때 출발했다고 할 수 있다. 그

겨울부터 문학과 종교에 관한 연구를 시작했고, 특히 19세기 여성 작가와 기독교의 관계에 관해 글을 쓰기 시작했다. 그동안 이 주제로 발표한 논문들을 중심으로 이 책을 내면서, 지난 15년간 영미 영문학계에서 진척된 이 부분에 대한 연구를 최대한 반영하여 수정 보완했고, 논문으로 발표할 때는 충분한 분량을 할애할 수 없었던 작가들의 기독교적 배경에 대한 설명도 보충했다.

이 책의 목적은 19세기 여성문학이 기독교와 가졌던 관계가 복합적이고 양면적임을 보여주는 것이다. 복음주의의 부흥으로 19세기 영국은 종교가 모든 사람의 삶을 좌우하던 시대였고 이 시대에 여성 작가들은 제도화되고 가부장제화한 기독교에 대해 억압을 느끼고 강한 비판을 했다. 그러나 그 비판은 기독교 자체에 대한 비판이 아니라, 가부장제화하고 제도화된 기독교에 대한 비판이었으며, 이러한 기독교를 성경이 가르친 대로 되돌리기 위하여 이들은 오히려 기독교 신앙에 기초하여 잘못된 당시 사회를 비판했다. 남성 중심, 계급 중심, 물질 중심 사회에 대해 그들이 비판하려 할 때, 그들은 여성으로서 그러한 비판의 목소리를 내기가 매우 어려웠다. 그러나 "그리스도 안에 뿌리를 박고" 사랑과 공의의 하나님 나라가 이 땅에 이루어지게 하려는 노력으로 하나님의 뜻에 반하여 잘못 돌아가고 있는 세상에 대해 비판할 때, 그들은 과감한 목소리를 낼 수 있었다.

제1장에서는 복음주의가 19세기 여성 작가에게 주었던 힘과 한계의 이중성을 연구하고, 제2장에서는 샬롯 브론테가 복음주의가 중시한 개인의 중요성에 기초하여 개인 여성의 영성을 펼쳐 보인 점을, 제3장에서는 에밀리 브론테가 죄와 은혜와 용서와 사랑이라는 기독교의 핵심 가치를 독특한 서술기법을 통해 전달하고 있음을 분석했다. 또한 제4장에서는 엘리자베스 개스켈이 작가로서의 권위를 고통받는 자들을 위한 선지자적 외침을 통해 세워나갔던 점을 살펴보았고, 제5장에서는 조지 엘리엇이 복음주의 여설교자를 통해 작가로서의 비전을 제시했던 점에 대해 분석했으며, 제6장에서는 여성주의 관점에서 종교적 문학 비평의 의의와 필요성을 강조했다.

이 책을 집필하면서 내가 일찍이 발견했던 해석 공동체가 그동안 점점 커지며 연구가 발전되고 있는 것을 보고 기뻤다. 그러나 아직도 이 분야는 충분한 연구가 이루어지지 못했고, 많은 비평가들이 조심스러워하며 연구하고 있는 것도 목격했다. 문학과 종교의 관계에 대한 재검토가 많이 진척되고 있는 반면에, 여성주의적인 관점에서의 재검토는 아직도 갈 길이 멀다는 점과 좀 더 많은 연구가 이루어져야 할 필요성도 절감했다.

이 분야 연구에 대한 비전을 가지고 시작한 책이지만 완성된 책은 그 비전에 많이 모자라 부끄러운 마음이 앞선다. 단지 이 책이 문학과 종교,

특히 여성문학과 기독교의 관계에 관심을 가지고 이 분야를 연구하고 싶은 후학들에게 조금이라도 도움이 되기를 희망하며, 이 분야 연구자들에게 목소리를 낼 수 있게 해주는 작은 씨앗이 될 수 있기를 소망할 뿐이다.

이 책이 나올 수 있도록 여러 가지 도움을 주신 모든 분들에게 감사를 드리고 싶다. 특히 일찍이 선구적으로 여성주의를 소개해주신 윤정옥 교수님과 미국 대학에서 연구를 이끌어주신 Jean Blackall 교수님, 두 스승님께 큰 감사를 드린다. 여성주의라는 불편한 학문을 하는 것을 항상 든든하게 지원하고 격려해준 박창균 교수에게도 이 자리를 빌려 감사의 마음을 전한다. 이 책의 집필을 지원해준 이화여자대학교 연구처, 출판을 맡아준 이화여자대학교출판문화원에 감사드리며, 특히 민지영 선생님의 꼼꼼한 교열과 출판 관련 제반 사항을 위해 해주신 수고에 감사드린다. 그리고 그 겨울 이타카에서 내 곁에 계셔주셨던 (그러니 그 겨울이 함께 보낼 수 있었던 마지막 겨울이었던) 나의 어머니께 이 책을 바치고 싶다.

2017년 2월

오정화

| 차례 |

머리말 _ 5

제1장 19세기 영국의 복음주의와 여성 작가 _ 13

1. 복음주의의 역사와 19세기 영국 _ 15
2. 19세기 영국 여성 _ 23
3. 분리 영역과 가정성 예찬 _ 28
4. 성경 해석의 권위 _ 35
5. 여성 작가와 종교 _ 43

제2장 샬롯 브론테의 『제인 에어』: 개인으로서의 여성의 영성 _ 47

1. 종교적 관점들 _ 49
2. 샬롯 브론테와 영국 국교 _ 54
3. "단독자" 개념 _ 65
4. 『제인 에어』에 나타난 단독자 _ 75
5. 기독교적 실존의 비전 _ 95

제3장 에밀리 브론테의 『폭풍의 언덕』: 심층적 의미를 생산한 서술기법 _ 105

1. 믿을 수 없는 화자에 대한 논쟁 _ 107
2. 에밀리 브론테와 감리교 _ 112
3. 액자 서술자와의 거리 두기 _ 122
4. 일인칭 서술자인 인물 넬리 딘 _ 134
5. 서술기법과 기독교의 핵심 가치 _ 149

제4장 엘리자베스 개스켈의 『메리 바튼』:
고통받는 자들을 위한 외침 _ 157

1. 개스켈 부인이 쓴 산업소설 _ 159
2. 엘리자베스 개스켈과 유니테리언교 _ 163
3. "타락한 여자"와 가난한 노동자들 _ 173
4. 메리 바튼의 말하기 _ 187
5. 종교와 서술적 권위 _ 198

제5장 조지 엘리엇의 『애덤 비드』:
여설교자를 통해 세운 미학 _ 207

1. 소설가로의 전환 _ 209
2. 조지 엘리엇과 복음주의 _ 213
3. 조지 엘리엇의 리얼리즘론 _ 223
4. 다이나 모리스를 통해 제시되는 작가상 _ 234
5. 종교와 미학 _ 250

제6장 "그리스도 안에 뿌리를 박다":
19세기 여성문학에 대한 종교적 비평 _ 261

참고문헌 _ 277
찾아보기 _ 292

Charlotte Brontë
Emily Brontë
Elizabeth Gaskell
George Eliot

제1장

19세기 영국의 복음주의와 여성 작가

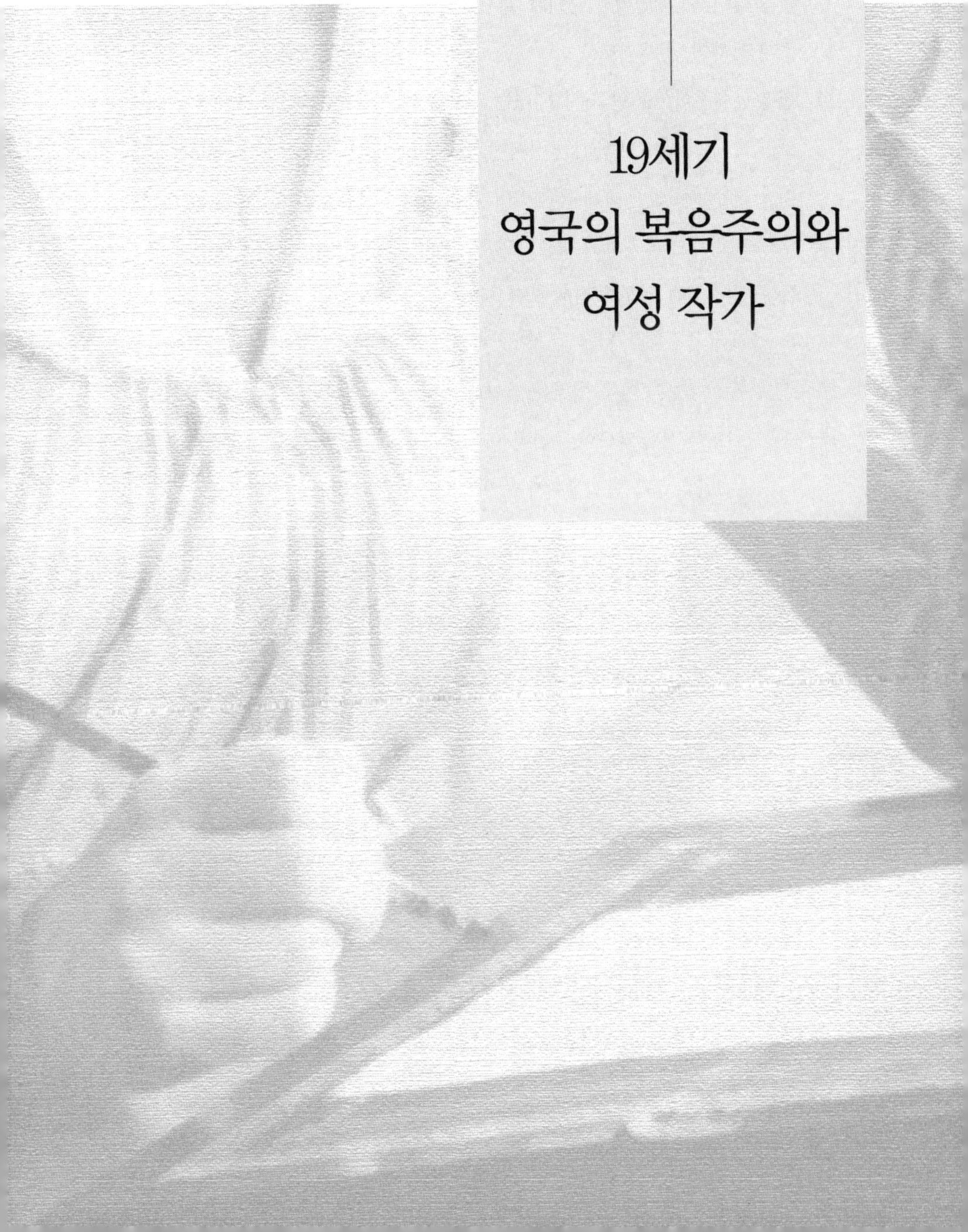

"만일 나의 주님께서 나에게 열 탤런트를 주셨다면, 나의 의무는 그것으로 장사를 하여 열 탤런트를 더 만드는 것입니다. 집 안의 장롱 먼지 속에 그 동전을 묻어두어서는 안 되지요. 나는 그것을 주둥이가 부서진 찻주전자에 넣어 찬장 속에 차 관련된 물건들 사이에 놓아두지는 않겠어요. … 무엇보다도 그것을 식료품실 선반 위에 빵과 버터, 과자, 햄과 함께 정렬되도록 차가운 감자 수프 그릇 속에 숨겨놓지 않겠어요. … 어머니, 우리 각자에게 우리의 탤런트를 주신 주님은 언젠가 집에 오셔서 모두에게 보고서를 요구하실 거예요. 많은 집에서 찻주전자, 낡은 긴 양말, 해진 리넨 조각, 버드나무 무늬의 뚜껑 달린 수프 그릇들이 아무 이익을 남기지 못하고 묻혀 있던 것들을 드러내겠지요. 적어도 당신의 딸들이 주님이 오실 때 주님께 이자라도 돌려드릴 수 있게 되도록 그들의 돈을 환전상에게 맡기는 것이라도 허용해주세요."[1]

---

1 Charlotte Brontë, *Shirley*, 1849, Eds. Herbert Rosengarten and Margaret Smith, Oxford: Oxford University Press, 1979, 400. 『셜리』에서 로즈 요크(Rose York)는 이 발언에서 예수의 "달란트 비유"를 인유(引喩)하고 있다. "달란트"는 금은의 중량인데, 이 비유에서 그 후 "탤런트"(재능)의 의미가 나왔으므로, 여기에서는 이중적인 의미를 살리기 위해 번역을 "달란트"가 아닌 "탤런트"로 했다.

1. 복음주의의 역사와 19세기 영국

19세기 영국인들의 삶에서 가장 중요한 부분의 하나는 종교였다.[2] 기독교가 영국인들의 삶에서 항상 중요한 역할을 했던 것은 사실이지만, 그 중요성이 19세기만큼 컸던 적은 역사상 흔치 않은 것이었다. 17세기 말과 18세기 초에 기독교는 과격한 청교주의에 대한 반발과 경험적 합리주의의 영향, 성직자들의 부패와 체제순응적인 성향 등으로 인해 영국 사회에서 영향력이 많이 쇠퇴했었다. 그러나 18세기 후반부터 시작된 기독교의 부흥은 빅토리아조를 영국 역사에서 가장 종교적인 시대의 하나로 바꾸어놓았다. 12세기와 17세기를 제외하고는 영국인들의 삶에 종교가 그렇게 커다란 부분을 차지한 적이 없었고, 종교의 이름으로 말하는 사람들이 그렇게 큰 힘을 발휘할 수 있었던 적이 없었다(Clark, 1971: 20). 기독교인의 수와 목회자의 수가 전례 없이 증가했고, 뜨겁고 열렬한 경건함이 보편화했으며, 사회적 종교적 개혁을 위한 자원봉사 단체가 많이 생겼고, 선교에 대한 열정이 높아져 외국에 선교사를 많이 파견했으며, 종교적인 출판도 급증했다. 전례 없이 종교적인 논쟁이 격렬하여 종교인, 신학자, 철학자들은 물론이고 과학자, 정치가, 예술가들도 이 논쟁에 참여했으며, 신앙에 대한 옹호나 비판이 에세이나 소논문에서는 물론이고 소설, 시, 연극에서도 활발히 개진되었다(Woelfel, 1997: 1). 종교문학이 매우 많은 독자를 확보하고 있어서 많은 종교시와 성가가 쓰여졌고, 특히 종교소설이 큰 인기를 누렸을 뿐 아니라, 세속적인 문학들도 성경에 대한 인유(引

2 19세기 영국에서 "종교"라는 용어는 오늘날처럼 다양한 여러 종교를 포함하는 일반적인 단어가 아니라 기독교를 의미하는 단어였다. 이 책에서도 종교라는 용어는 19세기 영국에서 쓰였던 대로 기독교를 의미하는 단어로 사용하고 있다.

喩, allusion)를 통해 작가와 독자 사이에 교두보를 마련하는 것이 중요한 관습이 되었다. 그래서 해리슨(J. F. C. Harrison)은 빅토리아조를 종교적 가치가 모든 사회적 이슈를 물들인 "종교의 시대"였다고 명명했다 (Harrison, 1971: 122).[3]

이처럼 종교가 사람들의 삶의 핵심적인 요소였던 19세기 영국에서 가장 중요한 신학으로 멜닉(Julie Melnyk)은 복음주의, 영국 가톨릭, 자유주의, 로마 가톨릭의 4가지를 꼽고 있다(Melnyk, 2010: 36). 이 중 빅토리아조 영국 가톨릭의 신학은 영국 국교 속에 있는 로마 가톨릭적 요소를 다시 강조하면서, 성직자의 권위를 높이고, 성모 마리아 숭배와 성자들의 날을 기념하는 등의 로마 가톨릭 전통을 되살렸으며, 신비적인 체험을 통한 직접 계시에 대한 관심을 되살렸다. 자유주의 신학은 유니테리언교(Unitarianism)와 영국 국교 광교회파(Broad Church)에 의하여 전파되었는데, 유니테리언은 삼위일체론과 그리스도의 신성을 부정하지만, 윤리와 사회 참여를 강조하고 신학적 이견들에는 관용적이었다. 광교회파 역시 다양한 신학적 관점에 관용적이었으며, 예수의 신성을 부정하지는 않았지만 기독교의 전통적인 원리들을 부정할 준비가 되어 있었으며, 이성을 중시하여 감성적이거나 신비적인 요소를 최소화하고 원문 비평과 과학에서 이루어진 지적인 발견들을 환영했다. 그리고 주류가 아닌 소수이기는 했지만 로마 가톨릭도 19세기 영국에서 부흥을 하여 점차 영향력이

3 해리슨은 1853년의 인구조사 결과 1천8백만 인구 중에 7백만 명이 예배에 참석하고 있는 것에 대해 분석하기를, 인구의 30%는 어린아이들, 병자들, 노인들, 일요일에 집안일이나 기타 일을 해야 하는 사람들이므로 이들을 제외시킨다면, 예배 참석 가능 인원의 60%가 실제로 참석했으며 40%가 참석하지 않은 것이라고 한다. 당시 40%가 참석하지 않은 것이 문제가 되는 것은 그들이 대부분 노동계층 사람들이었기 때문에 중산층 사람들을 불안하게 한 점 때문이다.

늘어났다. 멜닉은 자신이 열거한 4가지 신학 중에서 복음주의가 영국 국교 저교회파(Low Church), 감리교, 침례교, 회중파교회 등의 사고에 광범위한 영향을 준 19세기 영국의 가장 영향력 있었던 신학이었음을 밝히고 있다(Melnyk, 2010: 36-38).

1844년에 페피즈(Henry Pepys)가 "종교적인 시대"에 "종교적인 국가"에 살고 있음을 자부했을 정도로(Soloway, 1971: 28) 영국이 종교적인 국가가 된 것은 감리교의 부흥과 이에 힘입은 저교회파 복음주의 부흥에 기인한 바가 컸다.[4] 1740년대에 존 웨슬리(John Wesley)는 예수에 대한 개인적인 믿음과 개인의 삶에서 신앙의 중요성을 강조하여 개인적인 차원에서의 신앙 부흥을 외쳤을 뿐 아니라, 부패한 정치에 대한 비판과 강제 징집에 대한 반대 운동 및 노예 제도에 대한 강력한 반대 등을 통해 사회적인 차원에서도 기독교의 변혁적 잠재력을 부활시켰다(Melnyk, 1993: 33). 그러나 18세기 말까지 영국 국교의 한 부분으로 남아 있었던 감리교가 하층민과의 연관과 광신적 요소에 대한 편견으로 그 영향력에 한계를 가지고 있었던 반면에, 저교회파 복음주의 부흥운동은 영국 사회 전반에 광범위하고 커다란 영향력을 끼쳤다. 영국 국교 내에 팽배한 세속성과 영적 편협성에 대한 반대로 18세기에 시작된 이 운동은 그 영향력이 꾸준히 증대되어 19세기 초에는 복음주의자 감독이 임명될 정도로 국교 내에서 주도적인 종교적 사조를 형성하기에 이르렀다(Soloway, 1971: 32).[5]

4 1780년대에서부터 1850년대에 이르기까지 영국 교회의 부흥에 감리교와 복음주의가 끼친 영향에 대한 자세한 내용은 Soloway, 1971: 27-61을 참조할 것.

5 세커(Secker) 대감독(1693-1768)은 이 부흥운동에 대처하기 위해서는 성직자들의 생활이 영적으로 다시 소생해야 하며, "우리 본성은 원래 타락했음"과, "우리의 구원은 십자가의 희생에 의해 예수 안에서 하나님의 영원한 목적을 따라" 이루어진다는 것과, "성령의 영향에 의한 성화"가 필요함을 알아야 하며, "구원을 위해서는 선행으로는 불충분하

19세기 중반부터 다소 쇠퇴했다고는 하나, 복음주의는 19세기 영국의 종교뿐만 아니라 정치 · 사회 · 문화 전반에 걸쳐 큰 영향력을 발휘했을 뿐 아니라, 그 영향력은 오래 지속되며 빅토리아조 영국인들의 종교적 열심을 주도했다(Scotland, 2004: 1-2).[6]

이처럼 19세기 영국인들의 삶과 사고에 커다란 영향력을 끼친 복음주의는 18세기 웨슬리 형제가 이끈 부흥운동으로 시작되었다고 할 수 있지만 좀 더 거슬러 올라가면 그 뿌리를 종교개혁에서 찾을 수 있다. 복음주의라는 단어가 처음 사용된 것은 루터(Martin Luther)와 칼빈(John Calvin)의 종교개혁 운동을 기술하기 위해서였다. 초기 가톨릭교회의 전통과 교리에서 뿌리를 찾는 옥스퍼드 운동이나 영국 국교 고교회파(High Church)와 달리, 복음주의자들은 루터를 따라 성경에서 유일한 권위를 찾았다(Scotland, 2004: 3). 오직 믿음에 의해서만 의롭다 함을 얻는다는 "이신칭의(以信稱義)"를 강조한 루터는 1521년의 선언문에서 "오직 성경으로(Sola Scriptura)"의 원칙에 대해 주장하기를, "성경으로 무장한 단순한 평신도가 성경 없는 교황이나 공의회보다 위에 있다고 믿는다"라고 천명했다

며 믿음의 능력이 있어야 함"을 공표해야 한다고 역설했다(Soloway, 1971: 32).

6 1789년에서 1901년까지의 복음주의 국교도에 대해 연구한 스코틀랜드(Nigel Scotland)에 의하면 19세기가 진행되면서 복음주의는 사회 각층에 골고루 영향력을 발휘했다. 윌버포스(Wilberforce)로 대변되는 국회에서, 클래펌 파(Clapham Sect)와 샤프츠버리 경(Lord Shaftesbury), 그리고 많은 수의 감독들로부터 가난한 사람들에 이르기까지 광범위하게 영향력을 끼쳤다. 영국 국교 내에서도 1/3 혹은 6,000명의 국교도 목사가 복음주의였다고 한다(Scotland, 2004: 1-2). 특히 중산층과 하층민에서 복음주의는 더욱 널리 퍼져 있었다. 이러한 복음주의가 19세기가 끝날 때쯤에 영향력을 많이 잃게 된 것은 그 성격과 영향력의 폭이 바뀌었기 때문이라고 분석한 제이(Elisabeth Jay)는, 복음주의가 19세기 중반까지는 정치적 사회적 종교적 문제 등에 대해 폭넓은 목소리를 냈지만, 19세기 말에는 영적인 삶에 대한 관심으로만 돌아섰기 때문이라고 분석하고 있다(Jay, 1979: 11).

(Scotland, 2004: 3). 복음주의 기독교의 핵심이 무엇이었는지는 영국 국교의 대표적인 복음주의 목사 찰스 시미언(Charles Simeon)이 감리교 창시자인 존 웨슬리와 나눈 다음의 대화에 잘 나타나 있다.

> [젊은 찰스] 시미언이 말했다. "선생님, 당신은 아르미니우스파라고 불린다는 것을 알고 있습니다. 저는 때때로 칼빈주의자라고 불리곤 했지요. 그러므로 우리는 서로 칼을 겨누게 되겠군요. 그러나 싸움을 시작하는 것에 동의하기 전에, 허락해주신다면, 주제넘은 호기심 때문이 아니라 진정한 가르침을 받기 위해 몇 가지 질문을 드리고 싶습니다." 이 젊은 목사는 곧 허락을 받아, 질문을 하게 되었다. "선생님, 당신은 타락한 피조물이라고 느끼십니까? 너무 타락하여 하나님이 먼저 당신의 가슴 속에 그 마음을 주지 않으셨다면 결코 하나님께 돌아갈 생각을 하지 않았으리라고 느끼십니까?" "그렇소. 나는 정말 그렇게 생각합니다"라고 노병이 [즉 웨슬리가] 말했다. "그리고 당신이 할 수 있는 어떤 것으로도 하나님께 당신을 절대 추천할 수 없다고 단념하십니까? 그리고 예수 그리스도의 피와 정의에 의해서만 구원을 기대하십니까?" "그렇소, 그리스도를 통해서만이지요." "그렇지만 그리스도에 의해서 처음에 구원을 받았다고 하면, 그 후에는 자신이 하는 일에 의해 어떻게든 스스로를 구원할 수는 없나요?" "아니요. 처음부터 끝까지 그리스도에 의해서 구원받아야만 합니다." … "그렇다면 선생님, 저는 칼을 다시 칼집에 꽂겠습니다. 이것이 모두 저의 칼빈주의이기 때문입니다. 이것이 모두 제가 믿는 하나님에 의한 선택이며, 믿음에 의해 의롭게 됨이며, 궁극적 구원이기 때문입니다." (Thormählen, 1999: 14에서 재인용)

이 대화에 잘 나타나 있듯이, 복음주의의 핵심 내용은 몇 가지 면에서 웨슬리의 감리교 및 칼빈주의와 공통점을 가지고 있다. 즉, 인간의 죄성을 인식하고, 구원의 유일한 희망은 예수를 통해서만 온다는 것과, 타락한 인간에 대한 공의로우신 분노를 그의 아들의 속죄를 통해 영원히 해결하신 자비로운 하나님에 대한 사랑과 믿음은 세 교파가 공유하고 있는 가장 중요한 믿음이었다. 그 외에도 성경의 권위에 대한 강조는 칼빈주의와 복음주의의 공통점이었으며, 세 교파 모두 믿음에 의해 의롭게 되기 위해서는 하나님의 영광을 기리는 것뿐 아니라 실질적인 행동을 통해서 거룩함을 추구하는 일이 뒤따라야 함을 강조했다(Thormählen, 1999: 15).[7] 이러한 공통점 때문에, 많은 복음주의 국교 목사들의 사고 뒤에 있었던 온건한 칼빈주의는, 그들로 하여금 그냥 명목상의 기독교도들을 포함했던 영국 국교보다 오히려 진정한 신자들 혹은 택함 받은 자들의 무리와 더 신의를 강화하게 했다(Jay, 1979: 19).[8] 복음주의는 또한 교회라는 단체

7 그리징거(Emily Griesinger)는 복음주의의 핵심을 다음 5가지로 정리한다. 1)"다시 태어남"을 경험하는 개종의 강조, 2)그리스도가 우리의 죄를 위하여 돌아가신 십자가에 대한 강조, 3)성경을 영감에 의해 쓰인 하나님의 말씀으로 믿는 믿음, 4)사회적 활동과 해외 선교의 열정과 같은 경건의 실행, 5)신자의 삶에 하나님의 실재를 확신시키는 성령의 증거(Griesinger, 2008: 34). 제이(Jay)는 복음주의의 핵심교리로, 1)원죄, 2)개종, 3)믿음으로 의롭게 됨(以信稱義), 4)말씀의 권위를 들고 있고, 비핵심교리로, 1)영원한 형벌, 2)천년왕국설, 3)특별한 신의 섭리, 4)구원의 확신을 들고 있다. 자세한 설명은 Jay, 1979: 51-105 참조.

8 제이는 "복음주의"가 영국 국교도와 감리교도들에게 다양하게 수용되는 광범위한 교리적 위치와 태도를 망라하는 "우산"적인 단어임을 지적하고 있다. 이 면에서 복음주의 국교도들은 다른 국교도들에게보다 비국교도들에게 더 가까웠으며, 복음주의는 칼빈주의자들과 아르미니아교도들을 모두 포함하는 광범위한 운동을 가리켰다(Jay, 1979: 16). 제이를 위시하여 복음주의를 다룬 글들은 "복음주의"가 이처럼 광범위한 의미를 가지고 있음을 지적하면서도, 영국 국교 내의 복음주의를 다루는 협의의 복음주의에 초점을 맞추고, 협의의 복음주의를 영어로 첫글자를 대문자로 사용하여 "Evangelicalism"으로 표시한다. 그러나 본 글은 19세기 영국의 복음주의 운동이 소설가들에게 미친 광범위한 영향력을 다루고 있으므로, 복음주의가 국교 내에서 가졌던 의미는 물론 비국교들과 공유했던 광범위한 의미와 중요성을 망라한다.

의 권위보다 하나님과의 개인적인 관계를 강조하고, 개인의 판단을 중시함으로써, 인간에게 세속 사회가 부정한 중요성을 부여했고, 이는 새로운 산업사회에서 사람들에게 새로운 철학적 대안을 제시했다(Jay, 1979: 10).[9]

이러한 복음주의의 신앙을 통해 커다란 부흥을 이룬 기독교가 19세기 영국인들의 삶에 끼친 영향은 대단히 큰 것이었기 때문에, 이 시기를 연구하는 학자들은 19세기의 기독교와 그 중요성에 대해 많은 연구를 해왔다. 복음주의 부흥 운동이나 옥스퍼드 운동에 대한 역사적 · 종교적 연구는 물론이고, 콜리지(Samuel Taylor Coleridge), 테니슨(Alfred Tennyson), 칼라일(Thomas Carlyle), 아놀드(Matthew Arnold), 밀(John Stuart Mill) 등의 작가들이 체험하고 묘사한 신앙이나 종교적 회의에 대한 비평적 연구도 적지 않다.[10] 변화의 시기였던 19세기에 세속화와 과학의 발전을 직면한 "지성인"들이 겪어야 했던 종교적 회의와 갈등은 현대의 신앙의 위기를 분석할 수 있는 단초로 많이 연구되는 주제이기도 하다.[11]

그런데 20세기 후반 소위 "계몽된(enlightened)" 비평 이론들이 등장하면서, 종교를 "창조성, 비정통성, 형이상학적 통찰력의 근거"로 이해하지

9 제이는 복음주의가 빅토리아조 사회에 가장 중요한 두 가지 영향력 중 하나였다고 주장하는 역사학자들의 주장을 소설가들도 인정하고 있다고 분석한다(Jay, 1979: 6) 복음주의는 낭만주의와 마찬가지로 새로운 산업사회가 근거로 하는 대안적 철학을 제시했다는 것이 제이의 평가이다.

10 Bernard M. G. Reardon, *Religious Thought in the Victorian Age: A Survey from Coleridge to Gore*, 2nd ed. London: Longman, 1995 및 G. Parsons, (Ed.), *Religion in Victorian Britain*, Manchester University Press in association with the Open University, 1988 참조.

11 Richard J. Helmstadter and Bernard Lightman (Eds.), *Victorian Faith in Crisis: Essays on Continuity and Change in Nineteenth Century Religious Belief*, Stanford, California: Stanford University Press, 1990 및 Hugh McLead, *Religion and Society in England, 1850-1914*, New York: St. Martin's Press, 1996 참조.

못함으로써 19세기 작가들이 당연시하며 사용했던 많은 종교적 요소들을 이해하지 못하게 되고, 이는 19세기 문학을 제대로 이해하지 못하는 잘못으로 연결되게 되었다. 이에 대해 클라크(Micael M. Clarke)는 "실재의 성격을 세속적으로 이해하는 것에 바탕을 둔 해석학은, 빅토리아조 문학에서도 세속적 이해가 주된 것이었다고 가정하는 경향이 있음"을 지적하면서, 이를 극복하기 위하여 21세기 "종교적 문학 비평(religious literary criticism)"의 필요성을 피력하고 있다(Clarke, 2009: 217). 마즈든(Simon Marsden)은 21세기 포스트모던 상황에서 문화와 비평 담론 안에 종교가 "회귀"하는 것이 이제는 광범위하게 인식되고 있다고 하면서, 이것이 종교적 근본주의의 재기와 동시에 일어나고 있어서 이러한 발전이 함축하고 있는 바에 대하여 우려가 있을 수 있지만, 기독교 신학은 종교와 교리에 대해 한정된 개념을 가지고 있는 비평 방법론들이 인정하는 것보다 훨씬 더 상상력의 창조적 역할에 대해 열려 있음을 지적한다(Marsden, 2014: 2-3). 이처럼 오늘날 문화 연구나 비평 이론에서 종교에 대한 연구의 중요성이 부각되면서, 19세기 문학과 문화 연구에 있어서도 종교와의 관계에 대한 연구가 다시 활발해지고 있다.

그런데 19세기 영국의 종교에 대한 연구에서 19세기 여성의 영성에 대한 연구, 여성 작가와 종교의 관계에 대한 연구는 대부분 빠져 있다. 따라서 기독교가 19세기 여성들의 삶에 어떠한 영향을 끼쳤는지, 여성(작가)들은 남성(작가)들과 다른 (혹은 같은) 어떤 경험을 하고 있었는지에 대해서는 많은 연구가 필요한 상황이다.

2. 19세기 영국 여성

이러한 연구는 사실 여성주의자들이 해야 할 일이었다. 그러나 19세기 여성문학을 연구하는 많은 여성주의자들은 빅토리아 시대의 기독교를 여성의 해방을 방해하는 가부장제의 억압과 권위주의와 연결하여 생각하고 환원적인 공격의 대상으로 삼는 경우가 많아 깊이 있는 연구는 부족한 상황이다. 19세기 영국 여성 작가들에 대한 여성주의 비평의 고전으로 꼽히는 『다락방의 광녀(*The Madwoman in the Attic*)』에서 길버트(Sandra M. Gilbert)와 구바(Susan Gubar)는 여성 작가들이 가졌던 "작가성에 대한 불안"이 하나님 아버지를 유일한 창조주로 믿는 가부장적인 기독교 전통에서 기인한 것이라고 기독교를 여성 작가의 목소리를 방해한 주범으로 비판하고 있다. 이들은 "유일한 하나님 아버지를 모든 것의 단 하나의 창조자라고 정의하는 가부장적인 원인론과, 그러한 원인론에 의존하는 문학적 창조의 남성적 은유는, 둘 다 오랫동안 문학 여성, 즉 여성 작가와 독자를 똑같이 '혼동시켜' 왔다"고 기독교의 창조론을 여성 작가들의 글쓰기를 막아온 주범으로 지목하면서, 밀턴(John Milton)의 『실락원(*Paradise Lost*)』을 여성혐오의 오랜 기독교 전통을 종합하고 있는 것으로 보고 "밀턴의 악령"이 19세기 여성 작가들이 창조적 능력을 발휘하는 것을 두려워하게 했다고 주장하고 있다(Gilbert & Gubar, 1979: 7, 188-89). 일레인 쇼월터(Elain Showalter)는 19세기 여성들이 남자들과 마찬가지로 일에 대한 복음주의의 신조에 영향을 받았음을 인지했지만, 남자들이 일을 통해 자신의 이익과 대중의 이익을 동시에 만족시킬 수 있었던 데 반해, 여자들의 경우 일은 어머니로서 아내로서 남을 위한 노동을 의미했기에, 여성 작가들은 작가가 된 것에 대해 깊은 죄책감을 가지고 있었다고 보았다(Showalter, 1977: 21-22). 기독교가 여성 작가들을 갈등에 빠트린 데까지만 보았지, 실제로 기독교가 여성 작가들에게 끼친 복합적인 영향에 대해서는 관심을 갖지 않은 것이다.

문학을 당시의 담론과 사회 풍습과 문화의 광범위한 그물망 안에서 분석하는 신역사주의 여성주의자들도 종교가 당시 여성들의 삶에서 차지하는 특출한 비중은 간과해온 경향이 있다. 푸코(Michel Foucault)를 따라 성욕은 사회의 구성물이며 따라서 역사를 가지고 있다는 이론에 기초를 두고, "근대의 개인은 무엇보다 여자였다(the modern individual was first and foremost a woman)"고 주장하는 낸시 암스트롱(Nancy Armstrong)의 글에 종교가 근대의 개인성 혹은 여자와 갖는 관계에 대한 고찰이 등장하는 것은 당연하다(Armstrong, 1987: 8). 그러므로 암스트롱은 결혼과 가정 관리에 관한 청교주의 소논문들이, 가족을 국가가 간섭할 수 없는 "사회적 단위(social unit)"로 생각하고, 가정성을 "혈통(genealogy)"에 대치되는 것으로 파악하기 시작하고, 남녀를 상호보완적인 특성과 의무를 가지는 파트너로 생각하기 시작한 점을 지적했다. 그러나 이런 청교주의 소논문들이 가족을 "상호보완적 양성의 대립"으로 표현함으로써 가정이라는 단위에 담을 쳐버렸다고 그 한계를 지적할 뿐, 이렇게 시작된 사고가 "가정적인 여자"를 "정치적 대안"으로 발전시키는 역사적 과정에 어떻게 연결되는지에 대한 고찰은 하지 않는다(Armstrong, 1987: 18-19). 메리 푸비(Mary Poovey) 역시 19세기 여성을 둘러싼 제도들을 분석하면서 종교적 담론이 내포한 여성의 종속을 지적하고 있을 뿐, 경쟁하던 다른 담론들과 달리 종교적 담론이 지녔던 복합성 자체가 젠더 이데올로기에 "균일하지 않은 발전"의 요소를 제공했음은 보지 못했다. 예를 들어 푸비는 19세기에 여성의 위치에 관해 종교적 담론과 의학적 담론이 경쟁하게 되었음을 분석하여 그동안 종교적 관점에서 규정되던 여성의 종속이 의학적 · 생물학적 관점으로 바뀌는 것을 분석했다. 그런데 새로운 의학적 관점에 여성의 종속에 관한 종교적 담론이 계승되었음을 지적할 뿐, 종교적 담론에 포함되었던 여성의 영적 우월성이 의학적 담론으로 바뀌며 훼손되게 되었음은 간과하고 있다(Poovey, 1988: 24-50).

기독교에 대해 단선적이고 환원적인 비판을 견지하는 여성주의자들의 태도는 19세기 영국 문화에서 차지했던 기독교의 의의를 왜곡시키고 있으며, 특히 왜 당시 사회에 대한 가장 신랄한 비판들이 샬롯 브론테(Charlotte Brontë), 에밀리 브론테(Emily Brontë), 엘리자베스 개스켈(Elizabeth Gaskell) 같은 기독교 여성 작가들에 의해 나오게 되었는지, 그리고 그렇게 신랄한 비판을 했던 여성 작가들이 왜 신실한 기독교 신앙을 유지했는지, 조지 엘리엇(George Eliot)과 같이 기독교 신앙을 "버린" 여성 작가조차 왜 끊임없이 기독교의 가르침으로 돌아가고 있는지를 설명할 수가 없다. 19세기 여성의 삶과 사고가 기독교와 갖는 관계는 그렇게 단순하지도 단선적이지도 않았다.

윌리엄 새커리(William Thackeray)는 1851년 왕립 문학 기금 연례 만찬회에서, "이 세상에서 모든 종류의 협회에 참석해봤지만, 멸시를 받은 적이 없으며" 조금이라도 자질이 있는 문인이 "문학이라는 노동을 통해 자신을 크게 발전시키지 않은 사람이 없다"고 말하여, 19세기에 문인이 갖게 된 전문인으로서의 권위를 공표하고 있다. 그는 이어서 "이 존엄한 식탁에서 내가 악수를 하는 영광을 얻게 해준 신사분들"은 그가 "종사한 문학이라는 노동이 아니었더라면 친구라고 절대 부를 수 없었을 신사분들"이라고 덧붙이고 있다(Melville, 1911: 5에서 재인용). 그가 문학을 통하여 도달한 사회는 "신사"의 사회였고, 문학은 그가 칭송하며 자랑스러워하는 바 "신사의 클럽"이었던 것이다. 이처럼 19세기 영국에서 "신사의 클럽"이었던 문학계가 여자들에게 얼마나 배타적이었는지는 계관시인이었던 로버트 사우디(Robert Southey)가 샬롯 브론테에게 했던 충고에 잘 나타나 있다. 당시 문인 지망생이었던 샬롯 브론테는 계관시인의 전문적인 평가와 조언을 받을 수 있기를 기대하며 사우디에게 자기의 시를 보내며 평가를 부탁하는 편지를 보냈다. 그러나 편지를 보낸 지 두 달 이상 지난 후 사우디에게서 온 답장의 내용은 다음과 같았다.

> 당신이 습관적으로 탐닉하는 백일몽은 어지러운 마음의 상태를 야기할 것입니다. 그리고 세상의 모든 평범한 일들이 당신에게 단조롭고 무익하게 보이는 만큼 그에 비례하여, 당신은 그런 일에 부적합해질 것이며 다른 어떤 것에도 적합해지지 않을 것입니다. 문학은 여자의 일생의 사업일 수가 없으며, 그래서도 안 됩니다. 여자가 해야 할 의무를 다하고 있을수록, 재예(才藝)로써든 오락으로써든 간에, 문학을 할 여가는 더 적어질 것입니다. 당신은 아직 그러한 의무에 부름을 받지 않았는데, 부름을 받게 될 때 당신은 명성에 대한 열망이 줄어들 것입니다. 상상 속에서 자극을 찾지 않게 될 것입니다. (Gaskell, 1975: 172-173)[12]

"문학은 여자의 일생의 사업일 수가 없으며, 그래서도 안 된다(Literature cannot be the business of a woman's life, and it ought not to be)"라면서, 여자가 "해야 할 의무(her proper duties)"를 다하고 있다면 글 쓸 "여가"가 없을 것이며, 글 쓸 시간이 있다면 백일몽으로 인해 "어지러운 마음의 상

12 개스켈이 1857년에 출판한 『샬롯 브론테 전기(*The Life of Charlotte Brontë*)』에 실려 있는 이 편지는 사우디가 1837년 3월 초에 샬롯 브론테에게 보낸 것이다.

태(a distempered state of mind)"를 가지게 되어 "해야 할 의무"를 다하지 못하게 될 것이라는 사우디의 충고는, 여자가 "해야 할 의무"를 정해 놓고 그 외의 일은 여자의 일이 아닌 것으로 규정함으로써, 여자를 문학이라는 "신사의 클럽"에서 제외시키고 있는 것이다.

19세기에 문학계가 이처럼 여자에게 배타적이었기 때문에 여자들이 "작가성에 대한 불안" 즉 "창조할 수 없으리라는 근본적인 공포, '선구자'가 될 수 없기 때문에 글 쓰는 행위가 자신을 고립시키거나 파괴시키리라는 공포"를 가지는 것은 너무나 당연했다(Gilbert & Gubar, 1979: 49). 오히려 놀라운 것은 그러한 공포와 불안에도 불구하고 많은 여성 작가들이 19세기에 글을 썼을 뿐 아니라 소위 정전에 드는 작품들을 다수 출판했다는 것이다. 19세기에 그토록 여자에게 배타적이었던 가부장 문화를 뚫고 많은 여성 작가들이 글을 썼을 뿐 아니라, 뛰어난 여성문학을 창조하게 된 원인은 무엇일까? 버지니아 울프(Virginia Woolf)는 17세기 말, 18세기 초에 직업으로 글을 쓰는 여자들이 등장한 이래, 18세기 말에는 "십자군 전쟁이나 장미 전쟁보다 훨씬 더 중요한" 일이 일어났는데, 그것은 "중산층 여성이 글을 쓰기 시작했다"는 점이라고 주장한 바 있다(Woolf, 1929: 68). 이언 와트(Ian Watt)는 복잡한 인간관계를 주로 다루는 소설이라는 장르가 18세기에 발달하게 되면서, 인간관계에 예민한 여자들이 소설에서 두각을 나타내게 되었다고 주장한다(Watt, 1957: 298). 제인 스펜서(Jane Spencer)는 그 전에 여자들이 많이 써오던 글들, 즉 편지, 일기, 예의범절 지침서와 같은 사적인 글들과 밀접한 관계에 있는 소설이 빠르게 성장함으로써 문학계가 가정화되고 있었고 이로 인해 많은 여성 작가가 탄생하게 되었다고 주장했다(Spencer, 1986: 20). 이런 지적들은 모두 나름대로 일리가 있다. 그러나 이러한 주장들은 어떻게 19세기에 여자들이 가정 내의 문제뿐 아니라 영국 사회 전반을 비판하고 새로운 비전을 제시하는 과감한 글들을 쓸 수 있게 되었는지에 대한 답을 제시하지 못한다. 이 책은 그 답을 19세기 영국인들의 삶과 사고를 지배한 기독교의 부흥과 관련하여 찾아보고자 한다.

3. 분리 영역과 가정성 예찬

종교가 19세기 영국 여성의 삶에 영향력을 가장 크게 발휘한 것은 "분리 영역(separate spheres)"의 개념과 "가정성 예찬(cult of domesticity)"을 통해서라고 할 수 있다. 분리 영역의 개념은 물론 경제적인 요인 즉 산업혁명으로 인하여 종래에 가정에서 이루어지던 노동들이 공장에서 대량으로 행해지게 되면서 가정과 일이 분리되며 생긴 것이라고 할 수 있다. 영국은 농업 국가였고, 가족 농장이 기본적인 생계 수단이었으며, 도시에 살던 숙련공이나 상인들의 경우에도 모든 가족이 함께 참여하여 생계를 꾸렸다. 그러나 산업혁명이 일어난 후 제품 생산은 가정이 아닌 공장에서 이루어지게 되었고 물품의 거래는 돈에 의해 이루어지게 됨에 따라 남자들은 돈을 버는 공적 영역에 속하게 되고, 반면 경제적인 가치를 잃어버린 가정과 아내는 사적 영역에 속하게 되었다. 제임스 포다이스 목사(Rev. James Fordyce)는 『젊은 여성을 위한 설교(*Sermons to Young Women*)』(1765)에서 남자들에게 가장 적합한 분야는 "전쟁, 상업, 정치, 힘과 기민성의 사용, 추상적 철학, 그리고 모든 난해한 과학들"이라고 말하고 있는데, 이는 정치적 · 경제적 · 문화적 · 과학적 권력과 관련된 분야들이 모두 공적 영역에 속하게 되었음을 보여주고 있다(Melnyk, 1993:

25에서 재인용).

이러한 공적 영역과 사적 영역의 구분은 남성과 여성을 이분법으로 나누어 그 속성을 규정했다. 공적 영역에서 성공할 수 있는 속성들은 남성적인 것으로 규정되었고 그 반대의 것들은 여성적인 것으로 규정되게 된 것이다. 분리 영역의 대표적 옹호자였던 존 러스킨(John Ruskin)의 다음 글은 이것을 잘 보여주고 있다.

> 남자의 힘은 활동적이고, 진보적이고, 방어적인 것이다. 남자는 뛰어나게 행하는 자이며, 창조하는 자요, 발견하는 자, 방어하는 자이다. 그의 지성은 사색과 발명을 위한 것이다. … 그러나 여자의 힘은 지배를 위한 것이나 투쟁을 위한 것이 아니다. 그리고 여자의 지성은 발명이나 창조를 위한 것이 아니라, 상냥한 처리와 조정과 결정을 위한 것이다. … 여자의 위대한 역할은 칭찬이다. 여자는 경쟁에 참여하는 적이 없지만, 결코 잘못하는 일 없이 경쟁의 승자를 판단한다. 여자는, 그녀에게 주어진 역할과 장소에 의해, 모든 위험과 유혹으로부터 보호된다. 남자는 열린 세상에서 거친 일을 하느라 모든 위험과 시련에 맞서야 한다. (Ruskin, 1894: 81-82)

예의범절 지침서(conduct books)의 대표저 저지인 새라 엘리스(Sarah Ellis)는 여자의 "첫 번째 의무는 자신의 적당한 위치를 아는 것"이라고 단언하면서, 여자는 남자처럼 계산하고, 경쟁하고, 투쟁할 것을 요구받지 않고, 오히려 반목의 요소는 예법에 따라 받아들여질 수 없는 영역, 즉 아름다움과 질서가 그녀의 존재를 나타내줄 만한 영역, 자비를 가장 자주 발휘해야 하는 영역에 종사하기를 요구받는다고 주장하고 있다(Ellis, 1842: 9-11). 이처럼 분리 영역 이데올로기는 남자와 여자의 속성을 이분

법적으로 나누고, 여성을 철저히 가정 안에 가두고 있다.[13]

그러나 분리 영역은 여자를 가정이라는 사적 영역에 가두는 역할만 한 것은 아니었다. 산업혁명에 따른 자본주의의 발전으로 지금까지 유지되어오던 신분 사회의 변화와 경쟁 체제의 도입에 따른 공적 영역의 부도덕성은 사적 영역에 더 엄한 도덕성을 요구하게 되었고, 경쟁적인 남자들의 영역에 결핍된 도덕성과 종교성을 여자들의 영역에서 보충하려는 경향으로 발전하게 된 것은 분리 영역이 가지는 의미에 이중성을 초래하게 되었기 때문이다. 사랑과 동정과 공동체성 같은 기독교의 원칙들은 19세기 중산층에 만연했던 자본주의 경제 원리와는 반대되는 것이었고, 이에 따라 여성 · 가정 · 신앙은, 일 · 사업 · 정치의 세계인 남성의 영역에는 결핍되어 있는 이상적인 상징으로 해석되었다. 이에 따라 종교적인 미덕은 여성화되고 개인화되었으며, 남성성보다는 여성성에 맞는 것으로 간주되게 되었다(Styler, 2010: 22).

또한 18세기 말에 복음주의는 핵가족의 신성함과 사회의 모델로서의 가정을 강조함으로써 빅토리아조의 가정성에 대한 기초를 놓았다. 해나 모어(Hannah More)는 여자를 "가정의 도덕적 · 사회적 보호자"로 고양시켰고, 여자들의 교육과 활동을 "권위적인 가정과 국가를 위한 결정적인 지원"이라고 주장했다. 웨슬리는 가족과 가정을 기독교인들의 이상적인 공동체를 나타내는 은유로 사용했다(Valenze, 1985: 22). 19세기에 가정생

13 이것은 실제로 당시에 영국 여성들이 모두 가정 안에서 가족들을 위해서만 살았다는 것이 아니다. 1851년의 인구조사에 의하면 20세에서 40세 사이 여자의 42%가 결혼하지 않았고, 6백만 영국 여성 가운데 2백만이 스스로 생계를 꾸렸다(Poovey, 1988: 4). 그러므로 분리 영역은 현실이었다기보다는 이데올로기였고, 이 이데올로기의 효과는 여자를 일터에서 분리시키는 것이 아니라 권력으로부터 분리시키는 것이었다는 점은 스윈델즈(Julia Swindells)가 잘 지적하고 있는 바와 같다(Swindells, 1985: 20).

활을 이상화하게 된 데에 대해, 유아사망률의 감소로 가정이 커지게 된 때문이라던가, 남자의 소유 본능이 사업에서 가정생활에까지 확대되었기 때문이라던가, 아니면 반대로 사업가들이 경제적 압박으로부터 피하기 위한 가정적 안식처에 대한 욕구가 늘어난 때문으로 해석하기도 한다. 그러나 이러한 분석은 왜 가정이 육체적 편안함을 위한 곳이 아닌 도덕적 미덕과 동의어가 되었는지를 설명하지 못하는지를 비판한 제이는, 가정에 대한 생각을 바꾸어놓은 결정적인 요소는 복음주의였음을 지적하고 있다(Jay, 1979: 131-132). 청교도들이 강조했고 복음주의자들이 지지한 가정의 기독교적인 중요성은 분리 영역을 가속화시키는 동시에, 가정을 신성시하는 "가정성 예찬"을 초래하게 되었던 것이다.

가정의 신성함은 가정 영역을 대표하는 여자에게 "집안의 천사"가 되기를 요구했다. 코벤트리 팻모어(Coventry Patmore)의 시 『집안의 천사(*The Angel in the House*)』에서 잘 표현되었고 버지니아 울프가 인용하여 더욱 유명해진 "집안의 천사"는 가정을 사랑하는 헌신적이고 자기희생적인 19세기 영국 여성을 대표하는 이미지로 유명하다. 울프는 「여자의 직업(Professions for Women)」에서 자기가 글을 쓸 수 있기 위해서는 "집안의 천사"를 죽여야만 했는데, 그것을 죽이기가 얼마나 힘들었는지를 묘사함으로써, "집안의 천사"는 모든 여성 작가들이 여성으로서의 목소리를 내기 위하여 먼저 죽여야 하는 대상으로 등장하게 되었다.

그러나 "집안의 천사"가 지닌 양면성을 살펴볼 필요가 있음을 여기서 지적하고자 한다. 흔히 여자에 대한 이미지를 마리아와 이브의 이분법 혹은 천사와 괴물의 이분법으로 이야기하지만, 이 양극단의 이미지는 사회적 구성물이며 그 이미지들은 역사를 가지고 있다. 메리 푸비는 『훌륭한 숙녀와 여성 작가(*The Proper Lady and the Woman Writer*)』에서 청교주의가 종래의 부정적인 여자의 이미지, 즉 성적으로 탐욕스럽고 위험스럽게 비이성적인 유혹녀의 이미지를, 자신을 부정하고 종교와 도덕의 파수꾼이라는 정반대의 이미지로 바꾸어가는 과정을 추적하고 있다. 청교도 성직자들은 종교적 · 사회적 개혁을 이루기 위하여 종교적 · 사회적 훈련 단위로서의 가정의 중요성을 강조했는데, 이는 여자들에게 종래에 없던 중요성을 부여했고, 남녀간의 완전한 종교적 평등성의 가능성까지 부여하게 되었다. 그러나 청교주의는 가부장적 가정 구성을 강조했기 때문에 실질적으로 여자의 활동은 가정적 의무에 제한되게 되었다. 이처럼 청교주의가 교리적으로 약속하는 평등이 실질적으로 여자들에게 주어지지 않았음에도 불구하고 여자들이 그것을 크게 개의치 않았던 것은 그들이 영적인 역할과 사회적으로 의미 있는 역할을 새로이 얻었기 때문이었음을 푸비는 지적하고 있다. 청교도들의 정치적인 군림은 곧 끝이 났지만, 가정의 영적인 중요성에 대한 강조는 살아남아, 분리 영역이 중산층의 규범이 되었을 때 여자의 사회적 중요성을 강화시켰다. 그리하여 18세기 말에는 남자들은 물론 여자들도 이중 기준을 남자들의 불신의 표시로 보지 않고 여자의 도덕적 우월성에 대한 증거로 보았다(Poovey, 1984: 7-8).

여자를 집안의 천사로 승격시켜놓고 여자들에게 그 이미지에 맞게 살기를 요구했던 19세기 사회는, 여자를 유혹녀로 간주했던 전시대의 부정적 관점만큼이나, 여자들을 숨 막히게 한 것이 사실이었다. 그러나 한편 당시 사회에서 남자들은 공적 영역의 많은 활동을 통해 자기의 가치를 인정받을 다양한 기회를 가졌던 반면에, 여자들은 그 모든 것이 차단되어 있었기 때문에, 가정성 예찬은 여자가 자신의 역할과 가치를 인정받을 수 있는 유일한 기회를 제공하고 있었다. 더구나 신앙심이 강했던 많은 여성들에게 여자의 영적 우월성을 인정하고 찬양한 가정성 예찬은 자신감을 심어주고 영적 권위를 부여했다. 새라 루이스(Sarah Lewis)의 『여자의 임무(*Women's Mission*)』는 이를 잘 보여주고 있다.

> 그렇게 고상한 도덕적 발전에 의해 특징지어지는 여성은 인류의 정치적 사회적 조건에 중요한 영향력을 발휘하도록 운명지어져 있음을 우리 모두는 믿어야 한다. 진실로 여러 세대의 연합된 증거가 이것을 의심할 바 없는 사실로 만들고 있다. … 우리는 여자들에게 세상의 쇄신을 위한 (하나님 아래의) 도구 — 인간의 영혼에 하나님의 형상을 회복시키는 자 — 라는 임무 바로 그것을 요구한다. 여자의 정치적인 권리에 대한 다른 어떤 열렬한 옹호가 이보다 더 고양된 임무를 — 더 고상한 운명을 — 요구하거나 주장할 수 있단 말인가! (Lewis, 1839: 86)

여자는 결코 이기적인 동기를 가져서는 안 된다는 자신의 주장에 충실하게 자기에 대해 아무것도 알려지게 하지 않았던 루이스는 그러나 이기적인 동기가 아니라 "인간의 영혼에 하나님의 형상을 회복시키는" 신성한 임무를 위해서는 여자들이 "영향력"을 발휘해야 함을 과감히 주장하고 있다. 비록 루이스는 "여자의 정치적인 권리"를 옹호하는 사람들에게 맞서 가정 안에서의 영향력을 강조하고 있어서 여자의 전통적인 역할을 여전히 지지하고 있지만, 그럼에도 불구하고 그녀의 주장은 여자들에게 고귀한 영적 임무를 부여함으로써, 자신이 의도했던 하지 않았던 "수많은 패러다임 변동이 일어나던 시대에 새로운 개념화의 노력을 배태했다" (Larson, 1991: 44-45). "세상의 쇄신을 위한 (하나님 아래의) 도구로서의" 일을 여성의 임무로 규정한 것은 여성의 영혼이 영향력을 발휘할 수 있는

범위를 무한정 확장시킬 수 있는 가능성을 열어놓게 되었던 것이다.

이에 따라 분리 영역 이데올로기는 역설적이게도 19세기 여성들에게 자선사업이나 선교, 금주 운동 등 사회 활동을 하려 할 때 필요했던 설득력 있는 논리를 제공했다. 즉 그들은 여성의 가정 안에서의 역할을 사회 활동에 적용하는 것뿐이라는 수사를 사용했는데, 여성성 이데올로기—여성이 가정 안에서 주권을 갖는 것, 모성성, 도덕적 우월성, 동정심이 많음 등—를 전용함으로써 여자들이 공적인 역할을 하는 데 대해 남자들을 안심시키고 남자들의 반대를 잠재울 수 있었던 것이다(Doern, 2002: 160).[14] 몰건(Sue Morgan)에 의하면, 19세기에 사적 영역에 속했다는 여성들의 영적이고 능력 있는 공적 활동들을 살펴볼 때, 이 시기에 여성의 공적 역할이 줄어들기보다는 오히려 늘어났다고 하며, 또한 기독교가 온순하고 의무심 강한 여성을 만들어내기보다는 오히려 자원봉사 단체들과 자선 활동을 싹틔우는 데 있어서 여성의 공적 역할을 위한 전례 없는 기회들을 제공했다고 한다(Morgan, 2002: 10).

이처럼 분리 영역과 가정성 예찬은 가정 안에 갇힌 여자들에게 강력한 영적 권위를 부여함으로써 역설적이게도 지금까지 남자의 영역으로만 생각되던 일, 즉 영적 권위에 근거하여 종교가 다룰 수 있는 사회적 · 정치적 · 문화적 문제들을 다루는 공적인 목소리를 내는 일을 여자들에게도 가능하게 길을 열어주었다.

14 돈(Kristin G. Doern)은 여성들이 공적인 활동을 하는 데 있어서 분리 영역 이데올로기를 전용했던 것에 대해 "분리 영역 페미니즘(separate spheres feminism)"이라는 용어를 사용했다.

4. 성경 해석의 권위

가정성 예찬이 이처럼 역설적이게도 가정 속의 여자에게 공적 영역에서 감히 말할 수 있는 목소리를 가능케 해준 한 가지 요인이라면, 또 다른 요인은 복음주의 운동이 되살린 성경 해석의 전통에서 찾을 수 있다. 복음주의자들은 성경을 해석하는 권위를 일부 성직자에게 제한한 신비주의를 공격하고, "하나님은 지혜로운 자들에게 숨기신 것을 아기들에게 드러내시리라"는 종교개혁의 입장을 되살렸다. 복음주의적인 국교도 목사였던 윌리엄 로(William Law)는 「경건하고 거룩한 생활로의 진지한 부름(Serious Call to a Devout and Holy Life)」(1726)에서 개인적인 성경 연구와 적극적인 복음 전도를 강조했다. 새뮤얼 존슨(Samuel Johnson)이 이 글을 읽고 개심했다고 말한 글이며, 존 웨슬리가 감리교의 씨앗이라고 언급하기도 한 이 글의 내용은 그러나 새삼스러운 것이 아니었다. 왜냐하면 사실 성경 자체가 각 개인에게 "말씀을 주의하여 듣는 의무와, 그것을 해석하는 권위와, 그것을 전파하는 의무—즉 하나님을 증거하는 의무"를 부과하고 있기 때문이다(Krueger, 1992: 8). 요한 서신 중 "그가 기름 부어주신 것이 여러분 안에 머물러 있으니, 여러분은 아무에게서도 가르침을 받을 필요가 없습니다. 그가 기름 부어주신 것이 여러분에게 모든 것을 가르쳐줍니다. 그리고 그 가르침은 참이요, 거짓이 아닙니다"라는 구절이나(「요한1서」 2: 27),[15] 바울 서신 중 다음과 같은 구절은 성경 해석의 권위가 일부 성직자가 아니라 믿음이 신실한 모든 사람에게 가능한 것임을 역설하고 있다.

15 이 책의 성경 구절은 '표준새번역 성경'에서 인용한다.

> 우리는 세상의 영을 받은 것이 아니라, 하나님께로부터 온 영을 받았습니다. 그것은 우리로 하여금, 하나님께서 우리에게 주신 은혜의 선물들을 깨달아 알게 하시려는 것입니다. … 자연에 속한 사람은 하나님의 영에 속한 일들을 받아들이지 않습니다. 그런 사람에게는 이런 일들이 어리석은 일이요, 그런 사람은 이런 일들을 이해할 수 없습니다. 그것은 이런 일들이 영적으로만 분별되기 때문입니다. 신령한 사람은 모든 것을 판단하나, 자기는 아무에게서도 판단을 받지 않습니다. "누가 주의 마음을 알았습니까? 누가 그분을 가르치겠습니까?" 그러나 우리는 그리스도의 마음을 가지고 있습니다. (「고린도전서」 2: 12-16)

더구나 복음주의 전통에서 중요시되었던 "만인제사장주의"는 성경 해석의 권위가 일부 성직자가 아닌 믿음이 신실한 모든 사람에게 가능한 것임을 지지했다. 사실 대부분의 19세기 기독교인들은 성경이 하나님을 아는 지식의 원천이라는 데에 모두 동의했지만, 누가 그리고 어떻게 성경을 해석할 것인가에 대해서 똑같은 생각을 가지고 있지는 않았다. 그러나 여성들은 여성들의 지식과 경험에 근거하여 성경을 해석하려고 시도했는데, 그 근거에 "만인제사장주의"가 있었다. 신약 시대에 기독교 신앙을 가진 사람은 누구나 구약의 제사장과 같다는 이 원칙은, 그들이 모두 "택함을 받은 민족이요, 왕의 제사장들이요, 거룩한 국민이요, 하나님의 소유가 된 백성"이며, 그것은 그들을 "어둠에서 불러내어, 그의 놀라운 빛 가운데로 인도하신 분의 업적을 … 선포하게 하려는 것"(「베드로전서」 2: 9)이라는 성경 구절에 근거해 있다.

이러한 원칙은 물론 악용될 소지도 많다. 이미 권력을 가진 자, 성경 해석의 권위를 인정받은 자들은 이에 근거하여 자신들에게 유리하게 성경을 해석하는 권위를 주장해온 것이다. 그러나 하나님에 대한 개인적 이해를 강조하는 복음주의 신앙은 인간과 하나님 사이의 관계를 소원하게 하는 어떤 인간적 중재자도 인정하지 않았고, 개인에게 하나님의 말씀을 해석하는 책임을 확실히 부여했다(Jay, 1979: 51). 또한 성경을 올바로 이해하는지 여부를 판단하는 데 있어서 성령의 도우심을 가장 중요하고 유일한 요소로 보았다. 빅토리아조 복음주의를 "가슴의 종교(religion of the heart)"라고 정의한 제이는 복음주의가 "개인의 유일무이한 중요성"을 강조했다면서, "복음주의가 하나님과의 개인적 관계를 강조하고, 교회의 집합적 권위를 거부하며, 개인의 판단에 대해 부여한 프리미엄은, 한 사람에게 세속적인 사회에서는 흔히 거부되었던 중요성을 보장해주었다"고 평가했다(Jay, 1979: 7).[16] 이는 권력이 없는 사람들, 전통적으로 성경 해석을 감히 할 수 없다고 간주되어온 사람들, 특히 여자나 낮은 계층의 사람들에게 자신의 영적 판단에 어긋나는 가르침에 대해서는 그것이 어떤 권력자의 것이든 반대할 수 있는 근거를 제공했다. 예수의 이름으로 인간 특히 권력을 가진 남자들의 어리석음을 거부할 수 있는 권위를 주장할 수 있게 된 것이다.

하나님과 인간 사이에 중재자를 거부하고 직접적인 접촉을 강조하는 종교개혁 정신이 되살려진 것은 남자들만이 성직자가 될 수 있었던 영국 사회에 여성 설교자의 등장을 가능하게 했다. 아직 조직화되지 않았던 초기 감리교에서 특히 웨슬리 형제가 살아 있는 동안에 여러 여성 설교

16 여기서 제이는 복음주의와 함께 당시 중요한 또 하나의 철학이었던 공리주의를 비교하고 있다. 비록 복음주의와 공리주의의 정확한 관계를 측정하는 것은 매우 어려운 일이지만, 이론에서만큼은 서로 정반대였음을 지적한다. 공리주의는 개인의 이익과 사회의 이익이 똑같아야 한다고 보았지만, 복음주의는 개인의 독특한 중요성을 주장했다는 것이다.

자들이 활약할 수 있었던 것은 이러한 배경에 기초했다. 새라 크로스비(Sarah Crosby), 메리 보산킷(Mary Bosanquet), 엘리자베스 에번즈(Elizabeth Evans), 메리 배릿(Mary Barritte) 등은 많은 열매를 맺은 훌륭한 감리교 여성 설교자들이었다. 크리스틴 크루거(Christine L. Krueger)는 『독자의 회개(*The Reader's Repentance*)』에서 이들 설교자들을 19세기 여성 작가들을 가능케 한 선배들로 분석함으로써 여성의 글쓰기에 기독교가 끼친 중요한 영향을 지적하고 있다.

> 복음주의 여성들의 성경 해석은 여성주의적 글읽기의 확실한 예들을 제공했다. … 사회 개혁에 대한 요구를 포함한 여성의 공적 연설이 종교적 담론이라는 환경 내에서 번성했다는 사실은 종교적 담론에 대한 가부장적 지배가 획일적인 통제에 이르지 못했음을 시사한다. 여자들이 복음주의 언술을 교묘하게 다루는 데 성공한 것은 여성의 글쓰기의 이중 목소리 내기라고 일레인 쇼월터가 명명한 것에 대한 아주 좋은 예인데, 이 경우에는 명백한 신학적 정설이 암묵적인 사회적 반란이 되고 있다. 여성 설교자들의 본을 따라, 여성 작가들은 해석의 권위와 문학적 권위를 전용하기 위하여 복음주의의 가르침과 실행이 제공하는 기회를 잡았을 뿐 아니라, 남성 독자들에게 회개를 촉구하면서, 여성화한 사회적 복음을 널리 보급시키려고 노력했다. (Krueger, 1992: 6)

또한 크루거는 성경 해석의 권위를 여자도 가질 수 있다는 생각이 "여자의 설교"라고도 불리는 종교소설들을 탄생시켰음에 주목하면서, 해나 모어, 샬롯 엘리자베스 토너(Charlotte Elizabeth Tonna), 샬롯 영(Charlotte M. Yonge) 등을 대표적인 여성 종교소설가들로 분석하고 있다. 크루거가 이처럼 감리교 여성 설교자들과 여성 종교소설들을 연결시킨 것은 종교와 여성문학의 관계를 분석하는 문학사의 새로운 지평을 열어놓았다.

루스 젠킨즈(Ruth Y. Jenkins)의 『권력의 신화 회수(*Reclaiming Myths of Power*)』는 19세기 여성 작가와 기독교의 관계를 연구한 또 하나의 중요한 연구서이다. 이 책에서 젠킨즈는 기독교가 고통받고 억압받는 자들에게 세상에 도전할 특권을 부여했는데, 이 특권에 근거하여 여성 작가들이 "기독교 예언자"의 전통에 합류했다고 주장했다.

> 이 특권은 여성들에게 기독교 정신을 회수함으로써 남성의 헤게모니에 도전하는 수단을 제공했다. 즉 신성한 언술을 가부장적으로 전용한 것을 이교적이라고 명명하고, 자신들을 "하나님의 여종"이라고 명명했는데, 이 두 가지 호칭은 모두 제도화된 종교를 전복시키는 것이었다. 이런 식으로 그들은 자신을 … 현존하는 기독교 예언자의 전통과 줄을 세우고 의식적으로 그 전통에 가담했다. 서사적 전략으로서, 이 신화를 회수하는 것은 여성들로 하여금 여성의 주변화를 정당화하는 언어를 반가부장제화하고 그러한 언어와 그에 따른 언술들을 새롭게 다시 쓸 수 있도록 해주었다. (Jenkins, 1995: 26)

고통받고 억압받는 자들에게 세상에 도전할 특권을 부여한 기독교 정신을 다시 부활시킴으로써, 여성 작가들이 남자의 지배권에 도전하고 제도화된 종교를 전복시키고 가부장적으로 전유된 기독교 정신을 비판할 수 있었다는 젠킨즈의 지적은 19세기 여성 작가와 기독교의 관계에 대한 진일보한 연구 관점이었다. 그러나 이 책의 부제가 "여성 작가와 빅토리아조의 영적 위기(Women Writers and the Victorian Spiritual Crisis)"라는 점에 나타나듯이, 19세기 영적 위기라는 남성적 틀과의 관계 안에서 여성 작가들을 분석하는 관점에서 출발하고 있는데, 이는 남성들과 달랐던 19

세기 여성 특유의 강한 신앙과 그것이 힘이 되어 오히려 문학을 생산했던 역동성에 관한 연구에 대해서는 부족한 면이 없지 않다.

베빙튼(David W. Bebbington)은 "복음주의 신앙은 19세기에 여성의 영역을 확장시키는 데 있어서 페미니즘보다 더 중요했다"라고 주장한 바 있다(Bebbington, 1992: 129). 이러한 주장은 다소 지나치다고 생각될 수도 있지만, 19세기 영국의 기독교와 여성 작가의 관계를 좀 더 깊이 있게 이해하기 위해서는 당시 기독교의 부흥이 신앙심이 강했던 많은 여성 작가들에게 힘을 주었던(empowerment) 면, 즉 종교와 여성 작가 사이의 역동적 관계에 주목할 필요가 있다. 물론 복음주의는 가정의 중요성을 신봉하고 남편을 아내의 주인으로 보아, 여자와 하나님 사이에 남편을 중재자로 보는 입장을 취하고 있었다. 밀턴의 표현대로 "남자는 하나님만을 위해; 여자는 남자 안에 있는 하나님을 위해" 만들어진 것으로 보았던 것이다.[17] 그러나 19세기에 복음주의는 동시에 중재자 없이 인간이 하나님과 관계를 가지는 것을 강조함으로써 역설적이게도 여자들로 하여금 남자가 혹은 남편이 여자와 하나님 사이에 중재자가 될 수 없음을 믿고 담대해질 수 있게 했다. 멜닉은 19세기 여성들의 신학적 관점은 다양했지만, 신학적 관점과 상관없이 모두 가부장제화된 기독교에 새로운 대안을 제시하고자 노력했음을 다음과 같이 설명하고 있다.

> 영국의 주류 신학 전통의 뿌리에서 다양한 여성신학적 문화가 생겨났으며, 각각은 특정 기관에 의해 지탱되고 여성들의 생각과 종교적 경험에 의해 계발되었다. 각 전통에서, 여성들은 여성의 기여를 배제시키는 가부장적 구조

17 John Milton, *Paradise Lost. The Portable Milton*, Ed. Douglas Bush, New York: Penguin Books, 1977, IV: 299.

와 맞섰다. 그러나 그들의 교리가 무엇이든지 간에, 그들은 모두 매우 남성화된 하나님의 이미지에 대한 대안을 발견하려 노력했으며, 하나님과 인간의 관계에 대한 신학적 논쟁에 여성을 포함시키려 했고, 오랫동안 남자들의 영역이었던 신성한 계시의 근원과 권위를 재검사하기를 모색했다. (Melnyk, 2010: 38)

멜닉은 특히 개혁적인 기독교 여성들은 당시의 여성의 위치가 하나님의 뜻이라는 관점을 거부했고, 이것은 성경의 권위를 가장 중시했던 복음주의적 여성들 사이에서 더 강했음을 『기독 숙녀의 잡지(*The Christian Lady's Magazine*)』와 『기독 세계 잡지(*The Christian World Magazine*)』를 분석하여 보여주고 있다(Melnyk, 2010: 44).

그런데 이 여성들은 하나님과 직접적인 관계를 가지고 그의 뜻을 스스로 분별하는 것으로 그들의 할 일을 다 했다고 생각하지 않았고, 더 나아가 그의 뜻을 몸소 실행해야 한다고 생각했다. 복음주의는 내적인 마음을 보여주는 것은 외적인 행동이라고 보아 실천적인 신앙을 대단히 강조했다(Jay, 1979: 104). 이는 종교개혁 이후 사람은 이 세상에서 시간을 어떻게 보냈느냐가 천국에서 설명되어져야 한다고 믿었기에, 게으르지 말고 일을 해야 한다고 생각했던 것과 관련되어 있다(Colby, 1995: 3). 복음주의 안에 있는 강력한 행동주의적 전통은 하나님의 말씀을 전파하고 그 말씀이 추구하는 가치를 실행할 수 있도록 사회를 개혁하고자 했다. 이러한 복음주의 전통은 해나 모어, 윌버포스(William Wilberforce), 섀프츠베리 경(Lord Shaftesbury)과 같은 개혁주의자를 통해 노예 제도 폐지, 공장법규 제정, 금주 운동 등을 포함한 사회운동과 자선사업 등을 촉발시켰다(Styler, 2010: 23). 세상에 보내니 세상 속에 있되 세상에 속하지 말라는 예수의 말씀은 세속적인 의무와 영적인 원칙 사이의 협상을 요구한다(「요한복음서」 17: 14-18). 이것은 개신교의 또 하나의 중요한 믿음, 즉 천직을 신성한 명령으로 보는 것으로 연결된다. 물론 분리 영역은 일을 남성의 영역으로 규정하고 여자의 천직은 결혼과 가정으로 제한하고 있지만, 가정 안에서 여성의 임무는 루이스의 말처럼 가정 밖으로 나가는 남편과 아들에게 거룩한 영향력을 끼치는 것이었다. 이는 역설적이게도 글을 쓰는 재능을 타고난 여자들에게 가정 내의 여자들에게는 물론 가정 밖의 남자들에게도 그 영향력을 끼치는 작가가 되는 것을 신성한 천직으로 보게 했다. 신앙을 가진 여성 작가들이 그들의 영적 자산을 사용하여 남성 중심의 가치관과 사회 구조에 도전할 글을 쓰는 것을 지지해주었던 것이다.

예를 들어 엘리자베스 개스켈은, 샬롯 브론테의 삶에 대해 쓰면서, 여자는 딸로서 아내로서 어머니로서의 의무를 다해야 하지만, 작가로서의 재능을 가지고 있다면 아무리 힘들어도 그 일을 해야 하는 것도 하나님의 뜻이라고 주장했다(Gaskell, 1975: 334). 개스켈은 여성 작가의 일을 하나님으로부터 받은 소명으로 설명하고 있는 것이다. 개스켈은 "샬롯 브론테가 행동에 옮긴 것을 나는 말로 하고 있는 것이다"라고 덧붙이고 있는데(Gaskell, 1975: 334),[18] 브론테 자신도 『셜리(*Shirley*)』에서, 이 장의 맨 앞부분의 인용문에 나타나듯이, 어린 소녀 로즈 요크(Rose York)를 통해

18 당시 여성 작가들이 당면해야 했던 가정과 천직 사이의 모순이 어떻게 해결되어갔는지를 분석한 미치(Helena Michie)는 1853년 『북영국 리뷰(*North British Review*)』에 기재된 다음 글을 인용한 바 있다. "만일 소설이 가슴에게 쓰는 것이라면, 아내와 어머니로서의 경험으로 가득 찬 여성의 품위로 성숙한 여자의 가슴으로부터 나올 때 가장 유용하고 완전하게 거기에 도달하지 않겠는가?" 이 글의 논리를 따른다면 소설 쓰기는 어머니로서의 의무, 가정적 의무와 마찰을 빚는 것이 아니라 오히려 그런 의무로부터 나오고 있다(Michie, 1987: 63).

하나님으로부터 재능(gift, talent)을 부여 받은 여자는 그것을 사용하는 것이 의무라는 신앙을 토로하고 있다. "만일 내 주께서 내게 열 탤런트를 주셨다면, 나의 의무는 그것으로 장사를 하여 열 탤런트를 더 만드는 것"이라고, "우리 모두에게 탤런트(재능)를 주신 주님께서는 언젠가 집에 오셔서 모두에게 보고서를 요구하실 것"이라고 어린 소녀의 입으로 말하게 함으로써 "선한 청지기"의 역할을 여성에게도 적용시킬 것을 주장하고 있는 것이다.

19세기에 많은 여자들이 글을 쓸 수 있었던 것은 글을 쓰는 행위가 가정 안에서 가능한 일이었고, 가정에서 일어나는 일들을 그리는 가정소설을 쓸 수 있었기 때문이었던 것이 사실이다(Spencer, 1986: 20). 그런데 가정화된 문학계는 신앙을 가진 여자들에게 가정 내의 경험을 통해 얻은 영적 · 도덕적 깨달음 즉 사적인 목소리를, 문학의 세계라는 공적 영역에 전달함으로써, 세상을 쇄신하는 거룩한 임무를 천직으로 가질 수 있게 해 주었다는 점에서 중요한 의의를 갖고 있는 것이다.

5. 여성 작가와 종교

19세기에 소설은 새로 생긴 중산층이 자신을 만들어내고 규정한 중요한 도구였고 따라서 정치적인 힘이었다. 출생 신분에 의해 권위가 주어지던 귀족 사회에서 벗어나 개인의 가치에 근거한 개인의 권위에 대한 강조를 통해 중산층이 형성되는 과정에서, 자아의 사적인 경험을 다루는 소설은 중산층을 구성하는 데 크게 기여했으며, 사적 영역에 속한 여성의 경험은 도덕적 권위를 가지고 소설을 통해 공적 영역에 기여하게 된 것이다. 그러므로 여성 작가들은 사적 경험을 소재로 공적 영역에 나아가 자신의 주장을 담론화시킬 수 있었을 뿐 아니라, 자기의 작품을 읽는 사람들 특히 다른 여성 독자들에게 비전을 제시할 수 있었다. 이러한 일은 신앙심이 강했던 여성 작가들에게는 천직이었으며 이 천직을 통해 하늘나라의 확장에 기여하지 않는 것은 거룩한 임무를 저버리는 것이었다. 이들 여성 작가들이 글을 쓰기 시작할 때, 그들은 인간이 하나님으로부터 멀어지고 있는 것이 가부장적인 종교관 때문이었음을 지적했고, 세속적으로나 영적으로 남성들이 조정하고 남성 중심으로 돌아가는 세상을 쇄신하려고 했다. '종교적인 시대'에 여성이 영적 권위를 가지고 말할 수 있었던 것은 여성들에게 기존 사회의 가치와 실행에 도전할 수 있는 커다란 혁명적 잠재력을 부여한 것이었다.

이 책은 19세기 기독교와 영국 여성 작가들의 다층적이고 역동적인 관계를 살펴봄으로써, 영국 기독교의 부흥이 어떻게 여성 작가들에게 혁명적 잠재력을 부여하고, 그들이 기존의 가부장적 문화에 도전하여 당시의 여성의 삶, 영국 사회, 인간 사회에 대해 담대히 비판하고 새로운 비전을 제시하는 여성문학을 만들어내게 했는지를 연구하고자 한다. 이를 위해 19세기를 대표하는 네 명의 여성 작가, 즉 샬롯 브론테, 에밀리 브론테, 엘리자베스 개스켈, 조지 엘리엇을 연구할 것이다. 이들은 다양한 종교적 배경을 가지고 있다. 브론테 자매는 저교회파 국교도였고, 개스켈은 유니테리언교도였으며, 엘리엇은 복음주의자였지만 복음주의 신앙을 잃은 후 유니테리언교와 독일 고등 비평의 영향을 많이 받은 작가이다. 이들은 서로 종교적 배경은 달라도 19세기 영국의 기독교 부흥에 크게 영향 받았을 뿐 아니라, 그들의 문학은 가부장제화된 당대 기독교 제도에 대해 비판하고 기독교의 핵심 가르침으로 되돌아가려는 종교개혁적인 신앙과 긴밀한 관계를 가지고 있었다. 그들의 삶과 작품을 통해 그들이 당시 기독교의 부흥이 가진 복합성을 어떻게 마주하여 작가로서의 목소리를 내고 있는지, 분리 영역이 주는 힘과 한계 사이에서 어떻게 갈등하거나 힘을 얻었는지, 그들의 신앙이 어떻게 기존의 이데올로기에 대한 저항을 가능하게 하고 새로운 비전을 제시하게 했는지, 종교를 통해 여성으로서 새롭게 창조할 수 있었던 문학은 무엇이었는지 등을 살피게 될 것이다.

특히 그들이 출판한 첫 번째 소설에는 이러한 면들이 첨예하게 드러나 있는데, 이것은 당시 여성에게 배타적이었던 문학계에서 첫 작품을 출판하는 것 자체가 큰 용기와 지혜 그리고 열정을 필요로 했으며 그 모든 것의 근저에 그들의 종교가 자리하고 있기 때문이라고 할 수 있다. 그러므로 이 책은 19세기 영국의 대표적 여성 작가 네 명이 처음으로 출판한 소설 즉 그들의 "첫 열매들"이, 이 열매들을 가능케 한 "뿌리" 즉 그들의 종교와 어떤 관계를 가지고 있는지 분석하고자 한다. 첫 열매는 다음 열매들이 어떠할 것인가를 대표적으로 보여준다는 점에서 이 작가들의 첫 소설을 분석하는 것은 이들의 후속 작품 분석에 있어서도 종교와의 관계에 대해 많은 것을 시사하게 될 것이다.

Charlotte Brontë

제2장

샬롯 브론테의 『제인 에어』: 개인으로서의 여성의 영성

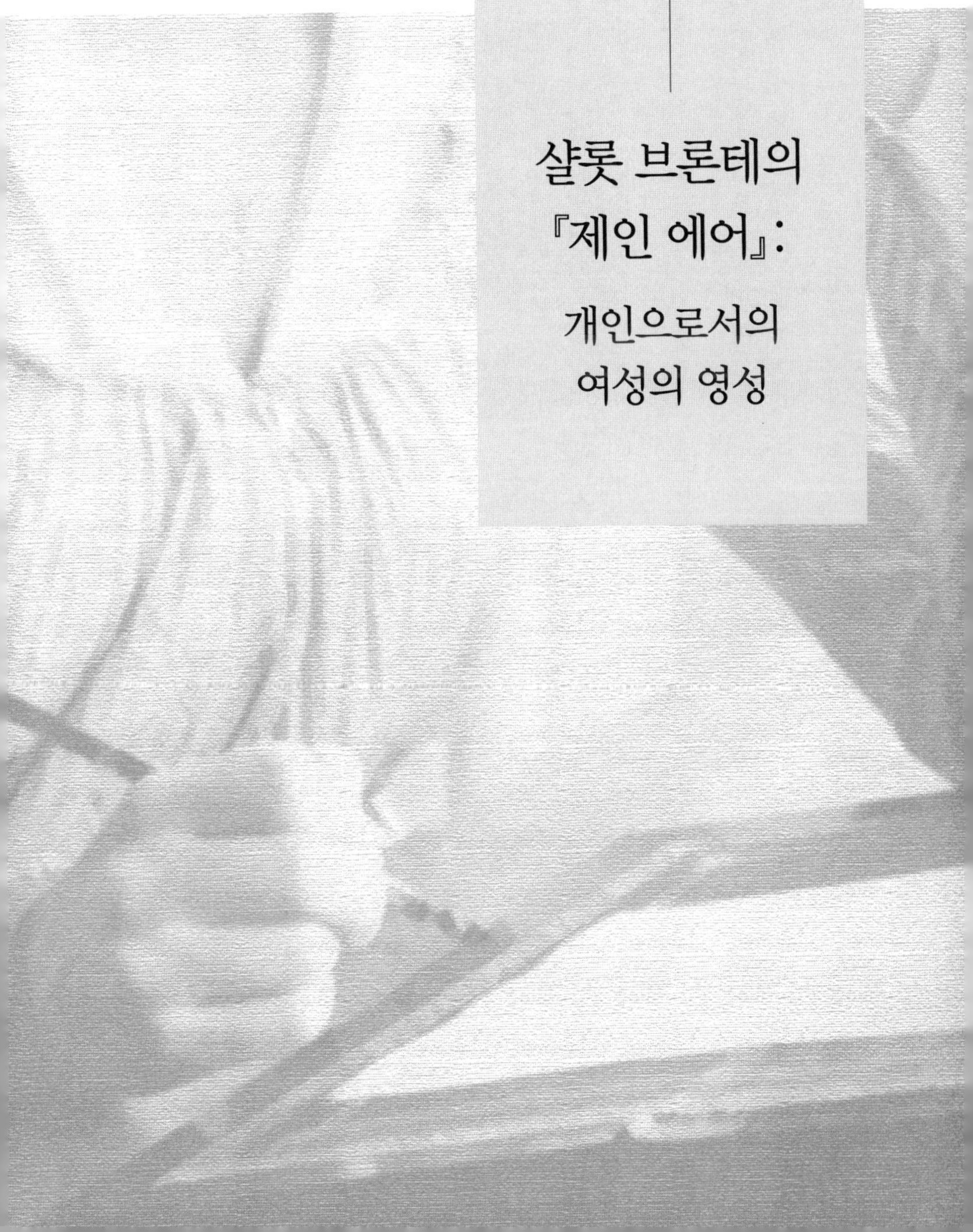

그녀는 세상, 하늘, 밤이 끝없이 강대하다고 느꼈다. 모든 것들 중에서 그녀 자신이 자신에게 중심으로 보였다. 위대한 창조의 근원으로부터 우연히 방출되어, 이제 표시 없이 불타 어두운 공동(空洞)의 중심부에서 소모될, 영혼의 불꽃, 작은 잊혀진 생명의 원자로 보였다. 그녀는 물었다. 그녀의 살아 있는 불빛이 아무 좋은 일을 하지 못하고, 누구에게 보여지지도 않고, 누가 필요로 하지도 않은 채 — 다른 별 하나 없는 창공에 뜬 별 — 어떤 목자도, 방랑자도, 현자도, 성직자도 길잡이로서 따라가거나, 예언으로 읽지 않는 별이 된 채, 그녀는 그렇게 불타 사라지게 되어 있는 것일까? 그녀의 지성이 그토록 생생히 불타고 있는데; 그녀의 생명이 그토록 진실 되고, 사실적이고, 힘세게 두드리고 있는데; 그녀 안에서 무엇인가가 불안하게 격동하고 있고, 끊임없이 하나님이 주신 힘을 주장하고 있고, 그녀가 그것을 활용해야만 한다고 주장하고 있는데, 이럴 수 있단 말인가 라고 그녀는 질문했다.[1]

---

1 Charlotte Brontë, *Shirley*, 1849, Eds. Herbert Rosengarten and Margaret Smith, Oxford: Oxford University Press, 1979, 487.

1. 종교적 관점들

샬롯 브론테는 19세기 영국의 복음주의가 여성에게 주는 힘과 제한 사이에서 그 역동성을 가장 잘 활용하고 그 제한에 대한 강력한 비판을 통해 새로운 여성에 대한 비전을 제시한 대표적 작가이다. 샬롯 브론테가 성공적으로 출판한 첫 소설인 『제인 에어』는 출판되었을 당시에 반기독교적인 작품이라는 비판을 많이 받았고, 이에 대해 브론테가 반박의 글을 썼던 것은 유명한 일이다. 예를 들어, 엘리자베스 릭비(Elizabeth Rigby)는 1848년 『계간 논평(*Quarterly Review*)』에서, 『제인 에어』를 다음과 같이 비판하고 있다.

> 전체적으로 제인 에어의 자서전은 현저하게 반기독교적인 글이다. … 자부심 강하고 끊임없는 인권에 대한 주장이 있으며 … 신을 두려워하지 않는 불만의 어조가 널리 퍼져 있다. … 우리는 해외에서 권위를 전복시키고 인간적이고 신적인 모든 관례를 어기고, 국내에서 차티즘과 혁명을 촉진한 사고와 사상의 어조가 제인 에어를 쓴 것과 똑같은 것이라고 말하기를 주저하지 않는다. (Rigby, 1848: 173-74)

『제인 에어』에 나타난 강렬한 자기주장, 사회에 대한 비판, 권위에 대한 도전들이 차티즘과 혁명을 불러온 바로 그 사고라고 지적한 릭비의 주장은 1848년 당시 『제인 에어』에 대해 널리 행해지던 비판의 하나로서, 가부장적인 종교, 법, 경제에 대한 강력한 위협을 이 작품이 제기하고 있다는 것을 감지하고 있음을 보여주고 있다. 같은 해에 출판된 『영국 국교 계간 논평(*The Church of England Quarterly Review*)』은 제인 에어의 교육이 "그녀의 마음속에 종교적 성장을 증진시키는 것을 거의 꾀하지 않고 있다"라고 비판했으며, 『기독교 비망록(*The Christian Remembrancer*)』 또한 이 소설에서 "모든 기독교 신앙은 편협하고 모든 기독교 실행은 위선"으로 그려지고 있다고 비판했다(Peters, 2004: 54에서 재인용). 이러한 비판에 대해 브론테는 『제인 에어』의 제2판을 출판하면서 서문을 통해 다음과 같이 반박했다.

> 나는 그런 의심을 품은 사람들에게 분명한 구분을 제시하고 싶다. 나는 그들에게 분명하고 간단한 진리를 상기시키고 싶다.
>
> 관습이 도덕은 아니다. 독선(獨善)이 종교는 아니다. 전자를 공격하는 것은 후자를 비난하는 것이 아니다. 바리새인의 얼굴에서 가면을 잡아 뜯는 것은 가시면류관에 불경건한 손을 쳐드는 것이 아니다. 이러한 것들은 정반대로 대립되어 있는 것이다. 그것들은 악이 미덕과 다른 만큼 다른 것이다. 사람들은 그것들을 너무 자주 혼동한다. 그것들은 혼동되어서는 안 된다. 외양이 진리로 오도되어서는 안 된다. 소수를 의기양양하게 하고 거드름피우게 하는 경향이 있을 뿐인 인간의 편협한 신조들이 그리스도의 세상을 구원하는 교의를 대체해서는 안 된다.[2]

브론테는 당시 영국 사회가 기독교 신앙이라고 내세우며 저지르던 바리새인적인 관습과 종교와 문화에 대한 전복적인 비판을 통해 그녀가 직접 이해하고 해석한 기독교의 기본 정신을 되살리려 했음을 이 서문은 공표하고 있는 것이다. 이 서문에서 브론테는 작가로서 영국 사회에 대

2 Charlotte Brontë, *Jane Eyre*, 1847, Ed. Q. D. Leavis, New York: Penguin Books, 1966, 35. 본 장에서 앞으로 이 책에서의 인용은 본문에서 괄호 안에 쪽수만 표시한다.

해 비판하는 자신의 작업을 미가야(Micaiah) 선지자의 작업에 비유하고 있으며, 자신의 비판을 반기독교적이라고 비판하는 사회를 미가야의 말을 싫어하고 아첨꾼의 말을 좋아하다 결국 멸망에 이른 아합(Ahab) 왕에 비유하고 있다. 브론테는 "회칠한 무덤"과 같은 영국 사회를 꿰뚫어, 보기 흉한 진실을 드러내야 하는 선지자와 같은 역할이 작가로서 자신의 역할이라고 봄으로써, 당대 사회가 그녀에게 퍼부은 비난에도 불구하고, 그 사회를 비판하고 새로운 대안을 제시하는 담대한 목소리를 낼 수 있었던 것이다. 그렇다면 브론테가 바리새인의 가면을 벗기고 "인간의 편협한 신조(narrow human doctrines)"와는 정반대인 "그리스도의 세상을 구원하는 교의(the world-redeeming creed of Christ)"를 표현하고자 했다면, 그것은 무엇이었을까? 이 장은 그것을 찾아보고자 한다.

그런데 브론테 자신이 『제인 에어』를 통해 표현하고자 했던 기독교적 관점을 이처럼 분명히 밝혔음에도 불구하고 이 부분에 대한 연구는 한동안 제대로 이루어지지 못했다. 20세기 중반에 여성주의적 관점에서 『제인 에어』의 의미를 재평가한 대표적인 비평가인 길버트와 구바는 이 소설의 "반항적 페미니즘"은 바로 거기에 나타난 "사회의 기준, 관습, 형식을 받아들이기를 거부하는 '반기독교적' 거부"였다고 주장하고 있다 (Gilbert & Gubar, 1979: 338). 1970년대와 80년대의 대표적인 여성주의 비평가들은 『제인 에어』에 나타난 여성 억압의 문제, 여성 교육의 문제, 여성 성장의 문제, 가정교사의 문제 등 다양한 여성 문제들을 분석하여 이 소설을 여성주의 소설의 대표작으로 자리매김시켰으며, 80년대와 90년대에는 스피박(Chakravorty Spivak)이나 메이어(Susan Meyer) 등이 탈식민주의 관점에서 『제인 에어』를 다루기도 했지만, 이 작품에 나타난 기독교 신앙의 문제에 대해서는 여성주의적인 관점에서 제대로 된 비평이 별로 이루어지지 못한 것이 20세기의 큰 흐름이었다고 할 수 있을 것이다.

그러나 『제인 에어』를 반기독교적인 작품으로 치부하는 큰 흐름 가운데에도, 기독교를 제인이 극복해야 할 가부장 사회의 한 면으로만 보는 협소한 관점을 극복하고 샬롯 브론테가 소중히 여겼던 종교에 대한 관심에 주목하는 비평들이 최근에 나오기 시작했다. 1999년에 토멜렌(Marianne Thormählen)이 출판한 『브론테가와 종교(*The Brontës and Religion*)』는 브론테 자매들의 작품을 기독교적 관점에서 재해석할 수 있는 중요한 자료들을 제공했다. 토멜렌은 이 저서에서, 학자들이 세속적인 학문의 세계에서 종교와 같은 주제와 맞붙는 것이 초래하는 어려움을 다음과 같이 지적하고 있다.

> … 동료들이 브론테 소설 속의 종교를 상대적으로 무시해왔던 점을 교정하는 일에 착수한 학자는 많은 고유한 어려움에 봉착한다. 그/녀는 예술적 창조라는 맥락 안에서 종교적인 감정과 경험이 가진 잠재적 힘을 허락할 준비가 거의 되어 있지 않을 뿐 아니라 종교적 연구를 할 여지를 거의 제공할 여유가 없는 지적 풍토 안에서 일하고 있으며 그런 풍토에 어쩔 수 없이 영향을 받는다. 또한 역사적 맥락 그 자체도 문제가 된다. 19세기 초 영국에서 종교적인 삶은 매우 복잡하고 다양하여 자주 연구자의 발판을 위협하는 것이다. (Thormählen, 1999: 2)

이러한 어려움을 이겨내고 토멜렌이 본격적으로 브론테를 종교적 맥락 안에서 분석한 이후 지난 10여 년간 브론테 비평에서는 『제인 에어』에 나타난 기독교적 의미를 외면하거나 평가절하하는 것이 작품의 많은 부분을 무시하는 것임을 인정하는 연구들이 나오기 시작했다. 조슈어

(Essaka Joshua)는 이 소설을 정통 기독교의 메시지를 담은 매우 종교적인 소설이라고 주장했으며(Joshua, 2002: 82), 설(Alison Searle)은 이 작품이 낭만적 상상력을 비판하고, 바울로부터 어거스틴(Augustine)에 이르는, 그리고 당대의 복음주의 목사들에게까지 이르는 "고전적 기독교 신학의 모범"을 따르고 있음을 분석했다(Searle, 2006: 37). 또한 러모나카(Maria Lamonaca)나 그리징거는 이 소설에 나타난 페미니즘이 기독교적임을 연구하기도 했다. 그러나 그리징거도 지적하고 있듯이, 이러한 연구는 "여전히 깨어지기 쉬운 영역이다"(Griesinger, 2008: 33). 단지, 문학과 종교의 관계에 관한 연구가 세속적인 아카데미 안에서 비록 깨어지기 쉽고 불안정한 분야라고 할지라도, 19세기 여성문학을 제대로 이해하기 위해서는 반드시 필요한 연구이며, 특히 샬롯 브론테의 작품 연구에서는 필수적인 연구라는 점을 인지해야 할 것이다.

이 장은 브론테가 사회의 변화는 개인의 변화에 의해서 가능하며, 개인의 변화는 개인의 종교에 의해서 온다는 것을 보여주고 있다는 데에 초점을 맞추고자 한다. 그리고 신앙과 개인의 성장이 가지는 관계를 분석하고자, 키에르케고어가 이상적인 인간의 실존으로 제시한 하나님 앞에 선 "단독자(single individual)"의 비전이 제인 에어를 통해 제시되고 있음을 살펴보고자 한다. 덴마크의 실존철학자 키에르케고어가 신학적으로 제시한 이상적 "단독자"의 모습이, 같은 시기 영국의 여성 작가 브론테가 제인 에어를 통해 문학적으로 창조한 여성의 성장을 통해 구현되고 있음을 보여주고자 하는 것이다. 이를 위해 먼저 샬롯 브론테의 종교를 살펴본 뒤, 키에르케고어의 단독자 개념을 개괄하고, 제인 에어가 어떻게 단독자의 모습, 즉 영적으로 고양된 개인으로서의 여성으로 창조되어 있는지를 분석하고자 한다.

2. 샬롯 브론테와 영국 국교

이 장의 맨 앞에 인용된 글은 샬롯 브론테의 두 번째 소설인 『셜리』에서, 셜리가 태초에 대해 썼던 글 속의 여주인공 이바(Eva)의 생각에 대한 묘사이다. 거기에서 이바는 거대한 창조의 근원에서 방출된 영혼의 불꽃으로 상상되는데, 이바는 자신이 어두움의 공동(空洞) 속에 소모되어버릴 것 같아 이에 강한 회의감을 표출하고 있다. 자신의 지력이 생생하게 불타고 있고, 생명이 진실되게 맥박치고 있는데, 그리고 그녀 속에서 무엇인가가 쉼 없이 하나님이 주신 힘을 사용하라고 주장하는 것을 느끼는데, 그냥 낭비되어버려도 된다는 말인가? 셜리가 어릴 때 무어(Louis Moore) 선생님에게 프랑스어를 배울 때 쓴 작문으로 나오는 이 글은, 아직 작가가 되기 전 자신의 재능을 느끼고 그것을 사용하고 싶은 강렬한 욕망을 느끼되, 그것을 사용해도 될는지, 그리고 그것을 사용할 수 있을지, 불안해하는 브론테의 모습이 반영되어 있다.[3] 하나님이 주신 힘, 그것은 잘 사용해야만 하도록 주신 힘인데, 아무 소용도 없고 쓸모도 없이 타버리고 소멸되어버릴 것 같은 불안과 고민, 자신의 재능이 하나님이 주신 것임을 믿는 여자로서 여자의 재능은 가정 안에서만 발휘할 것을 요구하는 사회 속에서 어떻게 자신의 재능을 사용하는 것이 옳을까에 대한 브론테 자신의 고민을, 창조 신화 속 이바를 통해 표현하고 있다고 볼 수 있다.

---

3 샬롯 브론테의 소설 『셜리』에서 셜리(Shirley)라는 여주인공이 에밀리 브론테를 모델로 하고 있음은 잘 알려져 있다. 그러나 이 소설에서 무어 선생님에게 셜리가 이 글을 써서 제출했던 것은 오히려 헤거(Héger) 선생님에게 프랑스어로 된 글을 써서 검사 받던 샬롯 자신을 연상시키며, 셜리가 쓴 것으로 나오는 이 글 속에 등장하는 이바의 생각은 자신의 재능을 인지하면서 그것을 사용할 수 있을까 불안해하는 작가가 되기 전 샬롯 브론테의 모습을 반영하고 있다.

샬롯 브론테는 영국 국교회 목사였던 패트릭 브론테(Patrick Brontë)와 감리교도였던 마리아 브랜웰(Maria Branwell)의 1남 5녀 중 셋째 딸로 1816년에 태어났다. 1820년에 브론테가의 온 가족은 패트릭 브론테가 하워스(Haworth) 교구의 목사가 되면서 하워스 목사관으로 이사를 갔다. 그러나 샬롯이 5세이던 1821년에 어머니 마리아가 사망함으로써 이모인 엘리자베스 브랜웰(Elizabeth Branwell)이 6남매를 키우게 되었다. 샬롯의 종교를 살펴보려면 먼저 아버지인 패트릭 브론테 목사의 신앙을 살펴보아야 할 것이다.[4] 샬롯이 19세기 영국 여성에게 복합적인 영향을 미친 복음주의와 접하게 된 것은 무엇보다 영국 국교 목사였던 아버지 패트릭을 통해서였기 때문이다.

영국 국교는 크게 고교회파(High Church), 저교회파(Low Church), 광교회파(Broad Church)로 분류할 수 있다. 고교회파는 영국 국교 성공회의 전통을 중시하고 로마 가톨릭과 예배 의식을 많이 공유하고 있었다. 빅토리아조가 시작되기 직전의 영국 국교회파는 기독교 정신에 별로 영향받지 않은 세속적 취향과 야망을 가진 성직자에 의해 시무되었던 신사의 종교였으며, 부패하고 영적으로 무기력했고 정치적으로 보수주의였다(Altick, 1973: 204).[5] 고교회파와 반대되는 입장이 저교회파이다. 앞 장에서도 설명했듯이, 영국 국교 내에 팽배한 세속성과 영적 편협성에 대한 반대로 18세기에 복음주의 운동이 일어났고, 복음주의자들은 저교회파를 형성하게 된다. 예배 의식이나 영국 국교 가톨릭파에 대한 태도 등에

---

4 어머니와 이모의 종교적 영향도 중요하지만, 이 장에서는 아버지의 종교적 영향을 주로 다루고, 어머니와 이모의 종교였던 감리교의 영향에 대해서는 에밀리 브론테를 다루는 다음 장에서 살펴본다.

5 19세기 영국 국교의 자세한 상황에 대해서는 Altick, 1973: 204-208 참조.

있어서 고교회파와 저교회파가 양극에 있다면, 교회 조직의 권위나 형식에 있어서 관대한 입장이어서 "넓은(broad)"이라는 수식어가 붙게 된 광교회파는, 온건한 회의주의와 엄밀히 정의된 교리와 형식에 대한 무관심을 포함하는 자유주의(Latitudinarian) 전통을 물려받았다(Altick, 1973: 207).

패트릭이 교구 목사로 있었던 하워스는 18세기에 대표적인 복음주의자들이 설교했던 곳이었다. 존 웨슬리와 찰스 웨슬리 형제를 비롯하여, 조지 화이트필드(George Whitefield), 윌리엄 그림쇼(Willia Grimshaw)는 모두 영국 국교의 목사로서 복음주의 설교자로 하워스의 교회에서 설교했었고, 오늘날 "브론테 지역(Brontë Country)"으로 유명한 요크셔 황야는 그 당시 이들의 영적인 유산으로 유명한 곳이었다(Griesinger, 2008: 40). 하워스 교구가 있던 웨스트 라이딩(West Riding) 지역에서 꽃피었던 복음주의 유산은 저교회파 국교에 스며들었고, 패트릭 브론테는 이것에 영향을 많이 받았다.

그런데, 젠킨즈에 따르면, 패트릭은 영국 국교의 교구 목사였음에도 불구하고 "칼빈주의적 신의 이미지의 공격적이고 비타협적인 면모"의 화신이기라도 한 듯 "장전된 권총을 들고 다녔고 매일 그것을 발사했다"고 한다. 그러므로 샬롯은 집이라는 사적인 차원에서도, 그녀가 사는 지역이라는 공적인 차원에서도, "믿는 자들에게 가부장적으로 공모한 엄격한 규범 — 브론테로서는 수행할 수 없다고 느끼는 규범 — 을 지시하는 공격적인 종류의 기독교"를 경험했다고 주장하고 있다(Jenkins, 1995: 66). 만일 젠킨즈의 주장이 옳다면, 어린 제인 에어에게 큰 고통을 주었던 브로클허스트 씨(Mr. Brocklehurst)는 어린 샬롯이 경험한 아버지 패트릭에 대한 비판일 수도 있다.

그러나 브로클허스트 씨는 보통 브론테 자매들이 어릴 적에 다녔던 가난한 목사의 딸들을 위한 자선학교인 코완 브리지 학교(Cowan Bridge School)의 윌슨(William Carus Wilson) 목사의 모습이라고 추정되고 있다(Thormählen, 1999: 183). 누구에 대한 비판이었건 브로클허스트 씨는 과도한 칼빈주의적 복음주의 목사에 대한 비판으로 보인다. 가난한 여자아이들을 교육하는 자선학교인 로우드(Lowood)의 운영자인 브로클허스트 씨는 10살 난 제인을 만났을 때, 제인을 "버릇없는 어린 여자애"라고 단정하며, 첫 질문으로 "나쁜 사람이 죽어서 가는 곳이 어디냐?"고 물어 "지옥"이라는 답을 유도한다(64). 또한 리드 부인(Mrs. Reed)의 말을 그대로 받아들여 제인을 거짓말쟁이라고 단정하고, "모든 거짓말쟁이는 불과 유황이 타고 있는 호수에" 떨어지게 될 것이라고 위협한다(66). 로우드 학교에서 아이들은 복장과 두발에 대해 과도하게 엄격한 규제를 받을 뿐 아니라 체벌과 굶주림을 감수해야 하며, 그 열악한 환경은 결국 많은 아이들을 병에 걸려 죽게 할 정도이지만, 로우드 학교의 운영자인 브로클허스트 씨는 "만일 네가 나를 위해 굶주리거나 목마른 고통을 당한다면, 너는 행복하다"라는 성경구절을 인용하면서, 굶주린 아이들에게 음식을 제공한 템플 선생을 비판한다. "당신이 이 아이들의 입에 탄 죽 대신에 빵과 치즈를 넣었을 때, 당신은 실제로 그들의 천한 육체를 먹였을지 몰라도, 그들의 영원한 영혼은 굶겨죽이고 있다는 것은 생각하지 못하는 듯하오"라고 비판하는 것이다(95). 글렌(Heather Glen)에 따르면, 복음주의적으로 아이들을 기르는 교육학 속의 하나님은 너무 자주 "사랑의 하나님"이 아니라 "강압, 처벌, 협박, 수치를 주는" 하나님이었다고 한다(Griesinger, 2008: 42에서 재인용). 영혼의 구원을 위해서 육체를 억제시키는 원칙은 어린 나무는 구부러지려는 시초에 조치를 취해야 한다는 복음주의자들의 생각과 칼빈주의 사고의 영향을 받은 것이다. 그런데 비록 엄격한 규율이긴 했지만 그렇다고 이러한 원칙 자체가 아이들에 대한 진정한 사랑과 병행할 수 없는 것은 아니었다. 사실 복음주의 가정은 충성스럽고 헌신적이었으며, 부모와 자식 간에는 친밀하고 강한 유대감이 있었다. 이는 복음주의 가정에서 자란 많은 아들들이 사랑을 담아 아버지의 자서전을 썼던 데에도 잘 나타난다(Thormählen, 1999: 20-21).

그런데 브로클허스트 씨의 경우, 로우드를 "복음주의 자선학교"라고 부르며, "이 여자아이들 속에 있는 육체의 욕망을 억제시키는 것이 나의 임무"(96)라고 주장하는 자신의 원칙을 적용하는 것은 로우드 학교의 가난한 여학생들에게뿐이며, 자기 가족에게는 전혀 다른 원칙을 적용한다. 이는 그가 학생들의 음식과 옷과 머리에 대해 극도의 절제를 요구하는 장황한 훈계를 마쳤을 때 때마침 나타난 그의 두 딸과 아내의 모습에서 적나라하게 드러나고 있다. 그의 두 딸은 당시 유행하던 타조 깃털로 장식된 수달피 모자를 쓰고 있었고, 그 아래에는 정교하게 컬을 한 풍성한 머릿결이 찰랑거리고 있었다. 그의 아내는 족제비를 달아 장식한 비싼 벨벳 숄에 둘러싸였고, 가짜 앞머리까지 달고 있었다. 그들은 벨벳, 비단, 모피로 화려한 옷차림을 하고 있었고, 머리 또한 화려하기 그지없었던 것이다. 브로클허스트 씨는 스스로 자신의 원칙을 복음주의적 교육철학이라고 주장하고 있지만, 사실 그는 성경을 자기 목적에 맞추어 인용하고 적용하는 위선자였을 뿐이었다. 그러므로 브로클허스트 씨에 대한 비판은 엄밀히 말하면 복음주의자에 대한 비판이 아니라고 할 수 있다.

브로클허스트 씨의 엄격한 모습이 패트릭의 엄격함과 연결되지 않을까 의심된 적도 있었고, 그 근원에는 최초로 브론테 자매에 대한 전기를 썼던 엘리자베스 개스켈이 패트릭의 기행들을 기록한 탓도 있었다. 그러나 토멜렌은 이러한 의심이 근거없다고 비판하고, 패트릭은 관용적이고 따뜻한 아버지였다고 주장한다. 패트릭은 아이들이 악한 성질을 드러내는지 감시하거나 처벌하는 아버지가 아니었으며, 자녀들이 연극 놀이를 하며 노는 것에 행복해했다. 당시 연극은 복음주의자들이 불법화했던 것인데 인문학을 불신했던 다른 복음주의자들과 달리 패트릭은 아이들이 연극 놀이를 할 때도 지지해주었고, 그들에게 자유를 줌으로써 작가로 클 수 있게 했다. 또한 복음주의자들은 하나님에 대한 헌신은 가슴의 문제라고, 즉 그리스도의 모범을 따라 사는 것이 아무리 중요해도 그러한 노력은 반드시 사랑이 함께 해야 한다고 주장했는데, 기독교인의 사랑에 대한 이러한 강조는 하워스 목사관에서 매우 중요했고, 패트릭은 아이들을 가르치며 복종하게 하는 동기로 "지옥에 대한 두려움"이 아닌 "하나님의 사랑"을 강조했다고 한다(Thormählen, 1999: 21-22).

젠킨즈는 브론테가 가부장적이고 억압적인 아버지의 칼빈주의적 관점 때문에 신앙적 위기를 겪었지만 "신앙의 도약"을 통해 자비롭고 힘주시는 하나님을 찾을 수 있었고, 이를 통해 "작가로서의 비국교도적 경력"을 쌓고 "전에 목적 없던 삶에 의미와 초점"도 가질 수 있게 되었다고 주장한다(Jenkens, 1995: 67). 반면 토멜렌은 브론테가의 천재성의 근원은, 하워스 목사관에서 발전시킨 "육체적, 감성적, 지적, 종교적 자유에 그 답이 있다"고 분석하면서, 샬롯이 당대 사회를 넘는 신학적 관점을 가질 수 있었던 것은 아버지 덕이었다고 분석하고 있다(Thormählen, 1999: 22-23). 젠킨즈의 관점과 토멜렌의 관점은, 국교 목사였던 패트릭의 영향을 어떻게 보느냐에 있어서는 정반대이지만, 샬롯 브론테가 당시 사회의 가부장적 하나님의 이미지를 극복하고 여성주의적으로 하나님을 바라볼 수 있었음은 공통적으로 파악하고 있는 바이다.

그렇다면 샬롯 브론테의 여성주의적 기독교관은 그녀가 출판에 성공한 첫 소설인 『제인 에어』에 어떻게 나타나고 있는가? 젠킨즈는 샬롯 브론테의 종교에 대해 "급진적 여성주의 개신교(radical feminist Protestantism)"라고 하며, 이것이 잘 나타난 작품으로 『셜리』를 분석하고 있지만, "급진적 여성주의 개신교"는 기실 첫 작품인 『제인 에어』에서부터 선명히 드러나 있다. 뿐만 아니라, 샬롯 브론테의 여성주의적인 기독교관은 제인이라는 고아 소녀가 고양된 영성을 가진 하나의 개인으로 성장해가는 이 작품을 탄생시킨 뿌리라고 할 수 있다.

그런데 19세기 영국에서 여성은 '개인'으로 설 수 있었던가? 울스턴크래프트(Mary Wollstonecraft)는 『여성의 권리 옹호(*A Vindication of the Rights of Women*)』에서 여성이 "남자를 기쁘게 하는" 존재로만 살아야 하는 것을 개탄했다. 당시 문명화되었다는 여성들이 자신의 "능력과 미덕(abilities and virtues)"을 통해 존경심(respect)을 구해야 할 때에 "단지 사랑을 불러일으키는 데에만 열심"이라고 지적하고, 존경받는 하나의 독립된 개인으로 살아가는 것이 아니라 남을 행복하게 만들어야 하는 종속적인 존재로만 살아가고 있는 것을 비판했다(Wollstonecraft, 1988: 7). 빅토리아조 사회는 자아 발전을 중시하고 자기주장의 중요성을 강조했지만, 그것은 남성에게 해당되는 것이었고, '인간이라기보다는 여자라고만' 간주되었던 여성에게는 자아의 발전이 아니라 자아의 포기가 강요되었던 것이다.

그런데 "개신교 개인주의(Protestant individualism)"를 역사적으로 연구한 챈스(Janna Smartt Chance)에 따르면, 개인에 대한 생각에 있어서 광교회파와 저교회파의 입장이 달랐다고 한다. 광교회파는 진리가 무엇인지 아는 것이 매우 어려운 일이라고 보는 입장이었으므로, 예를 들어 파웰

(Baden Powell)은 1860년에 출판된 글 「성경의 해석(On the Interpretation of Scripture)」에서, 성경의 세계에 들어가는 것은 "생각과 상상력의 노력, 비평가는 물론 시인의 분별력을 요구하며, 학식보다 훨씬 많은 것, 독창적인 힘과 강력한 정신을 요구한다"라고 주장했다(Chance, 2008: 93에서 재인용). 이러한 광교회파의 입장에서 성경 해석은 그리스어를 포함하여 많은 교육을 받고 높은 지적 능력을 갖춘 사람만이 할 수 있는 것이라고 보았는데, 이는 당시 많은 교육을 받을 수 없었던 여성과 가난한 자들은 성경을 스스로 이해할 수 없다는 것을 뜻했다. 특히 여자는 남자보다 지적 능력이 뒤떨어진다고 보았던 당시 사회에서 여성은 독립적으로 성경을 이해하거나 진리에 도달할 수 없다고 본 것이다.

이와 달리, 복음주의적이었던 저교회파는 성경을 가진 사람은 누구나 내재하시는 '성령'의 인도에 따라 진리에 도달할 수 있다고 보았다. 예를 들어 월터 셜리(Walter Shirley)는 1842년에 출판한 『성서의 우월성(*The Supremacy of the Holy Scriptures*)』에서, "모든 기독교인은 이제, 만일 그들이 겸손과 믿음과 기도로 성서를 살핀다면 하나님으로부터 가르침을 받을 것이라는 약속과 함께 … 성서를 살펴보도록 권장된다"고 말하고 있다(Chance, 2008: 85에서 재인용). 셜리는 성경을 판단할 수 있는 권한을 여성에게도 준다고 꼬집어 말하고 있는 것은 아니지만, "모든 기독교인"이라고 말함으로써 여성도 포함하고 있음을 강력히 암시하고 있다. 이러한 복음주의의 입장은, 성경을 신성한 영감에 의하여 쓰인 하나님의 말씀으로 보았고, 성경 자체가 각 개인에게 말씀에 주목할 의무와, 그것을 해석할 권한과, 그것을 전파할 의무를 부여했다고 보는 데에서 기인한다.

복음주의 운동을 이끌었던 초기 감리교에서 여성 설교자들이 나올 수 있었던 것은 이러한 배경에 근거하고 있다. 그러나 조지 엘리엇이 『애덤 비드(*Adam Bede*)』에서, 18세기 후반에 활동한 대표적인 여설교자의 하나인 엘리자베스 에번즈(Elizabeth Evans)를 모델로 창조한 다이나 모리스(Dinah Morris)를 통해 잘 보여주듯이, 감리교 여설교자들의 설교는 1803년부터 금지된다. 복음주의를 이끈 감리교에서도, 이에서 더 확장된 저교회파 복음주의 운동에서도, "하나님에게 중재자 없이 다가가는 것"을 설교하면서도, 여성들에게 아버지와 남편은 계속해서 "자연계와 초자연계의 모든 것을 해석해주는 배타적 해석자"였다(Jenkins, 1995: 16). 그들은 하나님의 말씀은 중재자, 즉 이 경우에 남자 없이는 이해될 수 없다는 입장이었는데, 이는 가톨릭 선조들과 같은 입장이었다는 점에서 "여성과 하나님 사이의 종교개혁 전의 관계"를 지지한 것이라고 비판받을 수 있는 것이다(Jenkins, 1995: 16).

기본적으로 기독교에는 모든 인간의 영혼이 하나님 앞에서 동등하다는 "영적 동등성"에 대한 믿음이 있다. 『영국의 여성(*The Women of England*)』(1839), 『영국의 부인(*The Wives of England*)』(1843)과 같은 대표적 행동지침서를 썼던 새라 엘리스는 그녀의 논의의 전제로 "남자와 여자 사이에는 도덕적으로 영적으로 완전한 동등성이 있다는 믿음을 인정해야 한다"라고 분명히 천명하고 있다(Ellis, 1843: 58). 그러나 이러한 믿음에도 불구하고 그녀는 남녀에 따른 분리 영역에 대한 절대적 지지자였다. 당시 복음주의자들은 『실락원(*Paradise Lost*)』에 표현된 밀턴의 아담과 이브의 모습을 창조의 질서이자 진리라고 받아들이고 있었다.

> 거기로부터 인간에게 진정한 권위가 오고 있다; 비록 이 둘이
> 똑같지 않은 것은, 그들의 성이 똑같아 보이지 않는 것과 같다;
> 남자는 사고와 용맹을 위하여 만들어졌고,

> 여자는 부드러움과 달콤하고 매력적인 품위를 위해서였다;
> 그는 하나님만을 위해, 그녀는 그 안에 있는 하나님을 위해.[6]

남자는 "사고"와 "용맹"을 위하여 창조되었고, 여자는 "부드러움"과 "달콤하고 매력적인 품위"를 위하여 창조되었으며, 남자는 "오직 하나님"을 위해서, 여자는 "남자 안에 있는 하나님"을 위하여 창조되었다는 믿음은 19세기 복음주의자들이 기댄 분리 영역의 중요한 근거였고 지지대였다. 러모나카는 18세기와 19세기 초에 출판된 행동지침서와 설교를 분석한 결과, 국교도와 비국교도 모두 공히 이 생각을 공유하고 있음을 밝혔다. 국교도 목사였던 클로즈(John Clowes)의 『황금 결혼반지(*The Golden Wedding Ring*)』(1813)는 결혼의 행복, 순수성, 신성성을 회복시켜야 할 필요성을 역설하며, 이것을 종교와 연결시키면서, 남편을 "최상의 존재"에 아내를 "최하의 지위"에 위치시켰다(Lamonaca, 2002: 247). 비국교도 목사였던 제이(William Jay) 또한 『부부의 상호 의무(*The Mutual Duties of Husbands and Wives*)』(1801)에서, 비록 남자가 종종 계획이 잘못되고 성격이 변덕스럽고 주장이 독재적이며 권위가 타락해도, 여자는 "남편에 대한 종속 없이는 '하나님'의 명백한 뜻을 거스르게 된다"라고 주장했다(Lamonaca, 2002: 248). 1789년부터 1901년까지의 영국 국교 내 복음주의를 연구한 스코틀랜드도, 복음주의 국교도의 대부분은 중상층 여성들이 그들의 영성을 집 혹은 가정 영역 안에서 발휘하도록 부름 받았다는 견해를 가지고 있었다는 것은 확실한 사실이었음을 확인했다(Scotland, 2004: 363).

---

6 John Milton, *Paradise Lost*, IV: 295-299.

이상의 논의를 종합해 보건대 빅토리아조 여성과 개인에 대한 복음주의 영국 국교의 입장은 양면성을 가지고 있었다고 결론지을 수 있다. 헴프튼(David Hempton)은 복음주의가 "여성에게 새로운 기회를 열어주면서 그들에게 자기 분수를 알게 하는 이데올로기를 구축했다"고 지적한 바 있는데(Griesinger, 2008: 39에서 재인용), 이는 당시 여성들이 놓여 있던 양면적 상황을 잘 표현하고 있다. 복음주의는 한편으로 여성들에게 하나님과의 직접적인 관계를 가질 수 있는 가능성을 열어주면서도, 동시에 여성을 남성 혹은 남편과의 관계 속에서만 존재하는 종속적 존재로 봄으로써, 여성을 하나의 개인으로 제대로 인정하지 않았으며, 하나의 개인으로 존재하게 하지 않았다.

이러한 19세기 영국 국교의 양면성 앞에서, 샬롯 브론테는 신앙으로 인하여 억압되고 위축되기보다는, 오히려 자기에게 있는 글쓰는 재능이 하나님이 주신 것으로 믿는 믿음으로, 당시 기독교의 잘못된 관행이나 교리를 비판할 수 있었다. 또한 비록 그것이 사회의 규범이나 윤리, 문학적 전통이나 관습과 어긋날지라도, 그녀는 신앙을 통해 그것들을 비판하고 진정한 하나님의 뜻을 찾으려는 과감한 시도로 나아갈 수 있었다. 『제인 에어』에서 샬롯 브론테는 신앙을 통해 얻은 힘으로 가부장적이고 물질주의적인 영국 사회를 비판하고, 가진 것 없고 힘없는 고아 소녀 제인이 영적으로 고양된 하나의 개인, 즉 "단독자"로 우뚝 서는 모습을 제시하고 있다.

3. "단독자" 개념

쇠얀 키에르케고어(Søren Kierkegaard)는 『공포와 전율(*Fear and Trembling*)』에서 현대의 문학, 철학, 신학에 대하여 다음과 같이 비판했다.

> 사랑은 진정 시인들 속에 자신의 사제를 거느리고 있어, 때때로 우리는 사랑을 찬양하는 법을 아는 목소리를 듣는다. 그러나 믿음에 대해서는 한마디도 들리지 않는다. 누가 이 정열을 찬양하기 위해 말할 것인가? 철학은 지나치게 나아간다. 신학은 온통 연지와 분을 바르고 창가에 앉아 철학의 총애를 구하고 자기의 미모를 철학에게 팔려고 한다. (Kierkegaard, 1983: 32)

당대 인문학에 대한 신랄한 이 비판에서 키에르케고어의 비판의 핵심은 믿음 혹은 신앙에 대한 진지한 고찰의 결핍이다. 그는 믿음을 "정열"이라고 보고 있으며, 정열의 하나인 사랑에 대해서는 시인들이 노래하면서도, 또 다른 정열인 믿음에 대해서는 문학도, 철학도, 신학도 찬양하고 있지 않다고 비판하고 있다. 키에르케고어는 이러한 비판에 근거해 믿음에 대한 찬양을 철학적으로 시도하고 있다. 그리고 이 장은 샬롯 브론테가 첫 출판 소설인 『제인 에어』(1847)를 통해 믿음에 대한 찬양을 시도하고 있음을 보여주고자 한다.

덴마크의 철학자 쇠얀 키에르케고어(1813-1855)와 영국의 소설가 샬롯 브론테(1816-1855)는 동시대 사람이다. 키에르케고어는 실존주의 철학의 아버지로 평가되며, 브론테는 여성주의 문학의 선구자로 평가되는 점에서, 이들은 중요한 20세기 사조의 시조가 되었다는 공통점을 가지고 있다. 그러나 그보다 더 중요한 공통점은 이들이 각기 자신의 분야에서 믿음을 사랑과 같은 정열로 다루고 있다는 점일 것이다. 덴마크와 영국에서 떨어져 살았던 키에르케고어와 브론테가 실질적인 교류가 있었다고는 할 수 없지만,[7] 그럼에도 불구하고 이 두 사람은 마치 영적인 면에서 소통하고 있었기라도 한 듯 유사한 신학을 제시했다.

"바리새인의 얼굴에서 가면을 잡아 뜯는 것은 가시면류관에 불경건한 손을 쳐드는 것"과 정반대의 것이며, "인간의 편협한 신조들이 그리스도의 세상을 구원하는 교의를 대체해서는 안 된다"고 강변한 브론테의 말은 키에르케고어가 하려고 했던 말이라고 해도 과언이 아니다. 오늘날 그는 대표적 기독교 실존주의자로 꼽히고 있지만, 사실 그는 평생 당대 기독교를 비판하며, 십자가를 제거한 기독교에 맞서 싸웠기 때문에, 그 또한 반기독교적이라는 비판을 많이 받았다. 그러나 그의 비판은 "기독교국가(Christendom)", 즉 덴마크 국가 교회(the state church of Denmark)에 대한 것으로, 기독교국가에 태어났다고 이미 기독교인이라고 생각하는 것은 오히려 진정한 기독교인이 되는 것을 막는다는 비판이었다. 진정한 기독교인은 예수를 단순히 찬양하는 사람이 아니라 예수를 '따르는 자'가 되어야 한다고 했고, 이는 기꺼이 세상의 권력에 맞서고 세속적 이익을 희생하는 것을 요구했다. 그는 인간이 자신의 노력으로 구원을 받을 수 있거나 구원받을 만한 사람이 된다고는 결코 생각하지 않았다. 그것은 모두 하나님이 하시는 일이다. 그러나 우리가 은혜로 피난하기 전에 적어도 하나님 앞에서 솔직해야 한다고 주장하면서, 기독교가 잃어버

7 키에르케고어 학자인 홍(Howard V. & Edna H. Hong)에 따르면, 키에르케고어의 철학적 신학적 중요성이 인정받은 것은 처음 스웨덴에서, 그다음은 독일에서 그리고 프랑스에서였다고 한다. 그의 작품이 영어로 소개된 것은 1906년에 아돌프 헐트(Adolf Hult)가 출판한 『쇠얀 키에르케고어의 생애와 작품(*Søren Kierkegaard in His Life and Literature*)』부터라고 할 수 있다(Sanders, 2004: 110-111).

린 기독교의 이상을 추구했다(Evans, 1990: 18).

그가 궁극의 기독교인의 모습으로 제시한 "하나의 개인" 혹은 "단독자(single individual)"는 키에르케고어 실존철학의 핵심 개념이며 대표적 개념이다. 그는 현대에 대해 무리 혹은 다중의 소리를 하나님의 소리로 생각하는 범신론이 판을 치는 시대가 되었고, 이러한 시대에 사람들은 개별적인 존재로서 단독자가 될 만한 용기를 가지고 있지 않다고 비판했다. 단독자가 된다는 것은 무리에 거스르는 것이며 무리에게 조롱과 미움을 당하는 위험을 감수하는 것이기 때문에 사람들은 단독자가 되려고 하지 않는다는 것이다. 그러나 그는 모든 사람이 단독자가 될 수 있다고 보았고 또한 단독자가 되어야 한다고 주장했다. 그렇다면 키에르케고어의 단독자는 어떤 사람인가? 그는 『공포와 전율』을 통해 구약성서의 아브라함을 단독자의 모형으로 제시하고 있다. 『공포와 전율』은 "믿음의 아버지"라 불리는 아브라함의 모리아 산 사건을 중심으로 믿음의 문제를 다루고 있으며, 단독자 개념을 발전시킨 대표적 저서이다.

「창세기」 22장에 기록된 바에 따르면, 하나님이 아브라함에게 그의 아들 이삭을 모리아 산으로 데리고 가서 제물로 바치라고 명하셨고, 이에 아브라함은 사흘 길을 가서 모리아 산에 도착하여 그가 그토록 사랑하는 외아들 이삭을 제물로 바치려고 칼을 뽑아 들었다. 이때 하나님이 그를 말리시며 숫양을 준비해주셔서 아브라함이 숫양을 이삭 대신 바치고 이삭과 함께 돌아왔다. 키에르케고어는 이 사건에서 아브라함이 한 일이 도덕적 차원에서 보면 이삭을 살해하려 했던 것이며, 종교적 차원에서 보면 이삭을 제물로 바치려 했던 것인데, "바로 이 모순 속에 사람을 잠 못 이루게 할 수 있는 불안이 있는 것이며, 이 불안이 없다면 아브라함은 아브라함이 아니다"라고 설명하고 있다(Kierkegaard, 1983: 30).

키에르케고어가 모리아 산상의 아브라함을 통해 설명하고자 하는 것은 "윤리적인 것과 종교적인 것, 곧 보편자(普遍者)와 단독자의 모순대립"이라고 할 수 있다(표재명, 1992: 95). 키에르케고어는 윤리적인 것은 보편적인 것이라고 설명한다. "윤리적인 것은 그 자체로 보편적인 것이며, 보편적인 것으로서 윤리적인 것은 모든 사람에게 적용된다. 다른 각도에서 말하자면 윤리적인 것은 항상 적용됨을 의미한다"(Kierkegaard, 1983: 54). 그러나 윤리적인 것, 즉 사회적 도덕성이 가장 최상의 것이라면, 그리스 철학이 가졌던 범주 외에는 더 필요한 것이 없었을 것이라고 비판하면서, 단독자가 보편적인 것보다 더 높다는 역설이 바로 믿음이라고 설파한다.

> 믿음은 단독자가 단독자로서 보편적인 것보다 높고, 보편적인 것보다 열등한 것이 아니라 더 우월한 것으로, 보편적인 것 앞에서 정당함이 증명된다는 바로 그 역설이다 … 단독자로서 단독자가 절대자와 절대적인 관계에 서는 것은, 단독자로서 보편적인 것에 종속된 후에, 이제 보편적인 것에 의하여 단독자로서 우월한 단독자가 된 단독자라는 것이다(Kierkegaard, 1983: 55-56).

단독자는 보편적인 것에 종속되었었지만, 절대자와 절대적인 관계를 맺음으로써 보편적인 것보다 우월한 단독자가 되는데, 이것이 믿음이라는 역설이다.

이러한 단독자의 개념은 보편자와의 대조를 통해 더 정확히 설명될 수 있을 것이다. 이를 위해 키에르케고어는 아브라함과 유사한 처지에 놓였던 그리스 비극의 아가멤논(Agamemnon)을 한 예로 드는데, 그는 노한 신을 달래기 위하여 신탁을 받고 딸 이피게니아(Iphegenia)를 바치게 되었다. 그런데 그것은 국가의 운명이 걸린 일이었고 국가를 위하여 딸을 희생시킨 것이었기 때문에, 보편적인 것을 위하여 자신을 희생시킨 영웅적인 일이었다. 그러므로 이 "비극적 영웅"은 아직 윤리적인 것 안에 머물고 있으며, "윤리적인 것의 목적론적인 정지"는 없다(Kierkegaard, 1983: 59).

반면, 아브라함이 아들 이삭을 죽이려 했던 것은 윤리적인 것을 완전히 범했으며, 보편적인 것과 연관되어 있지 않다. 그는 나라를 구하려는 것이 아니었으며, 국가의 이념을 드높이려 했던 것도 아니고, 화난 신을 달래려고 했던 것도 아니었다. 그의 행위는 보편적인 것과는 아무 관계가 없이 순전히 사적인 일이었다. 그러므로 "비극적 영웅은 도덕적 미덕 때문에 위대한 반면, 아브라함은 순전히 개인적 미덕 때문에 위대한 것이다"(Kierkegaard, 1983: 59). 아브라함이 아들을 죽이려 한 이유는 하나님께서 그렇게 함으로써 그의 신앙을 증명하기를 요구하셨기 때문이며, 동시에 그는 자신의 신앙을 증명하기 위하여 했던 것이다. 아브라함은 아버지로서 아들에 대한 사랑과 의무를 지키고자 하는 유혹을 받았지만, "윤리적인 것을 목적론적으로 정지"시킨 가운데, 보편적인 것과 대조된 단독자로서, 믿음을 통해 존재했던 것이다. 그는 믿음을 통해 단독자로서 자신을 절대적인 것과 절대적인 관계를 가지도록 위치시켰다. 곧 아브라함은 "윤리적인 것의 무한한 체념을 통해 더 높은 목적, 곧 신앙을 실현" 했으며, 단독자로서 "사회나 국가의 이념보다 높이 있다는 의식 가운데 윤리적 보편적인 것과 충돌하고 신앙한 것이다"(표재명, 1992: 98).

이처럼 『공포와 전율』은 아브라함을 통해 윤리적 단계와 종교적 단계를 대조시키고 있는데, 키에르케고어가 제시한 단독자가 되는 길은 "실존의 세 단계"로 종합된다. 심미적, 윤리적, 종교적 실존이 그것이다. 키에르케고어가 영혼이 결핍되었다고 하는 1단계와 2단계의 실존은 무엇인가? 세 번째 단계인 종교적 단계는 앞에서도 살펴보았듯이 하나님과 개인적이고 실존적인 관계에 들어간 단독자가 된 단계이다. 반면 『이것이냐 저것이냐(*Either/Or*)』 제1권에서 주로 다루어진 첫 번째 단계인 심미적 실존의 단계는 대부분의 사람들이 아이나 청소년 혹은 미성숙한 어른일 때 살았던 삶이라고 할 수 있다. 이 단계에서는 미적인 것을 삶의 원리 또는 목적으로 삼아 살아가는데, 돈 주안(Don Juan)의 삶이 원형적으로 보여주듯이 관능성의 추구라든가 선악에 대한 무관심으로 특징지어지며, 즐거움과 쾌락을 생의 궁극적인 목적으로 삼는 단계이다. 그런데 이 단계의 생활은 절망으로 끝날 수밖에 없는 삶이다. 순간적인 미나 쾌락은 오래가지 않고 끝없이 또 다른 자극을 찾게 하는 공허한 것이기 때문만이 아니라, 인생의 목적이 그의 내부에 없고 외부에 있는 상태이기 때문이다. 심미적 실존은 아직 '개인'이나 '자아'가 아니며, 키에르케고어에게 자아가 된다는 것은 "삶의 일시적 순간을 통일적이고 지속적인 전체로 종합하고 묶는 어려운 것이며 인생을 결정하는 선택을 요구하는 것이다"(Aho, 2014: 87).

『이것이냐 저것이냐』 제2권에서 자세히 다루어진 윤리적 단계는 미적 단계와 달리 자기 자신이 이상이며 목적이 되며, 인생의 목적은 자기의 내부에 있다. 이 단계에서 사람은 자아가 되기 위해 필요한 '이것이냐 저것이냐'의 어려운 선택을 함으로써 자기 자신이 되기를 선택하며, 자신의 가능성들을 실현시키기로 선택한다. 거기서 그는 영원한 도덕적 가치들을 발견하고 그 위에 자신의 개성을 구축할 수 있게 된다. 그러므로 윤리적인 인간은 "나 자신은 무엇인가?"라는 질문에 "자유이다!"라고 답할 수 있게 된다(르 블랑, 2004: 72). 인생의 참 목적이 되는 내면적 인격으로서의 자기를 획득하게 되는 것이다. 그러나 윤리적 단계는 보편적인 것을 개인의 주체적 필요보다 위에 놓고 있기 때문에 문제가 있으며, 윤리적 개인은 존재 자체의 구체적 현실로부터 유리되어 있다. 키에르케고어에게 있어서 진리의 가장 높은 형태는 객관적이고 보편적인 것이 아니라 주관적이고 개별적인 것이다. 윤리적 단계는 "인간의 실존적 주체의 현실인 죄의 현실" 앞에서 좌절할 수밖에 없고, 따라서 다음 단계인 종교적인 단계로 나아가는 "통과영역"에 불과하고 준비단계에 불과하다(표재명, 2012: 144-145).

『공포와 전율』에서 키에르케고어는 아브라함이 이삭을 하나님께 바칠 때 "믿음의 기사"가 되었다고 보았다. 윤리적 실존의 단계를 넘어 "믿음의 도약"을 통해 종교적 실존의 단계로 넘어간 것이며, 한 개인이 외로운 실존자로서 절대자인 하나님 앞에 모든 책임을 지고 홀로 서서 절대적인 관계에 서게 된 것이다. 키에르케고어에게 진정한 자기 자신이 된다는 것은 종교적 영역으로 넘어가서 기독교인이 되는 것을 요구했다. 그리고 기독교인이 된다는 것은 "열정적인 내적 헌신"을 요구한다고 보았는데, 그것은 합리적으로 정당화되지 않는 "역설 속에 '뛰어드는 것'"과 기꺼이 윤리적 영역에 대한 의무를 정지시킬 의향을 요구했다(Aho, 2014: 88-89). 이처럼 단독자는 인간 실존의 가장 높은 단계와 밀접하게 연관되어 있다. 이 관계에 대해, 폴카(Brayton Polka)는 "단독자는 실존의 종교적 단계 없이 혹은 그 단계 밖에서 존재하지 않으며, 실존의 종교적 단계는 단독자 없이 혹은 단독자 밖에서 존재하지 않는다"고 설명하고 있다(Polka, 2005: 161).

그런데 『철학적 단편 후서(*Concluding Unscientific Postscript to Philosophical Fragments*)』에서 키에르케고어는 종교적 단계를 다시 A와 B로 나누어 설명한다. "종교성 A"는 "윤리적-종교적" 단계라고도 불린다. 종교성 A는 이교 신앙에서도 있을 수 있고, 기독교 내에서의 경우 "결정적으로 기독교인"이 아닌 모든 사람의 종교성일 수도 있다고 한다. 그는 "나의 의도는 기독교인이 되는 것을 어렵게 만드는 것이다"라고 설명하면서, 그러나 "실제보다 더 어렵게 만드는 것은 아니다"라고 주장한다(Kierkegaard, 1992: 557). 즉 그는 종교적 단계의 가장 높은 단계를 '결정적으로' 기독교인이 되는 것이라고 보면서, 그 단계를 도달하기 가장 어려운 단계인 "종교성 B"로 설정하고 있는 것이다. 종교성 B는 "역설적 종교성"이라고도 불린다(Kierkegaard, 1992: 556). 사람은 자기 심화를 통해서는 영원한 진리에 이르지 못한다. 인간과 신은 본질적으로 다르며, 그 둘 사이에는 절대적인 거리, 곧 심연이 있다. 이 심연을 가로지를 수 있는 다리가 필요한데, 그것은 사람에게 영원한 진리와 행복을 주기 위하여 신 자신이 사람이 되었다고 하는 기독교의 역설이다. 사람의 사고로는 이 역설을 이해하기 어렵기 때문에 그것과 부딪치며 분노한다. 이성에게 이것은 역설이요 부조리이기 때문이다. 이러한 역설을 믿지 못하고 거리끼는 것이 종교성 A인 반면에, 신이면서 동시에 사람인 그리스도의 역설을 믿음으로써 구원을 얻게 되는 것이 종교성 B의 단계이다. "이 순간은 영원한 존재로서의 신이 역사 속에 나타난 그리스도와 만남으로써 사람이 시간의 영역으로부터 영원의 영역으로 넘어가는 이행의 순간이다"(표재명, 2012: 168-69).

그런데 키에르케고어는 하나님 앞에 홀로 서는 단독자는 그다음 바로 이웃에 대한 사랑으로 나아감을 강조한다. 단독자는 하나님 앞에 홀로 서 있는 죄인으로서 고독하게 영원한 책임을 지고 실존하지만, 이것은 단독자가 모든 타자와 떨어져 홀로 존재한다는 것이 아니다. 단독자는 하나님 앞에서의 고독한 대결 후에 다시 문을 열고 타자에게로 나가게 되어 있기 때문이다. 키에르케고어는 세상에 "무엇이 가장 높은 것인가"에 대한 논의가 많은데, 기독교는 가장 높은 것을 발견하는 지름길을 가르쳐 준다고 한다. "문을 닫고 하나님께 기도해라 — 왜냐하면 하나님이야말로 분명히 가장 높으시므로." 그러나 그는 또한 하나님께 기도하기 위하여 닫았던 문을 열고 나갔을 때 "당신이 만나는 바로 그 첫 번째 사람이 당신이 사랑해야 하는 이웃이다"라고, 이웃 사랑의 즉시성을 강조하고 있다(Kierkegaard, 1995: 51).

키에르케고어가 말하는 이웃 사랑의 의미는 무엇인가? 성경은 "이웃을 네 자신과 같이 사랑하라"라고 명령하는데, 그는 이것을 다음과 같이 해석한다. 연인이나 친구에 대한 사랑은 세상과 대조되어 그 대상만 사랑하는 것이기 때문에 "편애"에 기초하고 있다고 한다. 반면에 이웃 사랑은 전 인류, 모든 사람, 원수까지도, 아무런 예외 없이, 특별히 편애하거나 싫어하지 않고 사랑하는 것이다(Kierkegaard, 1995: 19). 또한 네 자신처럼 사랑하라는 것 속에는, "자신을 올바르게 사랑하는 것"이 내포되어 있다고 한다. 자신을 올바로 사랑하는 법을 알지 못한다면 그는 이웃도 제대로 사랑할 수 없다는 것이다. "자신을 올바로 사랑하는 것과 이웃을 사랑하는 것은 서로 완전히 같은 것이며, 근본적으로 그들은 하나이며 똑같은 것이다"(Kierkegaard, 1995: 22). 이는 "온 마음과 영혼과 생각을 다하여" 해야 하는 하나님에 대한 사랑은 "네 자신처럼"이라고 되어 있지 않은 점과 대조된다. 그러나 그는 여기에 머물지 않고 "네 이웃을 사랑하라"는 명령이 모든 사람에게 자기 자신을 사랑하는 법을 가르치는 것과 마찬가지로, 그 명령이 또한 성적인 사랑과 우정에도 진정한 사랑을 가르친다고 그 의미를 확장시킨다. "자신을 사랑함에 이웃에 대한 사랑을 간직하라; 성적인 사랑과 우정에 이웃에 대한 사랑을 간직하라"(Kierkegaard, 1995:

61-62)고 한 것은, 연인이나 친구를 충실하고 헌신적으로 사랑하되, 그 안에서 이웃 사랑을 서로에게서 배우고 실행하라는 것이다. "하나님은 사랑"이시기에, 우리는 사랑 속에서 "하나님의 동역자"가 된다고 사랑의 더 높고 큰 의미를 설파한다(Kierkegaard, 1995: 62-63).

패티슨(George Pattison)은 다른 사람에 대한 사랑을, 개인의 하나님과의 관계에서도 자기 자신과의 관계에서도, 결정적인 것으로 보는 것이 키에르케고어를 위시한 "종교적 실존주의"의 가장 중요한 부분임을 지적하고 있다.[8] 키에르케고어는 기독교는 오직 한 가지 사랑, 즉 "영혼의 사랑"만을 인정하고 "이 근본적이고 보편적인 사랑"이 구체적으로 어떻게 자신을 드러내는지 여러 방법에 대해서는 관여하지 않는다면서, "여러 종류의 사랑 사이에 있는 차이점은 근본적으로 폐지된다"고 주장한다(Kierkegaard, 1995: 143). 모든 사랑이 하나님의 사랑이 구현된 여러 가지 형태일 뿐이라는 이러한 키에르케고어의 주장에 대해, 폴카는 "모든 예술품, 예를 들어 셰익스피어의 연극이나 코로의 미술품이나, 그 작품들이 아무리 간접적일지라도 이웃 사랑과 하나님 사랑이라는 성경적 개념을 표현하고 있다면, 모두 정말로 종교적인 것이다"라고 해석하며, 키에르케고어가 종교와 예술에 대한 심오한 개념을 발전시킬 기초를 놓았다고 평가하고 있다(Polka, 2005: 171).

---

8 패티슨은 "종교적 실존주의"가 사르트르(Jean-Paul Sartre)식의 "세속적 실존주의"와 다른 점을 두 가지로 정리한다. 양자는 모두 인간 주체를 자유의 중심으로 보는 면에서는 같다. 그러나 다른 것은, 인간 주체가 자유의 중심이라는 점이 "신성한 자유(divine freedom)"와 대치될 필요가 없다고 보는 점, 그리고 다른 사람들과의 관계를 "자기 자신과의 관계에도 그리고 하나님과의 관계에도 결정적인 것으로" 보는 점이라고 설명한다. 그 관계를 의무의 관계로 본 것이 레비나스(Levinas)라면, 키에르케고어나 도스토예프스키(Dostoevsky)는 그 관계를 사랑의 관계로 보았다고 분석하고 있다(Pattison, 2011: 135).

4. 『제인 에어』에 나타난 단독자

키에르케고어의 단독자 개념은 '개인'의 중요성에 기초해 있다. 이 장에서 "단독자"라고 해석한 단어가 영어로는 "single individual(하나의 개인)" 임에도 나타나 있듯이, 개인은 단독자 개념에서 빼놓을 수 없는 핵심적인 기초이다. 때로 키에르케고어의 신앙이 "개인주의의 극단적인 예"로 비판받기도 하는 것은 그가 개인을 그의 철학의 핵심에 놓고 있기 때문이라고 할 수 있다.[9] 앞에서 살펴본 바와 같이 『공포와 전율』에서 "믿음의 기사"로 그려지는 아브라함은 대중과 완전히 단절된 채, 오직 하나님의 부르심에만 응답하는 절대적인 고독 속에서 단독자로 서고 있다. 그러나 키에르케고어는 믿음이 절대 사랑에서 분리될 수 없다고 보았고 기독교인에게는 이웃을 사랑할 의무가 있음을 강조했으므로 그를 극단적인 개인주의로 비판하는 것은 옳지 않을 것이다.[10] 그럼에도 불구하고 이웃에 대한 사랑을 책임 있게 실천하기 위해서라도 단독자가 되어야 함을 강조했다는 점에서 그가 온전한 개인이 되는 것을 얼마나 중요시했는지 알 수 있다.

그런데 브론테가 소설을 쓰기 시작하던 당시 사회에서 여성은 개인으

---

9 패티슨은 실존주의는 어떤 종류의 실존주의이건 간에 개인을 강조하는 특성을 가지고 있다고 지적하면서, 예를 들어 키에르케고어의 신앙은 그것을 비판하는 사람들은 물론 지지하는 사람들에 의해서도 "극단적 개인주의의 예"로 묘사된다고 주장한다(Pattison, 2011: 132).

10 키에르케고어가 지나친 개인주의라는 비판에 대해, 표재명은 "그는 실제의 현실적인 세계 변혁을 그리스도교의 사명으로 보았으면서도 혁명의 대상을 특정한 구체적인 사회문제로서 제시하지는 않았다. 그가 요구한 것은 다만, 불평등한 사회 계층 간의 대립을 극복하고 모든 사람의 참된 공동 관계, 평등 관계를 실현하려는 진정한 혁명 운동은 단독자의 그리스도교적인 이웃 사랑에 바탕하지 않으면 안 된다는 것이었다"라고 옹호하고 있다(표재명, 1992: 128).

로 인정받는 것 자체가 지난한 일이었다. 제인 에어가 이루어가는 영적 독립은 키에르케고어가 추구한 인간 실존의 가장 궁극적 단계인 단독자로 서가는 과정이라고 할 수 있는데, 당시 사회 속에서 브론테는 어떻게 제인 에어라는 여성 인물을 단독자로 창조해가고 있을까? 이 장에서는 여성을 개인으로 인정하지 않는 사회에 맞서며 브론테가 어떻게 제인을 하나의 단독자로, 즉 높은 영성을 가진 개인으로 성장시키고 있는지 살펴보고자 한다.

제인은 어린 시절 한 어린 단독자의 모습을 본 적이 있다. 로우드(Lowood) 학교에서 만났던 헬런 번즈(Helen Burns)는 로우드의 규율을 넘어 제인을 격려한다. 브로클허스트 씨가, 가난한 여학생들을 육체적으로 정신적으로 영적으로 억압하고, 그에 따라 그 학교의 선생들, 가장 대표적으로 스캐처드(Scatcherd) 선생이 끊임없이 헬렌을 야단치고 매질하는 가운데, 헬렌은 묵묵히 그 모든 것을 견딘다. 헬렌의 이러한 모습은 순종적 여성의 전형적 모습이라고 해석되기도 하지만, 그러한 해석은 헬렌의 단독자적인 모습을 보지 못한 해석이다. 브로클허스트 씨가 제인을 "거짓말쟁이"라고 매도하며, 제인과 친구해 주거나 같이 놀거나 대화하지 말라고 명령하며, 제인을 걸상 위에 세워놓고 벌을 줬을 때, 헬렌은 그의 명령을 거슬러 과감히 제인 옆에 다가와 웃음으로 격려하며 지나간다. 방 한가운데 수치의 자리에 서서 치욕에 숨이 막히고 목이 졸리던 제인에게 헬렌의 웃음은 "뛰어난 지성과 진정한 용기의 방출"이었고 "천사의 모습에서 나오는 빛"과 같았으며, 마치 "순교자" 혹은 "영웅"이 노예나 희생자 곁을 지나가며 힘을 주는 것 같았다(99). 거기에 용기를 얻어 제인은 히스테리를 이겨내고 머리를 똑바로 들고 걸상 위에 굳건히 서 있을 수 있었다. 헬렌의 용기 있는 행동은 바로 고통당하는 이웃을 사랑하는 모습이다. 그런데 영웅처럼 혹은 천사처럼 빛을 발하는 헬렌의 팔에는 "지저분한 아이라는 표지"가 채워져 있다. 헬렌의 사소한 약점만을 보고 그녀의 참된 모습을 평가하지 못하는 인간 세상 속에서, 제인은 헬렌을 통해 마치 이 세상 속에 혼자 선 단독자의 모습을 보고 있는 듯하다.

이러한 헬렌의 철학 혹은 종교관은 어린 소녀로서 가지기에는 아주 당찬 것이었다. 제인이 리드 부인에게 당했던 억울한 일들을 털어놓으며 헬렌이 자기에게 동조해주기를 바랐을 때, 헬렌은 "너의 원수를 사랑하고, 너를 저주한 사람을 축복하고, 너를 미워하고 악의를 가지고 널 이용한 사람들에게 선하게 해"라고 한다(90). 인생은 억울하게 당한 일을 기억하며 남을 미워하는 데 써버리기에는 너무 짧다고 하면서, 우리의 썩어질 육체를 벗어버릴 날이 곧 올 것이며, 그때에는 성가신 육체와 함께 "타락과 죄"가 떨어져나갈 것이며, "영혼의 불꽃"만이 남을 것이라고 한다. 헬렌의 단독자적인 신앙의 모습은 다음 말에 잘 나타나 있다.

> "아니, 나는 그것을 믿지 않아. 내게는 '다른 신앙'이 있는데, '그것은 누가 내게 가르쳐 준 것도 아니고,' 내가 그것에 대해 말하지도 않지만, 난 그것을 기뻐하고 거기에 매달려. 왜냐하면 그것은 모든 것에 희망을 주니까. … 뿐만 아니라, 이 신앙으로, 나는 죄인과 죄를 분명하게 구분할 수 있고, 정말로 죄는 미워하면서 죄인은 용서할 수 있어. 이 신앙을 가지고 있기에, … 난 끝을 바라보며 평온함 속에 살지." (91; 필자 강조)

헬렌이 독자적으로 깨달아 믿고 있는 기독교의 진리, 그것은 로우드 학교에서 말하면 조롱받을 내용이지만, 헬렌은 꿋꿋이 그 신앙에 기초하여, 죄를 미워하되 죄인을 용서하고 사랑을 실천하는 삶을 살고 있는 것이며, 병약한 육체로 인해 언제 죽음을 맞이할지 모르지만 두려움 없이 저 세상을 담대히 열망하고 있는 것이다. 그것은 헬렌이 아직 어린 소녀이지만, 어린 아이의 수준에서 하나님과의 관계에서 절대적인 관계에 서 있음을 보여준다. 하나의 개인으로서 독립적으로 성경을 이해하고 실천하는 것이며, 단독자로서 실존하는 것이다.[11]

헬렌의 이러한 모습은 제인이 단독자로 성장해가는 데 중요한 모범이 된다. 헬렌을 만나기 전 게이츠헤드(Gateshead)에서 제인이 인간의 사랑에 목말라하는 면모는 인형에 대한 집착으로 나타났었다. 헬렌을 만난 로우드 학교에서 아직 제인은 다른 사람들의 인정과 사랑에 매달리고 있다. 헬렌에게 만일 다른 사람들이 나를 사랑하지 않는다면 사는 것보다 차라리 죽는 것이 낫다면서, 남들에게 사랑을 얻기 위해서라면 기꺼이 팔뼈를 부러뜨려도 좋고, 황소가 치받거나 말이 뒷발굽으로 자신을 차도 기꺼이 그 뒤에 서 있겠다고 말하는 대목은 제인이 "심미적 실존"의 단계에 있음을 잘 보여준다(101). 뿐만 아니라 제인의 이러한 모습은 심미적 실존의 한계를 적나라하게 드러낸다. 다른 사람의 사랑과 인정을 열렬히 원하고 있으며, 그것을 얻을 수 없을 때에는 원한과 분노로 가득 차며, 그것을 얻기 위해서 자신의 삶을 낭비하는 모습은 다른 사람에 종속되어 살고 있는 삶의 전형적인 모습이다. 감각적 애정에 매달리며 동요하는 삶이며 따라서 절망으로 끝날 수밖에 없는 삶이다. "향락의 목표, 곧 전제 자체가 개인의 외부에 있고 그의 내부에는 없기 때문"에(표재명, 2012: 143), 이 단계에서 제인은 집착과 절망을 오가는 것이다.

---

11 프랭클린(J. Jeffrey Franklin)은 이 소설에서 헬렌 번즈가 "그리스도 같은 사랑과 용서의 전형"이라면서 이 전형은 많은 빅토리아조 소설에서 "공감"의 인물이라는 모범적 형태를 띠게 된다고 분석하고 있다(Franklin, 1995: 465).

제인은 로우드에서 템플(Temple) 선생의 돌봄과 교육과 우정을 통해 정신적 성장을 이루어간다. 브로클허스트의 비난을 받으면서도 탄 음식 때문에 배를 곯는 아이들에게 빵과 치즈를 주는 모습이라든가, 로우드의 열악한 환경 때문에 아이들이 전염병에 걸렸을 때 잠도 거의 자지 않고 그들을 돌보는 모습은, 템플 선생을 통하여 제인에게 제시되는 성장의 모델이다. 제인은 로우드에서 8년을 보내면서 템플 선생의 성격을 많이 닮게 되었고 자타가 인정하는 "훈련되고 차분한 사람"이 되었다. 그러나 템플 선생이 결혼하고 로우드를 떠나는 그 날 제인의 마음은 "템플 선생에게서 빌려왔던 모든 것"을 벗어버리는 경험을 한다(116). 그녀의 성장은 템플 선생에게 전적으로 의존해 있었던 것이며, 어머니로, 가정교사로, 친구로 함께 해주었기에 거기에 의존해 있었던 것이다. 제인은 지금 까지도 심미적 실존의 단계를 벗어나지 못했던 것이다.

이제 제인은 처음으로 자유를 갈망한다. 다른 사람에게 의존하고 다른 사람의 사랑과 인정에 매달려 살았던 지난 8년간의 삶이 감옥이었음을 깨달으며 자유를 꿈꾼다.

> 나는 창문으로 가서 그것을 열고 밖을 내다보았다. … 내 눈은 다른 모든 사물들을 지나 제일 멀리 있는 푸른 봉우리들에 멈추었다. 내가 넘기를 바라는 것은 그 봉우리들이었다. 바위와 히스로 뒤덮인 그 산들의 경계선 내에 있는 모든 것은 감옥 구내 같았고, 유배 지구 같았다. … 나는 자유를 갈망했다. 자유를 향해 나는 헐떡였다. 자유를 위해 나는 기도를 했다. … 나는 그것을 포기하고 더 겸손한 기원을 했다. 변화를, 자극을 달라고. … "그러면" 하고 나는 반은 절망적으로 외쳤다. "내게 적어도 새로운 노예생활을 주세요." (117)

제인이 창가로 가서 밖을 내다보았을 때, 그녀의 눈은 다른 모든 것들을 지나 가장 멀리 있는 푸른 봉우리에 멈추며, 그것을 넘고 싶은 강한 욕망을 느낀다. 그리고 그 봉우리들의 경계 안에 있는 지역은 마치 감옥 구내 같았다고 하면서, "나는 자유를 갈망했다. 나는 자유를 향해 헐떡였다. 나는 자유를 위해 기도를 올렸다"라고 '자유'에 대한 갈망이 절박했던 그 순간을 묘사하고 있다. 이 장면은 제인이 심미적 단계를 벗어나 윤리적 단계로 도약하는 순간의 모습을 잘 보여주고 있다. 윤리적 단계에서 사람은, 인생의 목적을 외부에서 찾았던 심미적 단계에서와 달리, 절대적 선택에 의하여 자기 자신을 선택하며 내면적 인격으로서의 자신을 인생의 참 목적으로 삼게 된다.

이제 제인은 자유를 찾아, 스스로의 힘으로 가정교사 자리를 얻어 로우드 학교를 떠난다. 그러나 손필드(Thornfield) 저택에서 가정교사로 살게 된 삶은 결코 자유의 삶이 아니었다. 물론 제인은 당시 가정교사가 어떠한 직종인지 잘 알고 있었고, 어떤 면에서 손필드에서의 가정교사직은 상대적으로 나은 형편이었지만, 제인은 또한 손필드에서의 생활이 로우드와 크게 다르지 않은 감옥과 같은 생활임에 속박을 느끼며 자유를 갈망한다. 이 갈망은 손필드의 지붕 위에 올라가서 들과 언덕을 넘어 멀리 지평선을 바라보며, 저 경계를 넘어서 볼 수 있는 능력, 들어는 보았으나 본 적은 없는 생기 있는 삶으로 가득한 지역을 볼 수 있는 "시각적인 능력"에 대한 갈망으로 표현된다(140). 제인은 자신이 여자이고 가정교사이기에 그런 열망을 가진 것이 비판받을 것임을 의식하지만, 자신의 자유에 대한 갈망은 인간이 추구하는 '보편적인 가치'임을 강력히 주장한다.

> 사람은 평온함에 만족해야 한다고 말하는 것은 헛된 일이다. 사람은 행동

을 해야만 하며, 만일 그것을 찾을 수 없다면 그것을 만들어낼 것이다. 수백만 사람들이 나보다 더 조용한 삶을 살도록 운명지어져 있으며, 수백만이 그들의 운명에 대해 침묵의 반란을 하고 있다. 정치적 혁명 외에도 얼마나 많은 혁명이 지구상의 많은 삶 가운데 들끓고 있는지 아무도 모른다. 여자들은 일반적으로 매우 조용하다고 상정된다. 그러나 여자도 남자가 느끼는 것과 똑같이 느낀다. 여자도 남자 형제와 마찬가지로 그들의 능력을 발휘할 수 있는 훈련이 필요하며, 그들의 노력을 발휘할 수 있는 현장이 필요하다 …. (141)

여기에서 제인이 하는 주장은 보통 여성 인권에 대한 주장으로 해석된다. 그런데 이러한 주장이 보편적인 가치와 윤리에 대한 것임에 주목할 필요가 있다. 키에르케고어는 "윤리적인 것은 그 자체로 보편적인 것이며, 보편적인 것으로서 윤리적인 것은 모든 사람에게 적용된다. 다른 각도에서 말하자면 윤리적인 것은 항상 적용됨을 의미한다"라고 말했는데 (Kierkegaard, 1983: 54), 제인은 성적으로 계급적으로 억압받고 있는 자신의 처지를 보편적인 가치 즉 모든 인간은 행위를 할 수 있어야 하고 그렇지 않을 때는 그곳에 정치적인 저항이 생기게 된다는 보편성을 통해 자신 또한 그런 보편적 가치를 인정받아야 한다고 주장하고 있다. 제인이 "윤리적 실존"의 단계로 성장했음을 보여주는 것이다.

제인의 성장은 제인이 죽음을 맞게 된 리드 부인의 부름을 받고 게이츠헤드를 방문하는 장면에 잘 나타난다. 비록 리드 부인은 제인의 외삼촌 존 에어(John Eyre)에게 제인이 죽었다고 말했던 것을 죽기 전에 고백하려고 부른 것이었지만, 여전히 제인을 싫어하며 제인과 화해하기를 거부한다. 일라이자(Eliza)와 조지아나(Georgiana)도 여전히 제인을 무시한다. 제인은 아직도 가진 것 없는 가정교사에 불과하고 로체스터(Rochester)에 대한 이루어질 수 없는 짝사랑으로 가슴 아픈 상태이다. 그러나 제인은 자기 자신에 대하여 그리고 자신의 힘에 대하여 신뢰하고 있으며, 억압받는 것에 대한 두려움이 많이 사라진 상태이다. 억울하게 당했던 것들 때문에 받았던 상처도 이제 대부분 치료가 되었으며 분노의 불꽃도 꺼졌다. 심미적 실존의 단계에서 그들의 인정에 목말라했고 그것을 받지 못해서 분노하던 모습이 아니라, 독립된 주체로서 자아에 대한 신뢰를 갖게 된 성숙한 모습, 즉 윤리적 실존의 모습을 보여주고 있는 것이다.

손필드에서 제인은 비록 로체스터에 대한 정열적 사랑 때문에 때로는 실존을 위협받지만, 그러나 거기에 함몰되지 않고 독립성을 유지하며 윤리적으로 고양된 삶을 살아간다. 미친 아내 버싸(Bertha)의 존재로 인해 불안감을 안고 있는 로체스터는 제인의 마음을 떠보고자 집시로 분하여 점쟁이 역할을 하기도 하고, 블랜치 잉그램(Blanche Ingram) 양과 결혼할 것처럼 행동하여 제인의 질투심을 자극하기도 한다. 그러나 제인은 "우리는 하나님의 발 앞에 동등하게 서 있다"라고 로체스터와의 동등성을 강변한다.

> "당신은 내가 가난하고 미천하고 못생기고 작다고 해서, 내가 영혼도 없고 마음도 없다고 생각하시나요? 잘못 생각하셨어요! 저도 당신만큼이나 많이 영혼이 있고 한가득 마음을 가지고 있어요! … 저는 관습과 인습에 입각해 지금 이야기하고 있는 것이 아니에요. 썩어질 육체를 통해서도 아니지요. 당신의 영혼에게 말하는 것은 나의 영혼이에요. 마치 둘 다 무덤을 지나, 하나님의 발 앞에 동등하게 서 있듯이 말하는 거지요 — 우리가 그렇듯이." (281)

제인은 자기의 정열과 감정을 가지고 노는 로체스터에게 이와 같이 항

변함으로써 그의 청혼까지 이끌어내며(281), 자신을 "독립적 의지를 가진 자유로운 인간"이라고 선언한다(282).

그런데 결혼을 앞두고 제인은 점점 로체스터에 대한 사랑으로 인해 그가 마치 신적인 존재로 변화해가고 그에 따라 자신의 독립성이 위협받게 됨을 감지한다. 사람과 태양 사이에 일식이 끼어들 듯이 자신과 하나님 사이를 로체스터가 가로막고 있는 것을 느끼게 되었으며, 제인은 이에 대해 "나는 그를 우상으로 만들었다"라고 고백하고 있다(302). 이것은 제인과 하나님 사이에 로체스터가 우상으로 서 있으며 이로 인해 제인은 하나님 앞에 단독자로 서지 못하고 실존을 위협받고 있음을 보여주는 것이다. 그런데 키에르케고어는 만일 남녀 간에 순수한 사랑을 한다면, "첫 번째로 고려해야 할 것은 사랑하는 사람의 영혼만큼 자신의 영혼을 고려하는 것이다"라고 강조한다(Kierkegaard, 1995: 149). 즉, 단독자의 사랑은 서로를 세워주고 발전시켜주는 "조산술적인 사랑"으로서, 자기가 사랑하는 사람의 미움을 받는 희생을 치르고서라도, 그 사람이 하나님을 사랑하도록 도와주는 '조산술적인 행위'가 있게 된다는 것이다(표재명, 1992: 140). 그러나 제인과 로체스터의 사랑은 서로 간에 우상 숭배적이며, 서로를 파멸로 이끄는 상태이다. 이를 상징적으로 보여주듯이, 로체스터가 제인에게 청혼한 손필드의 정원은 "에덴과 같다"라고 묘사되어 있다. 나무가 많고 꽃이 만발한 이 에덴동산에서, 마치 선악과를 따먹은 아담과 이브처럼, 로체스터는 익은 체리를 따먹는다(276). 로체스터는 자신이 저지르려는 이중결혼이라는 죄를 정당화하기 위하여, 친구도 없고 위안 받을 사람도 없는 제인을 소중히 지켜주고 위로해줄 것이기 때문에 "내가 하는 일을 창조주께서 인가해주실 것을 안다"라고 자기 합리화를 한다(284). 자신의 열정을 근거로 하나님의 법을 고치고 있으며, 그리스도만

이 할 수 있는 구원자의 역할을 자신의 역할이라 주장하는 로체스터의 모습은 그의 제인에 대한 사랑 또한 우상 숭배적임을 드러내고 있다 (Searle, 2006: 41-42).

이처럼 제인이 도달한 "윤리적 단계"는 인간의 실존적 주체의 현실인 죄의 현실 앞에서 무력하며 좌절할 수밖에 없다. 그렇다면 다음 단계인 종교적 단계로 나아가야 하는데, 키에르케고어는 윤리적 단계에서 종교적 단계로 가기 위해서는 '믿음의 도약'이 필요하며, 도약의 순간 사람은 그가 태어났음을 의식하게 된다고 한다. 제인이 심미적 단계에서 윤리적 단계로 도약하는 모습이 로우드에서 창밖을 내다보는 순간에 일어났다면, 이제 윤리적 단계에서 종교적 단계로 도약하는 모습은 두 번의 테스트를 통해 보이고 있다. 제인은 그 두 번의 테스트에 대해 "그때 굴종하는 것은 원칙의 오류였을 것이며, 이제 굴종하는 것은 판단의 오류였을 것이다"라고 그 의미를 설명하고 있다(443). 제인의 단독자로서의 성장을 제대로 이해하기 위해서는 브론테가 이 두 번의 시험을 어떻게 서술하고 있는지를 자세히 살펴볼 필요가 있다. 또한 제인에게 한 번의 시험이 아니라 두 번의 시험을 겪도록 하는 것이 지닌 의미가 무엇인지도 심도 있게 분석할 필요가 있다.

첫 번째 시험은 로체스터가 아내가 있는 유부남이라는 것과 그의 아내가 미친 채 손필드에 갇혀 있다는 것을 알면서 주어진다. 로체스터는 미친 아내로 인해 인생을 방탕하게 허비하고 있었고 제인을 만나 겨우 구원을 받게 되었다고 주장하며, 이제 제인이 자신을 버리고 떠난다면 자신은 다시 비참하고 저주받은 삶을 살게 될 것이라면서, 그 법 위반으로 인해 피해를 받는 사람이 아무도 없는데 "단순한 인간의 법"을 어기는 것보다 동료 인간을 절망으로 내모는 것이 더 나은 일이냐고 호소한다(343).

로체스터를 열정적으로 사랑하고 있는 제인에게 그의 주장은 얼마나 설득력 있으며, 또한 얼마나 보편적 윤리에 기초해 있는 것처럼 보이는가! 친척도 친지도 없는 제인이 로체스터와 결혼이 아닌 동거를 한다고 해도 아무도 피해를 입지 않을 것이며, 반대로 제인이 로체스터를 떠난다면 로체스터는 절망에 빠져 비참한 삶을 살게 된다니, 단순히 인간의 법을 지키기 위하여 한 사람을 파멸시키는 것이 옳은 일인가 말이다. 인간의 법을 지키는 것이 중요한가, 아니면 한 인간을 구원하는 것이 중요한가?

윤리적 단계에서 그 답은 쉽게 찾아지지 않는다. 제인은 초자연적인 도움으로 그 답을 얻게 되면서 "종교적 단계"로 도약한다. 제인이 절망과 갈등 속에 잠들었을 때 다시 게이츠헤드의 붉은 방에 누워 있는 꿈을 꾸게 되는데, 얼굴을 들어 하늘을 보았을 때, 달이 하얀 인간의 형상으로 나타나 제인을 바라보며 그녀의 영혼에 말한다.

> "내 딸아, 유혹에서 도망쳐라."
>
> "어머니, 그렇게 하겠습니다."
>
> 나는 이렇게 그 몽환의 상태와 같은 꿈에서 깨어난 후 대답했다. (346)

제인의 몽환과 같은 꿈 속에 하얀 인간의 형상으로 나타난 달은 "위대한 어머니(Great Mother)"로 해석되기도 하고(Rich, 1979: 106), 처녀성의 수호신인 달의 여신 다이애나(Diana)로 해석되기도 하지만, 여성주의 신학의 관점에서 "하나님의 여성적인 얼굴(the feminine face of God)"로 해석하기도 한다(Griesinger, 2008: 50). "여성화된 그리스도"를 연구한 멜닉에 따르면, 가부장적인 하나님 아버지의 문제에 부딪힌 많은 여성들이 삼위일체의 제2격인 그리스도에게서 답을 찾으려 했다고 한다. 사랑과 희생의 그리스도는 하나님 아버지의 "남성적" 권위와 공의로운 분노에 대비되는 "여성적" 특성을 체화했다고 보고, 18세기와 19세기에 걸쳐 복음주의 여성들은 "그리스도의 여성화된 이미지," 즉 사랑하고 고통받는 그리스도의 역할을 강조하는 이미지를 발전시키고 널리 퍼지게 하는 데 참여했다는 것이다(Melnyk, 2010: 42).

제인은 자신이 한 대답대로 잠에서 깨자마자 손필드를 빠져나온 뒤, 황무지를 헤매게 되는데, 첫날 밤 어머니 같은 따뜻한 자연의 품속에서, "하나님의 힘과 강함"을 느끼며 감사의 기도를 올린다.[12] 제인은 달로 형상화되어 나타난 어머니 같은 하나님의 도우심으로 로체스터의 유혹을 이겨내는 순간에 첫 번째 믿음의 도약을 경험했으며, 새롭게 태어난 경험에 대해 습지에서 감사의 기도를 올리는 것이다. 그리고 이 믿음의 도약은 "'내가' 나 자신을 존중해. 더 외롭고, 더 친구가 없고, 더 돌봄을 받지 못할수록, 난 더욱 더 나 자신을 존중할 거야"라는 제인의 강한 주장에 기초해 있다(344).

로체스터가 제인에게 결혼이 아닌 동거를 한다고 해서 어느 누가 피해

12 이때 제인은 "위를 올려다 보았을 때, 나는 눈물로 흐려진 눈으로 거대한 은하수를 보았다. … 나는 하나님의 힘과 권세를 느꼈다. 나는 그가 만드신 것을 구원하시는 그의 능력을 확실히 믿었다. … 나는 나의 기도를 감사의 기도로 바꾸었다. 생명의 근원은 또한 영혼의 구원자이시다. 로체스터 씨는 안전하다. 그는 하나님의 것이며, 하나님에 의해 보호받을 것이다"라고, 두고 떠나온 로체스터에 대한 걱정의 마음을 거두고 오히려 하나님께 감사의 기도를 드린다(351). 이 부분의 중요성은 여러 비평가에 의해 지적된 바 있는데, 피터즈(John G. Peters)는 여기에 나타난 제인의 감정의 진정성을 간과한다면 제인의 삶의 방식의 근본을 간과하는 것이라고 주장한다(Peters, 2004: 57). 프랭클린은 이 순간을 기독교로의 개종의 순간이라고 해석하며(Franklin, 1995: 475), 조슈어는 제인과 하나님 사이에 가로 놓여 있던 로체스터가 없어지면서 제인과 하나님 사이의 관계가 바로 되었음을 보여주는 것으로 해석한다(Joshua, 2002: 92). 그러나 본 장은 이 부분의 중요성이 복음주의에서 강조하는 개종에 있기보다는, 키에르케고어가 주장하는 첫 번째 믿음의 도약에 따르는 감사의 기도라는 점에 있다고 본다.

를 보느냐고 끈질기게 설득할 때, 제인도 마음이 흔들리며, 이 세상에 어느 누가 너를 상관하며, 네가 무슨 일을 하든 어느 누가 피해를 받나? 라는 질문을 자신에게 던지게 되었다. 그때 얻은 굴하지 않는 대답이 "'내가' 나를 존중해"였다. 그런데 이와 같은 제인의 생각은 "네 이웃을 너 자신같이 사랑하라"의 기본 단계이다. 앞에서 언급했듯이, 키에르케고어는 단독자에게 자신의 이웃을 자기 자신처럼 사랑하는 것이 필수적임을 강조했고 이웃 사랑 속에 자신을 올바로 사랑하는 것이 내포되어 있다고 보았다. 즉 그는 하나님에 대한 의무, 자신에 대한 의무, 이웃에 대한 의무, 이 세 가지가 서로 얽혀 있다고 보았다. 제인은 개인으로서의 자신에 대한 존중을 통해 로체스터의 구원자나 천사가 되기를 거부하고 로체스터 또한 스스로 하나님 앞에 서도록 한다. 제인의 삶에서 핵심적인 이 순간, 자신에 대한 올바른 사랑과, 로체스터라는 이웃에 대한 진정한 사랑, 하나님의 인도와, 믿음의 도약이, 마치 하나처럼 얽혀서 일어나고 있는 것은 제인의 단독자로서의 '도약'에 대한 뛰어난 묘사이다.

그러나 제인의 영적 성장은 여기에 머물지 않는다. 브론테는 이 단계에서 제인의 성장이 "가장 높은 수준"에 도달했다고 보지 않았다. 여기에서 또 한 번 브론테는 키에르케고어의 종교적 실존의 단계에 대한 철학과 부합하는 사고를 표현하고 있다는 사실을 발견하게 된다. 제인이 만나는 두 번째 시험은 바로 키에르케고어가 제시한 '종교성 A'로부터 '종교성 B'로의 도약에 결정적인 것이었다.

제인이 윤리적-종교적 단계에서 영적으로 한 단계 더 높은 역설적-종교적 단계로 도약하는 것은 씬진 리버즈(St. John Rivers) 목사와의 관계에서 발생하는 시험을 이겨내면서 이루어진다. 이것이 제인의 성장에 있어서 마지막 단계에 나온 것은 브론테가 씬진과의 관계에서 발생하는 문제를 개인의 영적 성장의 면에서 가장 높은 단계에서 부딪히는 문제로 제시하고 있음을 보여준다.

습지에서 굶주림에 지쳐 거의 사경을 헤매게 되었을 때 제인은 씬진 리버즈에 의해 구원을 받게 되고, 리버즈 남매가 사촌임이 밝혀지면서, 제인에게 그들은 처음으로 갖게 된 진정한 가족이 된다. 그러나 씬진과 제인의 관계는 당시 사회의 남녀 관계를 전형적으로 보여주는 관계로 발전한다. 제인은 매일 더 그를 즐겁게 하기를 원하게 되었고, 자기가 쾌활한 것을 그가 좋아하지 않는 것을 본능적으로 느끼게 되고, 그가 있을 때에는 자유롭게 말하지도 웃지도 못하게 되었다. 제인은 씬진 앞에서 당시 여성에게 요구되던 "즐겁게 하는 여자(pleasing woman)"로 되어가는 것이다. 그런 가운데 씬진은 제인에게 "내조자이며 동료 노동자"로 함께 인도에 가자고 청혼한다(427). 그는 제인에게 "당신은 노동을 위해 만들어졌지 사랑을 위해 만들어지지 않았다"면서, "하나님과 자연이 당신을 선교사의 아내로 의도했다"고 하나님을 빌려 제인의 복종을 강요한다(428).

로체스터의 유혹이 제인이 저항하기에 어려운 것이기는 했지만 그래도 제인은 로체스터를 떠나는 것에 대해 잘못하는 것이 아닐까 의심해본 적이 없다. 반면 제인이 매력을 느끼지도 사랑을 느끼지도 않는 씬진의 제안은 제인에게 더 저항하기 힘든 유혹이다. 그것은 로체스터의 제안이 도덕적으로 옳지 못함이 자명한 것이었으므로 윤리적-종교적 단계, 즉 종교성 A에서 이겨낼 수 있었던 시험이었던 반면에, 씬진의 제안은 기독교적인 제안으로 보이고 보편타당성을 가지고 있었기 때문에 윤리적-종교적 단계에서 이겨낼 수 있는 것이 아니었다. 복음주의는 여성들에게 결혼을 위해 사랑보다 종교를 중시하라고 가르치는데, "수정 같은 양심"

을 가진 "진정한 기독교인"으로 보이는 씬진(436)이 선교사의 아내로 함께 가자고 한 제안을 거부하는 것은 보편적인 진리와의 마찰이었기 때문이다.

제인이 부딪히고 있는 문제는 당대 신앙을 가진 여성들이 그들의 영적인 고결성과 여성성 혹은 가정성이라는 문화적 가치가 부딪힐 때 어떻게 할 것인가의 문제이다. 마치 키에르케고어가 분석한 아브라함이 사랑하는 이삭을 제물로 바치라는 하나님의 명령을 받았을 때 부딪힌 문제와 마찬가지이다.

제인은 하나님과의 직접적인 관계를 주장하지만, 복음주의는 모든 신자가 스스로 판단할 수 있는 자유와 양심을 가지고 있다고 주장하면서도 여성들은 영적으로 남편에게 종속되어야 한다고 보았다. 키에르케고어는 보편성과 개별성, 윤리적 단계와 종교적 단계의 차이점을 강조했는데, 제인은 씬진의 부름이 그 자체로는 보편성에 있어서 틀린 것이 아니지만, 그것이 자신의 삶을 위한 하나님의 목적인지를 스스로 판단해야만 한다. 윤리적 단계가 가진 문제점은, 보편성이 개인의 주체적 욕구보다 중시되고 있다는 것이다. 보편적인 원칙에 충실하기 위하여 자신의 개별적인 욕구를 부정하는 것은, 존재의 구체적인 현실로부터 스스로 소외되는 결과를 초래한다. 여기에 보편성과 개별성의 갈등이 나타나는 것이며, 이 선택에는 '개인'의 욕구가 무한한 중요성을 가지며 보편적이고 윤리적인 것보다 더 높다는 역설, 즉 키에르케고어의 단독자 개념이 개입되는 것이다.

즉, 제인이 씬진의 청혼을 받고 씨름하게 되는 문제는 바로 씬진으로 대표되는 당대 기독교라는 이름하에 제시되는 보편성, 대중성, 윤리성을 극복하고, 어떻게 하나님 앞에서 한 개인으로 설 것인가의 문제이다. 씬진은 자기의 청혼을 거부하는 것은 자기를 거부하는 것이 아니라, 하나님을 거부하는 것이라고 한다. 그는 자신을 통해서 하나님이 제인에게 길을 열어주는 것이라고 주장하면서, 자신을 받아들이지 않는다면 제인은 "신앙을 거부한 사람"의 하나가 될 것이며, "불신자보다도 더 나쁜" 사람이 되는 것이라고 주장한다(434). 이에 대해 제인은 자기가 선교사의 삶을 알지 못한다면서 "내게는 소명이 없다"라고 주장하고(428), "나는 행복해져야겠어요"라고 거부한다(417). 이러한 제인의 거부에도 불구하고 씬진이 끈질기게 인도에 가자고 설득하자, 제인은 인도에는 가겠지만 그와 결혼은 하지 않고 그냥 선교사로 가겠다고 대답한다. 그녀의 재능은 하나님께 바치지만, "나 자신을 버리지는 않겠다"는 주장이다(431). 로체스터와의 문제에서 "'내가' 나를 존중한다"라고 했던 것과 같은 주장이라고 하겠다.

그런데 로체스터와의 영적 싸움보다 씬진과의 영적 싸움은 더 어렵고 힘든 싸움이다. 제인은 씬진의 재능과 진지함이 불러오는 "숭엄한 순간"에 그에 대한 숭배심을 갖게 되고, 그와의 투쟁을 멈추고 싶은 유혹을 느낀다. "그의 의지의 격류를 타고 그의 존재의 소용돌이 속으로 빠져버리고, 거기에 내 자신의 존재를 놓아버리고 싶은 유혹이었다"(443). 이 치열한 영적 싸움에서 제인은 자신의 존재를 포기하고 싶은 강한 유혹을 받고 있으며, 이는 제인으로 하여금 하나님의 뜻을 스스로 분별할 능력을 거의 상실하게 한다. "내가 당신과 결혼해야 하는 것이 하나님의 뜻이라는 확신만 있다면, 당장 여기에서 당신과 결혼하겠다고 맹세할 수 있어요—그다음은 어떻게 되든지 간에!"라는 대답은 보편성의 힘이 제인에게 얼마나 강력하게 작동하고 있는지를 보여준다(444).

그래도 제인은 무엇이 옳은 것인지 그것을 알기를 "진지하게, 깊게, 열렬하게" 원했기에, "나에게 보여주세요, 나에게 길을 보여주세요!"라고 기도하는데, 이렇게 간절히 탄원했을 때 놀라운 경험을 하게 된다. 즉, 설명할 수 없는 감정에 휩싸이면서, 모든 감각이 "깨어나는" 경험을 하는 것이다(444). "단독자는 영혼의 범주이며, 영적 각성의 범주"인데(Polka, 2005: 158), 이 부분은 제인이 영적 각성을 통해 단독자로 거듭나는 순간을 잘 묘사하고 있다.

영적으로 각성되어 있는 이 순간 제인은 어디선가 들리는 소리 "제인! 제인! 제인!"을 듣는다(444). 이렇게 외친 소리는 로체스터의 목소리처럼 들렸고, 후에 로체스터의 고백을 통해서도 그것은 로체스터가 외쳤던 소리임이 설명된다. 그래서 그것은 고딕 소설적인 초자연적 사건으로 해석되기도 하고 애절한 두 사람의 사랑의 맥락 안에서 해석되기도 한다. 그러나 정확히 텍스트를 보면, 이것은 씬진과의 영적 전쟁 안에서 이루어지고 있으며, '강한 성령'에 대한 경험으로, 비록 로체스터의 목소리를 통해 들렸다고는 하나, 하나님 자신을 경험한 것이라고 할 수 있다(Joshua, 2002: 95).

셸(Alison Shell)도 지적했듯이, 이 소설 속에서 제인 에어의 하나님은 멜로드라마적인 사건을 사용하여 개인적인 변화를 일구어내는 "실제적이고 내재적인 현존"이다(Shell, 2006: 61). 사람은 초월자의 힘에 의지하지 않고는 역설적-종교적 단계, 즉 종교성 B에 다다를 수가 없다고 주장한 키에르케고어와 같은 생각이 표현된 것이다. 제인이 자신의 생각을 버리고 진지하게 열렬히 하나님이 보여주는 길을 갈망하고 그것이 씬진과 결혼하는 것이라면 그 뜻을 따르기로 결심했을 때, 역설적으로 하나님은 제인에게 씬진과의 결혼이 아니라 로체스터에게 돌아가는 길을 제시한다. 제인이 그렇게 힘들게 유혹을 이기고 빠져나온 로체스터에게로 돌아가라는 것은 부조리하고 역설적인 대답이었다. 신이면서 동시에 사람인 그리스도의 역설을 믿음으로써 구원을 얻게 되는 것이 기독교의 근본 진리라면, 자신을 버림으로써 오히려 자신을 얻게 되는 역설을 제인을 통해 보여주고 있는 것이다. 이삭을 바치려는 아브라함을 황급히 불러 막으셨던 하나님의 개입이 여기에 같은 모습으로 표현되고 있다.

다음 장면은 여기에서 제인이 이루어낸 종교성 B로의 도약이 무엇인지를 잘 보여준다.

> 이제는 '내가' 주도권을 잡을 시간이었다. '나의' 힘이 활동하여 능력을 발휘했다. 나는 그[씬진]에게 질문을 금했다. … 나는 혼자 있어야만 하며, 혼자 있겠다고 했다. 그는 즉시 내 말을 따랐다. … 나는 내 방으로 올라가, 문을 잠그고, 무릎을 꿇고, 내 방식으로 기도했다. 씬진과는 다른 방식이었지만, 나름대로 효과적이었다. 나는 강하신 성령에 매우 가까이 꿰뚫고 가는 것 같았고, 나의 영혼은 감사함으로 그의 발 앞에 달려가 엎드렸다. 나는 감사 기도를 마치고 일어나, 결심을 했고, 두려움 없이 깨달은 상태로 누워, 오직 아침이 오기를 갈망했다. (445)

이 영적 전쟁에서 제인은 자신에게만 해당되는 하나님의 뜻을 아는 것이 핵심이었는데, (목사이며 남자인) 자기를 통해서 그것을 알고 실행하라는 씬진에게 여러 가지 핍박을 당하지만, 거기에 수동적으로 반응하며 끌려가는 것이 아니라, 그러한 고통을 감내하며, 자기 자신을 의지하고, 의지와 분별력을 키워가고 그에 따라 적극적으로 행동한다. 이를 통해 전통적인 가족 구조 안에서 여성들이 우상 숭배적으로 하던 "남편 숭배"를 극복하고(Vejvoda, 2003: 257), 하나님과 직접적인 관계를 갖게 되며 하나님을 직접 경험하게 된 것이다. 이것이 제인이 이루어낸 "믿음의 기사"의 모습이며 단독자의 모습이다.

뿐만 아니라, 제인은 하나님과 직접적인 관계 속에 들어간 후, 바로 결심하고 다음 날 로체스터를 향해 떠난다. 이 시점에서 제인은 로체스터에게 아내가 있다고 알고 있지만, 그러한 도덕적인 제약 앞에 망설이지 않는다. 이제 제인에게는 자신의 사랑이 절대적으로 필요한 '이웃'을 향한 사랑이 전부이다. 하나님 앞에 단독자로 선 제인은 곧바로 '이웃 사랑'으로 나아가는 것이다. 키에르케고어는 "하나님에게 기도하기 위하여 닫았던 문을 열고 나갔을 때 처음 만나는 바로 그 사람이 당신이 사랑해야 하는 이웃이다"라고 단독자는 곧 이웃 사랑으로 나아간다는 즉시성을 강조했는데(Kierkegaard, 1995: 51), 제인은 바로 이 즉시성을 실행하고 있다. 뿐만 아니라 브론테는 그 즉시성을 더욱 강조하기 위해서이기라도 한 듯, 강하신 성령의 도우심을 로체스터의 간절한 도움 요청을 통해 전달하고 있다. 즉 하나님 앞에 단독자가 되는 것과 이웃에 대한 사랑이 즉시성을 갖는 것으로 표현하는 정도가 아니라, 그 둘을 똑같은 동치의 것으로 제시하고 있는 것이다.

불구가 된 로체스터가 머물고 있는 펀딘(Ferndean)으로 찾아가 그의 아내가 되는 제인이 로체스터에게 보이는 사랑은 종교적으로 가장 높은 단계에 있는 실존의 모습을 잘 보여주고 있다.[13] 그 사랑은, 일찍이 심미적

---

13 브론테는 플롯 조작(plot manipulation)을 통해, 로체스터를 만나러 손필드에 간 제인이 버싸가 낸 불에 손필드가 타 폐허가 된 것을 발견하게 되고 로체스터는 그 불로 인해 눈이 멀었고 한 쪽 팔도 잃었음을 듣게 되는 것으로 상황을 만들고 있다. 이러한 플롯 조작은 제인과 로체스터의 결혼이라는 쉬운 결말을 위한 "절박한 장면의 신적 해결책(deus ex machina)" 수법이라고 비판받기도 한다. 뿐만 아니라, 그 모습은 열정적 사랑을 이루

실존의 단계에서 열망했던 의타적 사랑도, 윤리적 실존의 단계에서 빠졌던 우상 숭배적 사랑도 아니다. 제인이 도달한 종교적 실존에서 로체스터에 대한 사랑은 진정한 이웃 사랑의 모습이다. 키에르케고어는 "아, 이웃 사랑은 궁극적이며 가장 높은 사랑이므로 사랑에 빠지는 첫 순간 그 가장 높은 순간보다도 더 높은 것으로 등급지어야 한다"라고 이웃 사랑의 아름다움을 평가하고 있다(Kierkegaard, 1995: 140-41).

그런데 제인이 도달한 궁극적 이웃 사랑은 불구가 된 로체스터에 대한 아내로서의 헌신의 모습을 띠고 있기에, 제인의 성장이 결국 낭만적 사랑을 통한 가정 안에서의 여자의 희생으로 귀결된 것이 아닌가 비판을 받기도 한다. 그러나 러모나카도 지적했듯이, 브론테는 기독교의 기준으로 그리스도의 "가시 면류관"을 가장 소중하게 생각하는 신앙을 가졌던 것이라고 할 수 있으며(Lamonaca, 2002: 260), 그러한 맥락 안에서 제인이 이루어내는 "종말론적인 결혼의 비전"은 단순한 낭만적 사랑이 아니라 "타락 이전의 축복의 이미지"라고 할 수 있다(Jasper, 2012: 221).

제인 에어에는 영적으로 가장 높은 단계의 한 개인을 창조하고자 했던 브론테의 비전이 나타나 있으며, 그 비전은 키에르케고어가 그렸던 단독자의 모습, 그리고 단독자가 다다른 실존의 단계의 높이를 담고 있다. 패티슨은, 사랑을 하는 단독자에게는 타자의 존재가 자유로운 자아의식의

는 행복한 결혼을 바랐던 독자들에게는 실망스러운 것일 수 있으며, 여성주의적 결말을 원했던 비평가들에게는 제인이 결국 희생 봉사의 가정적 여인이 되고 말았다는 비판을 초래하기도 했다. 예를 들어 쇼월터(Elaine Showalter)는, 제인과 로체스터의 결혼이 "근본적으로 동등한 사람의 결합"이라고 평가하면서도, 그들이 동등한 사람이 되는 것은 "서로에게 성장을 허락함으로써가 아니라, 한계에 복종함으로써"라고 주장한다(Showalter, 1977: 124). 로우(Karen E. Rowe)는 이상적으로 제시된 결혼("Fairy-born" marriages)에 대한 비전이 남녀의 인간적 현실 앞에서 "퇴각"하고 말았다고 비판한다(Rowe, 1983: 89).

중심으로 존재하는 자신의 존재에 방해가 되는 것이 아니라, 오히려 책임 있는 사랑이라는 방식을 통해 자신을 완전한 개인이 되도록 부르는 것이라고 설명한다(Pattison, 2011: 133-134). 로체스터는 물론 단독자와 거리가 멀었다. 그러나 제인의 단독자로서의 이웃 사랑은 그를 하나님 앞으로 이끌 뿐 아니라 그녀 자신을 단독자로 세우는 조산술적인 행위로 작동한다. 아도르노(Theodor Adorno)는, 키에르케고어의 "사랑의 교리"가 항상 "현실에서의 실행"을 강조하지만, 실제로 "현실적이고, 비상징적이고, 비은유적인 인간 사랑의 경우를 보여준 적이 없다"고 그의 추상성을 비판한 바 있다(Adorno, 1989: 24). 그런데 키에르케고어가 강조하면서도 실질적인 모습으로 제시하지 못했던 이웃 사랑의 구체적 모습을 제인의 로체스터에 대한 사랑은 보여주고 있다. 로체스터와 결혼해서 살고 있는 펀딘에서의 제인의 모습을 통해 브론테는 행복한 신부의 모습을 표현하려는 것이 아니라, 마치 역설적-종교적 단계에 도달한 키에르케고어의 단독자가 어떻게 그의 사랑의 교리를 실행에 옮기는지를 보여주려는 듯하다.

5. 기독교적 실존의 비전

키에르케고어와 브론테는 생몰연대가 거의 유사한 동시대인이었다. 유럽 대륙의 남성 철학자였던 키에르케고어와 영국의 여성 소설가였던 브론테는 서로의 존재를 인식했거나 사상을 직접적으로 공유하지는 않았지만, 그 시대를 진단하고 시대의 문제점을 똑같이 직시했으며, 서로 아주 유사한 신학 이론을 제시했다.

키에르케고어는 체계에 대하여, 관념론에 대하여, 범신론에 대하여 대항하고 싸웠으며, 당시 기독교인들이 이러한 안락한 환상에 빠져 길을 잃고 있었으므로 이에 대해 비판하고, '진정한' 기독교가 내포하는 '십자가의 길'로 기독교인들을 데려오기 위해 노력했다(르 블랑, 2004: 10). 특히 그는 현대가 다수 다중에 휘둘리는 것을 비판했으며 기독교도 다수 다중에 휘둘리고 있다고 비판했고, 이러한 세태와 반대되는 단독자의 비전을 통해 모든 사람이 가야 할 기독교적 실존을 제시했다.

브론테 역시 당시 사회가 기독교를 주장하면서 실제로는 인간의 동등성, 사랑, 겸손, 자선과 같은 진정한 기독교적 가치들, 그리스도의 가르침을 상실한 채, 오히려 성별과 계급에 따라 사람들을 나누고 차별하는 데에 기독교를 이용하고, 그러한 차이가 하나님의 뜻이라고 주장하면서, "편협한 인간의 교리들"을 떠받드는 것을 비판했고, 제인 에어라는 한 여성 개인의 성장을 통해, 신앙과 개인 성장의 불가분의 관계를 드러냄으로써, 기독교적 여성 개인의 비전을 제시했다.

이 장은 제인 에어의 성장에서 영적 성장이 핵심적인 요소임을 지적하고, 그 영적 성장의 면모를 키에르케고어가 제시한 기독교적 실존의 비전을 통해 분석했다.[14] 키에르케고어가 단독자로 제시한 아브라함과 브론테가 여성 성장의 모델로 제시한 제인 에어는 서로 다른 시험 앞에 놓여 있었던 것으로 보일지 모르나, 사실 그 시험의 내용과 본질은 같은 것으로서, 세상의 다른 어떤 것이 아니라 하나님과만 오직 절대적인 관계에서는 개인이 되는 것이었다. 여성주의 비평이 높게 평가하는 제인 에어의 전복성은 반사회성, 반기독교성에서 나오지 않는다. 오히려 사회의 변화는 개인의 변화에 의해 가능하며, 개인의 변화는 개인의 종교에 의해

---

14 스타일러(Rebecca Styler)는 앤 브론테(Anne Brontë)의 시가 기독교 실존주의 철학의 특징을 많이 공유하고 있다고 분석한 바 있다. 자세한 내용은 Styler, 2010: 43-67 참조.

서 온다는 브론테의 믿음에서 나오고 있다. 브론테의 페미니즘은 다수 다중에 휘둘리지 않고, 바리새인의 얼굴에서 가면을 벗기고, 세상을 구원하는 그리스도의 교의를 되살리려는 노력, 키에르케고어의 용어로는 "하나님 앞에서의 단독자"로 서려는 기독교적 실존의 비전으로부터 발생하고 있다고 할 수 있다.

샬롯 브론테
(Charlotte Brontë, 1816–1855)

샬롯 브론테는 1816년 4월 1일 요크셔(Yorkshire)의 웨스트 라이딩(West Riding) 지역에 있는 쏜튼(Thornton)에서, 패트릭 브론테와 마리아 사이에 육 남매 중 셋째 아이로 태어났다. 이 가족은 1820년 패트릭 브론테가 몇 마일 떨어진 교회(St Michael and All Angels Church)의 분교구 목사가 되어 하워스(Haworth)로 이사를 갔다.

패트릭 브론테는 가난한 아일랜드 출신으로 자수성가한 영국 국교 목사였다. 그는 감리교도였던 마리아 브랜웰과 1812년 결혼했는데, 그들이 공유했던 복음주의 신앙은 브론테 자매들의 문학적 재능과 높은 도덕적 기준 및 진리에 대한 열망에 많은 영향을 주었다. 그러나 수필을 쓰기도 하는 등 문학적 재능을 보였던 마리아는 불행하게도 결혼 후 6년간에 걸쳐 1남5녀를 낳은 후 쇠약해져 1821년에 암으로 사망하고 말았다. 샬롯은 5세에 어머니를 잃어 어머니의 따뜻한 사랑을 받지 못한 채, 경건하고 엄격했던 이모 엘리자베스 브랜웰의 보살핌 하에서 자라야 했다.

패트릭 브론테는 경제적으로 어려움을 겪고 있었기 때문에 가난한 목사의 딸들을 위한 자선학교인 코완 브리지 학교(Clergy Daughter's School at Cowan Bridge)에 네 딸을 보냈다. 그러나 열악한 교육 환경으로 인해 이 학교의 많은 학생들이 병에 걸리게 되었는데, 이 때 샬롯의 두 언니 마리아와 엘리자베스는 장티푸스와 결핵으로 목숨을 잃고 말았다. 샬롯과 에밀리는 그 학교의 상황을 뒤늦게 알게 된 아버지에 의해 집으로 돌아오게는 되었지만 사랑하던 두 언니를 잃은 슬픔에 외롭고 슬픈 날들을 보내야만 했다.

샬롯은 1831년부터 다시 학교를 다니기 시작했다. 패트릭 브론테는 건강이 좋지 않아 딸들도 스스로 살아갈 능력이 있도록 해주어야겠다는 생각을 가지고 교육을 시켰다. 샬롯이 처음 로우 헤드 학교(Roe Head School)에 다니기 시작했을 때는 수줍고 집이 그리워 학생들 간에 별로 좋은 인상을 주지 못했으나, 1832년에 공부를 마치고 집에 돌아갈 때가 되었을 때에는 이 학교의 선생이 되어달라는 제안까지 받게 되었다. 그러한 제안을 거절하고 집에 돌아온 샬롯은, 에밀리와 앤에게 그림과 독서, 바느질 등을 가르치며 지냈으나, 결국 1835년에는 로우 헤드 학교의 선생으로 떠나야 했으며 그 후에는 몇몇 집에서 가정교사 노릇을 해야 했는데, 샬롯은 가정교사로서의 생활을 매우 괴로워했던 것으로 알려져 있다.

로우 헤드 학교의 선생으로 혹은 가정교사로 생활하면서 무의미한 삶에 괴로움을 느끼던 샬롯은 하워스에 자신의 학교를 열 계획을 세우고 1842년 26세의 나이에 외국어에 대한 지식을 늘리기 위하여 에밀리와 함께 브뤼셀로 떠났다. 그때까지 고립된 생활을 해오던 샬롯에게 브뤼셀의 부유한 귀족 계층 자녀들이 다니던 헤거 기숙학교(Pensionnat Héger)는 일종의 문화적 충격을 주었다. 샬롯은 다른 나라에 대한 문화적 인식을 넓혀갔으며, 콘스탄틴 헤거(Constantin Héger) 선생님의 뛰어난 교육 방법은 샬롯에게 영감을 불러일으키는 것이었다. 그러나 이 학교에서 경험한 더욱 중요한 일은 샬롯이 헤거 선생님을 향한 사랑에 빠지게 된 것이었다.

샬롯 브론테의 전기를 쓴 엘리자베스 개스켈을 비롯한 빅토리아 조의 전기 작가들은 샬롯이 유부남인 콘스탄틴 헤거를 짝사랑했던 사실을 언급하지 않았다. 그러나 샬롯이 그를 사랑했던 것은 그녀가 친구들과 가족들에게 보낸 편지와 영국으로 돌아온 뒤 헤거에게 보낸 편지 그리고 그녀의 소설과 시 속에 나타나 있다. 샬롯 브론테가 브뤼셀을 떠나 1844년 1월에 집으로 돌아온 후 처음에는 샬롯과 헤거 사이에 편지가 오갔다. 그러나 샬롯이 헤거에 대한 사랑에서 바랄 수 있었던 것은 우정뿐이었고 2년이 흐르는 동안 그것마저 없어지고 말았다.

사랑하는 사람에게서 외면당하고, 고향에서 학교를 열려던 계획도 오려는 학생이 없어 실패로 끝났을 뿐 아니라 기대를 걸었던 남동생 브랜웰이 예술가로서

나 작가로서 또한 선생으로서도 실패하여 술주정뱅이 아편중독자가 되고 유부녀와의 불륜의 사랑에 빠져든 것은 샬롯의 생애에 점점 검은 그림자를 드리웠다. 그러나 좌절에 빠져 있던 샬롯은 1845년 가을 어느 날 우연히 에밀리가 쓴 시를 발견하게 되면서 새로운 전기를 맞이했다. 샬롯은 에밀리의 시들이 내포한 사상의 활력과 진실성에 그리고 그 시들이 보여주는 침울하면서도 열광적인 음악성에 놀라게 되었으며, 앤도 나름의 시를 쓰고 있었음을 알게 되자 두 동생을 설득하여 자비로 시를 출판하기로 했다. 그런데 이들은 신분이 밝혀지는 것을 원치 않았고 더구나 여자라고 불공정한 평을 받게 되기를 원치 않았기 때문에 가명을 사용하여 출판하기로 결정했다. 그리하여 1846년 5월말 브론테 자매의 첫 책이 『커러, 엘리스, 액턴 벨의 시(*Poems by Currer, Ellis and Acton Bell*)』라는 제목으로 출판되었다. 몇몇 잡지들은 이 책에 대해 상당히 좋은 서평을 실었으나 브론테 자매의 커다란 기대와는 달리 이 책은 실패로 끝나고 말았다. 그 해 두 권밖에 팔리지 않았던 것이다.

다행히도 세 자매는 이러한 쓰라린 실패에 크게 실망할 겨를이 없었는데 그것은 그들이 시집 출판을 진행하는 동안에 이미 열심히 소설을 쓰고 있었기 때문이었다. 1847년 7월 15일에 샬롯은 『선생님(*The Professor*)』을 스미스, 엘더(Smith, Elder) 출판사에 보내었으나 거절의 편지를 받았다. 그런데 그 편지에는 3권으로 구성된 소설이라면 세심한 검토를 해보겠노라는 말이 있었다. 8월 7일에 샬롯은 한 달 내로 소설을 보내겠노라고 답했고 8월 24일에는 1846년부터 쓰기 시작한 『제인 에어』를 탈고했다. 그리하여 그 해 1847년 10월 16일에 마침내 『제인 에어』가 커러 벨의 이름으로 출판되었다. 『제인 에어』는 출판되자마자 불티나게 팔려나갔으며 다양한 평자들이 관심을 가지고 서평을 쓰는 대상이 되었다.

샬롯 브론테가 다음 소설인 『셜리』를 쓰기 시작한 것은, 1848년 2월 15일 편지에 새 소설이 잘 진행되지 않는다는 언급이 있는 점으로 보아, 그 해 2월이 되기 훨씬 전으로 추측된다. 그 해 가을은 전혀 글을 쓸 수 있는 형편이 아니었다. 9월 24일에는 브랜웰이 죽었고, 12월 19일에는 에밀리가 죽었으며, 다음 해 5월 28일에는 앤이 죽었다. 아버지는 계속 건강이 좋지 못해 샬롯에게 많은 것을 의

존하고 있었으며, 샬롯 자신도 계속 건강이 좋지 않았다. 이런 어려움들 속에서 마침내 『셜리』를 끝내 1849년 가을에 출판하기에 이른 것은 샬롯 브론테가 극복해낸 많은 어려움 가운데서도 돋보이는 일이었다.

『셜리』는 기계 파괴 운동의 와중에 일어나는 노사 간의 갈등을 그리고 있는 작품으로서, 가부장적 사회에서 일어나는 권력의 오용에 초점을 맞추고 있고, 노동자의 고통과 분노를 여성이 겪는 고통과 분노에 연결시킴으로써 계급의 문제와 성별의 문제를 연결시키고 있다. 『셜리』는 산업혁명과 나폴레옹 전쟁으로 말미암아 기계 파괴 운동(Luddism)이 일어났던 1812년 요크셔를 배경으로 하고 있는데, 『셜리』에서 주된 정치적 사건인 로버트 무어(Robert Moore)의 공장에 대한 기계 파괴자들의 공격은 웨스트 라이딩 지역에서 실제 있었던 사건에 근거하고 있다. 산업소설인 이 소설에서 샬롯 브론테는 공장주 로버트 무어와 지주인 셜리 킬다(Shirley Keeldar), 일자리를 잃은 노동자 윌리엄 패런(William Farren), 굶주린 공장 노동자들의 지도자인 모세스(Moses)의 관계를 묘사함으로써, 그들 모두가 직면하고 있는 위기의 복잡성을 기술하고 있다. 또한 이러한 노사 간의 문제를 여성 문제와 연결시키고 있는데, 『셜리』에 나타나고 있는 여성 문제는 크게 두 가지로 나눌 수 있다. 즉 사회에서 여성이 놓인 현실에 관한 문제 제기와 전통적인 여성의 이미지에 관한 문제 제기로, 전자는 주로 순종적이고 전통적인 여성인 캐럴라인(Caroline)이 겪는 곤궁을 통해 제시되고, 후자는 주로 "셜리 킬다 향사(Esquire)"라고 불릴 정도로 남성과 같은 지위와 남성적인 성격을 소유한 셜리를 통해 제시되어 있다.

1849년 11월 29일 샬롯은 런던을 방문하여 12월 15일에 돌아왔는데 이 기간에 그녀는 작가로서의 정체가 드러나고 말았다. 이후로 그녀는 런던을 자주 방문하며 당시 유명 인사들이었던 새커리(William Makepeace Thackeray), 아놀드(Matthew Arnold), 마티노(Harriet Martineau)를 비롯하여, 후에 조지 엘리엇과의 관계로도 널리 알려진 당대의 이름 있는 비평가 루이스(George Lewes), 나중에 샬롯 브론테의 일대기를 쓰게 되는 엘리자베스 개스켈 등을 만나 친분을 쌓았다.

1850년과 1851년 사이의 겨울에 샬롯은 『선생님』을 출판해주겠다는 스미스,

엘더의 제안을 받고 전에 출판하려 했던 『선생님』의 원고를 재검토하고 있었는데 이것은 『빌레트(*Villette*)』를 쓰는 계기가 되었다. 샬롯은 여러 가지로 건강이 좋지 않은 가운데 우울증, 불면증, 식욕부진, 악몽 등에 시달리며 『빌레트』를 써나갔다. 아버지의 병세가 악화되고 하인들도 병에 걸려 샬롯의 삶을 더욱 힘들고 외롭게 하는 가운데 샬롯은 마침내 힘들고 외로운 인생을 사는 여주인공의 이야기 『빌레트』를 1852년 11월 20일에 탈고했으며, 이 소설은 1853년 1월 28일에 출판되었다.

샬롯 브론테가 완성한 마지막 소설인 『빌레트』는 그녀가 1842년부터 1844년까지 브뤼셀에 가서 헤거 기숙학교에서 공부도 하고 가르치기도 했던 경험과 헤거 선생님에 대한 깊고 가슴 아팠던 사랑의 경험을 기초로 하여 쓰였다. 여주인공 루시 스노우(Lucy Snowe)는 갑작스레 집안이 몰락한 후 자신의 생계를 책임져야 하는 형편에 처하게 되자 귀부인의 말상대, 독신녀의 병간호 등 여러 가지 일들을 전전하다, 영국을 떠나 빌레트라는 도시에 있는 여자아이들의 기숙학교에 가서 선생이 된다. 그 학교의 담당 의사인 존(Dr. John)에 대해 남몰래 연정을 느끼고 있는 루시는 이로 인해 여러 가지 고통을 겪지만 이를 극복한 후에, 그 학교의 교장인 폴 선생님(M. Paul)에게서 진정한 사랑을 발견하게 되어 그와 약혼하게 된다. 폴은 루시에게 학교를 세워주고 책임을 맡기고 서인도제도로 떠나는데 배를 타고 돌아오는 길에 폭풍을 맞이하게 되고, 결국 루시는 평생을 그 학교의 장으로서 살아간다.

1852년 12월 13일은 하워스의 부목사였던 니콜스(Nichols)가 샬롯 브론테에게 청혼을 한 날이었다. 사실 그 전에 샬롯은 몇 사람에게 청혼을 받았으나 거절했다. 1839년에는 헨리 너시(Henry Nussey)와 프라이스(Pryce) 부목사가, 1850년 겨울에는 제임스 테일러(James Taylor)가 청혼을 했던 것으로 알려져 있다. 니콜스는 샬롯보다 두 살이 어린 부목사로서 1845년에 하워스에 왔다. 당시 샬롯이 그에 대해 가졌던 인상은 점잖은 젊은이라는 정도였으며 이러한 생각은 그 후로도 별로 변하지 않았던 것으로 보인다. 그런데 7년간의 짝사랑 끝에 니콜스가 브론테 목사에게 딸과의 결혼 허락을 요청했으나 브론테 목사는 격노하며 이 결혼에 대해 반대했다. 샬롯은 마음을 바꾸어 결혼을 했는데 왜 갑자기 마음을 바꾸게 되었는지에 대해서는 자세히 알려져 있지 않다. 어쨌든 둘은 18개월 후인 1854년 6월 29일에 브론테 목사가 결혼식에 참석하기를 거부한 가운데 식을 올리고 아일랜드로 신혼여행을 떠났다.

1854년 12월 7일에 남편과 산책하다 집에서 3마일 떨어진 곳에서 비를 만나 감기에 걸린 후 샬롯의 건강은 나빠지기 시작했다. 더구나 임신 초기의 입덧 증상이 겹친 끝에 1855년 3월 31일 39세의 나이에 결핵으로 인생을 마감하고 말았다. 니콜스는 장인인 브론테 목사가 1861년에 사망할 때까지 하워스에 남아 그를 돌보았다. 샬롯 브론테 생전에 출판되지 못했던 『선생님』은 1857년에 출판되었고, 그녀가 쓰고 있었던 마지막 소설 『엠마(*Emma*)』는 미완성 유고로 1860년에 출판되었다.

Emily Brontë

제3장

에밀리 브론테의 『폭풍의 언덕』: 심층적 의미를 생산한 서술기법

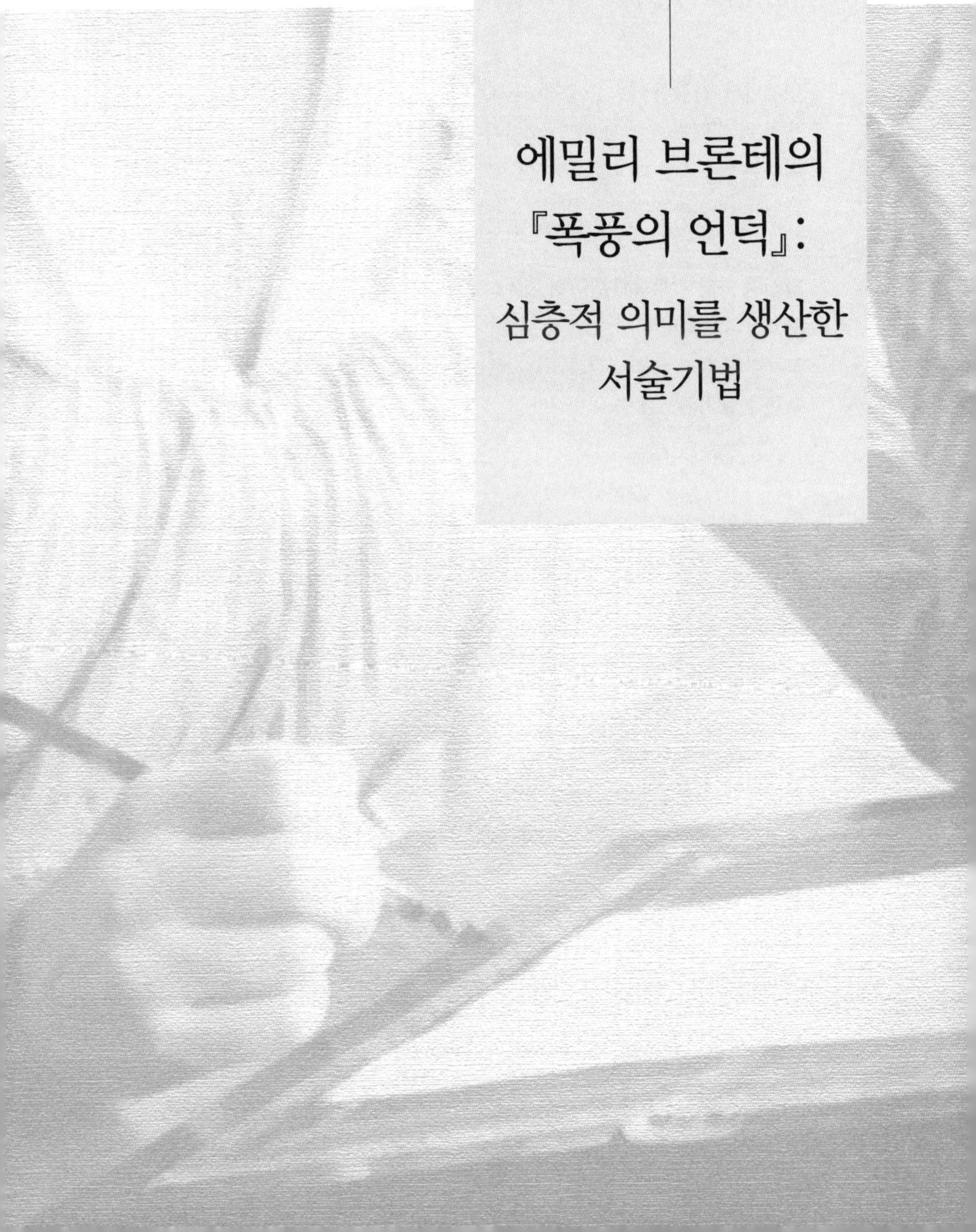

내 영혼은 비겁하지 않습니다
세상의 폭풍우 거세도 떨지 않습니다
난 하늘의 영광이 빛나는 것을 보며
신앙이 공포로부터 날 지켜주며 똑같이 빛나는 것을 봅니다
……

헛됩니다, 사람의 가슴을 움직이는
수천 가지 교리는, 말할 수 없이 헛됩니다
시들은 잡초처럼 가치없고
끝없는 대양 가운데 하찮은 거품입니다

당신의 영원성에 의해 단단히 지지되고 있는
불멸성의 굳건한 바위에
그토록 확실히 닻을 내리고 있는 사람에게
의심을 불러일으킬 수 없습니다
……

지구와 달이 사라지고
태양과 우주가 존재를 멈춘다 할지라도
당신만 홀로 남는다면
모든 존재는 당신 속에서 존재할 것입니다

죽음을 위한 여지는 없습니다
죽음의 힘이 공허하게 만들 수 있는 것은 아무것도 없습니다
왜냐하면 당신은 존재이며 숨이며
당신 자신은 결코 파괴될 수 없으니까요.[1]

---

1 Emily Brontë, "No Coward Soul Is Mine," *Victorian Literature 1830–1900*, Eds. Dorothy Mermin and Herbert F. Tucker, New York: Harcourt College Publishers, 2002, 606–607.

1. 믿을 수 없는 화자에 대한 논쟁

『폭풍의 언덕(*Wuthering Heights*)』의 중요한 특징 중 하나인 서술기법은 그동안 많은 주목을 받아왔다. 『폭풍의 언덕』이 출판 당시 좋은 평가를 받지 못하면서 작가 엘리스 벨(Ellis Bell)이 혹시 커러 벨(Currer Bell)과 동일 인물이 아닐까 하는 의혹으로 인해 먼저 『제인 에어』를 출판했던 커러 벨 즉 샬롯 브론테에게까지 비판의 화살이 날아갔던 것이나, 동생인 에밀리 브론테의 작품이 제대로 평가받지 못하는 현실에 가슴 아팠던 샬롯이 1850년판 『폭풍의 언덕』에 서문을 써서 동생의 글을 옹호한 일들은 유명한 일화들이다. 그러나 이처럼 출판 당시 좋은 평을 받지 못했던 『폭풍의 언덕』이 20세기 들어 높은 평가를 받게 되고, 브론테는 하나밖에 없다(Leavis, 1955: 27), 즉 에밀리 브론테밖에 없다고까지 평가받게 되며, 그 평가가 역전되게 된 데에는 『폭풍의 언덕』에 사용된 두 화자에 의한 독특한 서술기법이 중요한 역할을 했다.

믿을 수 없는 화자(unreliable narrator)에 관한 서술학적 논쟁은 지난 2-30년 동안 매우 활발하게 진행되었다. 1961년에 웨인 부스(Wayne C. Booth)가 『소설의 수사학(*The Rhetoric of Fiction*)』에서 처음 믿을 수 없는 화자에 대한 개념을 도입한 이래, "더 나은 용어가 없어서, 나는 화자가 작품의 규범(말하자면 내포 작가의 규범)과 어울리는 말을 하거나 행동을 하면 믿을 만하다고 부르고, 그렇지 않은 경우 믿을 수 없다고 부른다" (Booth, 1961: 158-59)라는 그의 정의는 화자의 신뢰성(reliability)을 규정하는 가장 중요한 기준으로 작용해왔다. 또한 부스는 화자와 내포 작가(implied author) 사이의 거리는 도덕적인 거리일 수도 있고 지적인 거리일 수도 있음을 지적했다(Booth, 1961: 156). 화자를 믿을 수 있는가 아닌가의 기준에서, 도덕적 혹은 지적으로 문제가 있는 화자들이 믿을 수 없는 화자를 구성하는 중요한 요소가 된다는 것이다. 리먼-케넌(Rimmon-Kenan)은 화자의 신뢰성 결핍의 주요 원인으로 "화자의 제한된 지식, 개인적 연루, 문제 있는 가치관"을 꼽고 있다(Rimmon-Kenan, 1983: 100). 화자의 신뢰성 문제에서 내포 작가와의 거리보다 독자와의 거리를 중시하는 베라 뉜닝(Vera Nünning)은 믿을 수 없는 서술의 의미는 "서술학적 범주와 윤리적 범주가 만나는 지점"에 위치해 있으며, 화자가 믿을 수 있는지 아닌지의 여부는 항상 "독자의 세계관과 윤리적 확신이 어디에 기초하고 있는가"에 대한 판단과 관련되어 있다고 보고 있다(Nünning, 2004: 236-37). 화자와의 거리를 내포 작가와의 거리라고 보든 독자와의 거리라고 보든, 믿을 수 없는 화자에 대한 서술학적 분석에 있어서 가치의 문제는 가장 핵심적이고 중요한 요소라고 할 수 있다.

믿을 수 없는 화자의 문제를 역사적으로 분석한 브루노 저웩(Bruno Zerweck)은 화자의 신뢰성 문제는 소설의 사실주의적 패러다임이 확고해진 다음에야 의미를 가지게 되었음을 지적했다. 그 전의 장르들, 예를 들어 로맨스나 피카레스크 소설에서는 사실적이고 심리적으로 일관된 서술이 요구되는 것이 아니었으므로, 믿을 수 있는 서술인가 아닌가의 문제는 중요한 문제가 아니었다. 그러므로 소설에서 믿을 수 없는 서술이라는 개념이 중요해지는 데 있어서 사실주의의 구축이 전제되어야 한다는 것이다. 그런데 안스가 뉜닝(Ansgar Nünning)은 역사적으로 사실주의의 구축이 단단해진 19세기 전반부 작품에 오히려 믿을 수 없는 화자가 거의 등장하지 않음을 직시하고 그 원인을 분석한 바 있다. 그는 "빅토리아조 소설에 믿을 수 없는 화자들이 거의 등장하지 않는 것은, 믿을 수 없는 서술이 의문을 제시하는 인식론적 전제들이 아직 받아들여지고 있던 사실에 부분적으로 기인한다고 할 수 있다"고 지적하고 있다(Nünning, 2004: 92). 즉 19세기에 실재(reality)를 객관적으로 알 수 있고 재현할 수 있다는 환상이 거의 의문시되지 않았기 때문에 믿을 수 없는 서술이 중요한 역할을 할 수 없었다는 것이다. 저웩도 마찬가지로 19세기 중반까지 서술에 믿을 수 없음의 문제가 많이 나타나지 않은 것은, 믿을 수 없는 서술들이 문제삼는 "주체성, 인식론적 의문, 근본적 존재론적 질문들"과 같은 문제들이 19세기 전반부에 중요한 문제들이 아니었기 때문이라고 분석한다(Zerweck, 2001: 170). 그런데 저웩은 19세기에 예외적인 경우로 『폭풍의 언덕』을 들면서, 19세기 소설로서는 드물게 객관적 재현에 대해 인식론적 가능성에 의문을 제기한 선구적인 작품이라고 평가하고, 20세기에 들어서 만연하는 인식론적 회의주의의 선조라고 평가했다(Zerweck, 2001: 161).

『폭풍의 언덕』의 두 화자 록우드(Lockwood)와 넬리 딘(Nelly Dean)은, 흔히 비록 그들의 판단을 모두 믿을 수 있는 것은 아니지만 워더링 하이츠에서 일어나는 믿을 수 없는 일들을 독자들이 믿을 수 있게끔 중간 역할을 하고 있는 것으로 평가된다.[2] 보나미 도브리(Bonamy Dobree)는 『폭풍의 언덕』에서 일어나는 이야기가 너무 거칠어서 전지적 화자가 이야기한다면 독자들이 믿을 수 없을 것이므로, 작가는 독자들이 믿을 수 있게 하기 위하여 "'이것은 사실이다; 내가 거기에 있었다; 이것은 일어난 일이다'"라고 말할 수 있는 두 화자를 썼다고 보았다(DuVal, 1991: 155에서 재인용). 액자 서술을 맡고 있는 화자인 록우드는 이 지방 일이나 사람들에 대

2 이 책에서 작품명 "Wuthering Heights"는 그동안의 관례에 따라 "『폭풍의 언덕』"으로 표기하되, 언쇼가가 살던 집을 지칭하는 "Wuthering Heights"는 "워더링 하이츠"로, 혹은 축약하여 "하이츠"로 표기하기로 한다.

해 잘 알지 못하는 이방인으로서의 관점을 제시함으로써 독자로 하여금 믿을 수 없는 사건들에 대해 거리를 유지하면서 그 사건들을 심미적 거리를 가지고 해석할 수 있게 해주는 역할로 본다. 예를 들어 니콜라스 마쉬(Nicholas Marsh)는 록우드를 통해 적은 양의 믿을 만한 자료가 독자들에게 전달되기 때문에 처음에는 작가가 "아주 얇고 난해한 이야기"를 창조해낸 것이 아닌가 생각하지만, 오히려 이러한 정보의 부족이 "알려지지 않은 정보를 포함하는 모호한 거리를 풍부하게" 인식하게 한다고 분석했다(Marsh, 1999: 10). 많은 경우 넬리는 처음부터 이 고장 사람들과 밀접한 관계를 가지고 있으면서 일관성 있는 성격과 전통적인 시각을 가지고 서술함으로써, 적어도 이 이야기에 신뢰성을 부여하고 있다고 평가되어왔다. 필립 드루(Philip Drew)는 행위자로서의 넬리(Nelly-as-actor)는 신빙성을 주지 못하지만, 화자로서의 넬리(Mrs Dean-as-narrator)의 가치는 "도덕적 기준의 근원"이라고 주장하고 있다(Drew, 1964: 198). 넬리를 믿을 수 없는 화자로 보는 경우에도, 그 원인을 주로 넬리가 등장인물들과 가지는 개인적인 관계 때문에 발생했다고 본다. 화자로서의 믿을 수 없음이 오는 것이 "개인적인 연루가 그녀로 하여금 상황을 정확히 판단할 수 없게 만들기 때문"이라고 보는 것이다(Schönberger-Schleicher, 1999: 199).

이러한 해석들은 록우드와 넬리를 통해 인물들과 독자들 사이의 심미적 거리를 조정함으로써 작가가 의도하고 있는 의미의 일부를 읽어내고 있을 뿐이다. 이 장에서는 에밀리 브론테가 워더링 하이츠에서 일어난 일들을 서술함에 있어서 록우드나 넬리처럼 비록 판단력이 완전하지는 않지만 정상적인 사람들을 화자로 쓴 것이 평범한 독자들을 믿을 수 없는 사건들이 일어나는 세계로 인도하기 위해서였다고만 보지 않는다. 오히려 스스로를 정상적이고 올바르다고 생각하고 서술하는 록우드와 넬리를 믿을 수 없는 화자로 만듦으로써 독자들이 그들과 거리를 가지게 하고, 그들과 비슷한 자신에 대하여 스스로 객관적인 거리를 가지고 판단을 할 수 있도록 유도하는 고도의 수법이라고 본다. 에밀리 브론테가 록우드와 넬리 같은 평범한 그 시대 인물들을 믿을 수 없는 화자로 등장시킴으로써 당시 사회의 윤리적 가치와 종교적 가치를 전복적으로 비판하고 있다고 보기 때문이다. 그리고 그들이 스스로를 올바르다고 생각하는 기저에 도덕적 · 사회적 · 종교적 가치들이 있다고 보고, 에밀리 브론테가 그러한 가치들에 거리를 둠으로써 열린 방식으로 대안적인 기독교적 가치들을 제시하고 있다고 보기 때문이다.

샬롯 브론테는 『폭풍의 언덕』의 1850년판 서문에서 에밀리의 가치관을 다음과 같이 설명한 바 있다.

> 그녀는 '자비'와 '용서'를 남자와 여자를 모두 만드신 위대하신 존재의 가장 신성한 속성이라고 보았으며, 하나님을 영광스럽게 하는 옷이 어떤 연약한 인간도 치욕스럽게 할 수는 없다고 생각했다.[3]

에밀리 브론테가 남자와 여자의 미덕에 차이를 두지 않았고, 남자와 여자를 만든 창조주의 가장 신성한 속성을 "자비와 용서"라고 보았다는 샬롯의 주장을 따르면, 에밀리의 사고의 가장 깊은 곳에 '자비'와 '용서'라

3 Charlotte Brontë, "Editor's Preface to the New Edition of *Wuthering Heights*," *Emily Brontë, Wuthering Heights: Authoritative Text, Backgrounds, Criticism*, Eds. William M. Sale, Jr. and Richard J. Dunn, 3rd ed. New York: W. W. Norton, 1990, 321; 필자 강조.

는 기독교 가치들이 자리하고 있었다는 중요한 사실을 알 수 있다. 자비와 용서는, 록우드의 꿈을 설명하는 부분에서 더 자세히 다루겠지만, 죄와 은혜에 의한 용서라는 기독교 신앙의 핵심적인 가치와 연결되어 있는 것이다. 대부분의 19세기 소설에서 작가의 가치관은 화자를 통해 "작가의 목소리(authorial voice)"를 냄으로써 표현된다. 그런데 『폭풍의 언덕』에서 에밀리 브론테는 작가의 목소리를 내고 있지 않다. 그것을 전달할 화자들을 믿을 수 없는 화자로 만드는 수법을 통해, 독자들로 하여금 그들이 가지고 있는 가치관에 거리를 두게 함으로써 그들의 한계를 넘어가도록 요청하고 있을 뿐이다. 그리고 그들이 가지고 있는 한계 너머에 기독교의 핵심적인 가치들이 제시되고 있다. 이 장은 먼저 에밀리 브론테의 종교적 배경을 살펴본 후, 그녀가 록우드와 넬리의 어떠한 면에 거리를 둠으로써 그들의 가치관을 비판하고 독자들에게 대안적 가치들을 제시하고 있는지 살펴보고자 한다.

2. 에밀리 브론테와 감리교

이 장의 맨 앞에 인용된 시는 1846년 1월 2일에 쓴 에밀리 브론테의 시로서, 샬롯 브론테에 따르면 에밀리가 쓴 마지막 글이라고 한다.[4] 하나

---

4 매튜 아놀드는 이 시에 대해, "죽어가며 부른 너무나 대담한 노래/ 클라리온 소리처럼 내 영혼을 흔들었다"라고 썼고, 에밀리 디킨슨(Emily Dickinson)은 이 시를 자기 장례식에서 읽어달라고 했다고 한다(Clarke, 2009: 211). 한편 머민(Mermin)과 터커(Tucker)는 샬롯이 이 시를 1850년에 출판하면서 에밀리의 마지막 시라고 한 것은 샬롯의 오류였다고 지적하며, 저작 연도를 1846년으로 밝히고 있다(Mermin & Tucker, 2002: 607). 클라크도 에밀리가 1838-39년에는 50편의 시를 썼지만, 생애 마지막 3년인 1845년 10월 9

님에게 직접 말하는 형식으로 쓰여진 유일한 시인 이 시에서 에밀리는 그의 크고 위대하심을 노래하고 있다고 평가한 클라크는, 제도화된 종교의 "수천 가지 교리"는 화자의 신앙을 흔들기에 헛될 뿐임을 보여주고 있으며, 죽음이 다가오고 있을 때 에밀리의 "사도신경"에 대한 가장 강력한 진술이었다고 평가한다(Clarke, 2009: 211). 삶과 죽음의 대조, 신앙과 회의의 대조 등을 통해 신에 대한 강한 믿음, 그것을 지켜내려는 용기를 표출하고 있는 이 시에 잘 나타나듯이 에밀리 브론테의 신앙은 강렬하고 독특한 양상을 지니고 있다. 그런데 에밀리 브론테가 목사인 패트릭 브론테의 딸이라는 사실과 그들이 살았던 목사관이 하워스라는 사실은 널리 알려져 있지만 그녀의 작품에서 기독교적인 요소가 가지는 중요성에 대해서는 많은 연구가 되어 있지 않으며, 오히려 그녀의 작품이 기독교적 가치들에 반대한 것으로 단순히 평가되어온 경향이 있다.[5] 트래버시(Derek Traversi)는 "『폭풍의 언덕』의 영감 속에는 우리가 기독교적이라고 부를 수 있는 것이 아무것도 없다. 그 책은 기독교가 전혀 존재하지 않았다 할지라도 똑같이 쓰여질 수 있었을 것이다"라고 주장했다(Traversi, 1949: 146). 『에밀리 브론테: 이교도(*Emily Brontë: Heretic*)』를 써서 에밀리 브론테를 기독교에 반대하는 분노한 이단자라고 분석한 데이비즈(Steve Davies)도 에밀리 브론테가 성경의 유산을 유지했지만 그 목적은 전적으

일부터 1848년 12월 19일까지는 단지 세 편의 시를 완성했다고 하면서, 이 시는 그중의 두 번째 시로서 1846년 1월 2일에 쓰여졌다고 설명하고 있다(Clarke, 2009: 208, 210).

5 에밀리 브론테에 대한 비평과 종교의 관계를 분석한 클라크에 따르면, 1970년대 까지만 해도 에밀리 브론테 작품의 종교적 요소에 대해 폭넓게 인정되고 있었다. 그런데 1970년대부터 소위 "계몽된" 비평이 시작되면서 그녀가 기독교를 부정한 작가로 분석되기 시작했다. 힐리스 밀러(J. Hillis Miller)의 『신의 실종(*The Disappearance of God*)』(1963)이 끼친 영향 등 더 자세한 내용은 Clarke, 2009: 203-207 참조.

로 그것에 반대하여 저항하기 위해서였다고 보았다(Davies, 1994: 18).

샬롯 브론테의 종교에 대해서도 비평가들은 비슷한 견해를 주로 견지해왔다. 그러나 샬롯은 직접 자신의 글이 반기독교적이라는 비판에 대해 반론을 제기한 바 있다. 자신의 글이 반기독교적이라고 생각되는 것은 당시 영국 사회가 기독교 신앙이라고 내세우며 저지르던 바리새적인 종교에 대해 비판한 것을 기독교 자체에 대한 반대로 잘못 해석하고 있기 때문임을 지적했음을 앞 장에서 밝힌 바 있다. 샬롯이 이처럼 자신의 입장이 무엇인지 명확히 밝혔던 데 반해 에밀리는 그러한 시도를 하지 않았는데, 이로 인해 에밀리의 종교관에 대해 더 모호한 해석들이 유발된 면이 있다. 샬롯의 기독교적인 가치관에 대한 새로운 관심과 해석들이 21세기에 활발히 진행되고 있는 반면에 에밀리에 대해서는 아직 많은 분석이 나오지 않은 데에는 그녀가 자신의 종교에 대해 설명하기보다는 독자들에게 열린 상태로 맡겨놓았기 때문일 것이다. 그러나 해리슨(G. Elsie Harrison)이, 모든 브론테 자매들이 종교적 열정의 기질을 부모의 유산으로 물려받은 것으로 이해했지만, 종교적 열정이 육체에 얽매이지 않은 순수한 그 자체로 나타난 것은 에밀리에게서였다고 지적했듯이(Harrison, 1948: 168-69), 종교는 에밀리의 작품 생산에 있어서 든든한 뿌리의 역할을 하고 있었다.

앞 장에서도 언급했듯이 브론테 자매들이 살았던 하워스는 영국의 복음주의 역사에서 매우 중요한 역할을 한 곳이었다. 복음주의 역사에서 초기 감리교의 역할은 매우 중요한데, 제1장에서 복음주의 역사를 살펴 볼 때에나 제2장에서 브론테 가문과 복음주의의 역사를 다룰 때 주로 영국 국교 내의 복음주의에 초점을 맞추었다면, 이 장에서는 감리교와의 관계에 좀 더 초점을 맞추어 살펴보고자 한다. 특히 에밀리 브론테와 관련하여 감리교를 살펴보는 이유는, 그녀가 감리교도였다는 뜻은 아니지만, 그녀가 "종교적 열정이라는 감리교 담론과 연관되어 있는 강렬한 감정"을 포함하는 "기독교 영성의 전통" 안에 위치해 있기 때문이다(Marsden, 2014: 2). 복음주의 운동은, 이신론(理神論)에 빠져 영적인 수면 상태와 감성적으로 냉랭한 상태에 있었던 종교적 상황에 대한 반작용으로 18세기 영국 국교 내에서 시작되었다(Altick, 1973: 166). 당시 영국 국교는 광교회파가 주류를 이루고 있었는데, 광교회파는 신앙을 가슴이 아닌 머리의 문제로 보았고, 17세기의 종교적 열정을 천격스러운 "광신"으로 치부하여 무시함으로써 영국 국교에서 거의 완전히 사라져버리게 했다. 이러한 상황에서 1730년대 후반에 존 웨슬리와 찰스 웨슬리 형제가 감성을 억제하지 않고 개인의 영혼에 집중하기 시작함으로써 종교적 부흥을 불붙였다. 웨슬리파는, 전통적으로 상류층과 가까웠던 국교에서 무시되었던 노동계층에 주로 파고들었는데, 노동계층은 명목상으로 국교 안에 남아 있기는 했지만 그들 자신도 다른 국교도들도 그들이 거기 있는 것을 달갑게 여기지 않고 있었다. 존 웨슬리가 사망한 지 4년 후인 1795년에 웨슬리파는 국교에서 분리되어 감리교로 독립했고, 이에 따라 가장 크고 영향력 있는 비국교 교단을, 이미 긴 역사를 가지고 있던 비국교 교단들인 장로교, 회중교, 침례교와 함께 형성하게 되었다. 한편 웨슬리파의 열정은 국교 내에 있는 사람들 특히 중산층에 영향을 주었는데, 이들은 개인의 구원에 대한 열심을 공유하면서도 국교의 형식과 교리에 충실하여, 국교 내 복음주의 운동을 이끌게 되었는데, 따라서 국교 내 복음주의 운동은 국교라는 오래된 구조 속에 감리교의 정신을 계승시킨 것이라고 할 수 있다(Altick, 1973: 166-67).

이처럼 영국의 복음주의 발생에 중요한 역할을 한 웨슬리파 감리교는

18세기 초에 시작되었는데, 신자 수가 1740년에서 1840년 사이에 엄청나게 증가하여 영국에만 오십만 명이 있었던 것으로 알려져 있다. 그런데 당시 영국에서 가장 감리교도가 극적으로 증가한 두 지역이 모두 브론테가와 깊은 관련이 있는 곳이었다. 한 곳은 어머니의 고향인 콘월(Cornwall)이었고, 다른 한 곳은 하워스가 속해 있었던 요크셔의 웨스트 라이딩 지역이었던 것이다. 웨스트 라이딩 지역 중에서도 특히 패트릭 브론테가 맡았던 교구는 윌리엄 그림쇼(William Grimshaw)가 1742년부터 1763년 사망할 때까지 교구목사로 있었던 곳이었는데, 그림쇼는 영국 국교회 목사이면서 유명한 웨슬리파 감리교 설교자로서, 18세기 영국의 복음주의 부흥을 이끈 핵심적인 인물이었고, 그의 생전에 하워스 목사관은 복음주의 부흥의 중심 역할을 하고 있었다.[6] 1777년에 태어난 패트릭은 그림쇼를 직접 만나지는 못했지만 다른 많은 복음주의 목사들처럼 그림쇼의 영향을 크게 받은 것으로 알려져 있다.

브론테 자매들에게 감리교가 중요한 또 한 가지 이유는 어머니와 이모

---

6 윌리엄 그림쇼가 패트릭 브론테에 미친 영향을 자세히 분석한 마이클 범버(Michael Baumber)에 따르면, 그림쇼는 하워스의 목사로 있을 때 찰스 웨슬리(Charles Wesley)의 설교로 개심한 후 감리교도가 되었다. 그 후 그는 18세기 초에 흔치 않았던 감성적인 설교를 대중이 알아들을 수 있는 언어로 전달했을 뿐 아니라, 하워스 교회에만 머무르지 않고 웨슬리 형제처럼 어디든지 필요한 곳이 있으면 가서 설교하는 순회 설교자가 되었다. 1747년에 존 웨슬리(John Wesley)가 처음으로 하워스 교회에서 설교하게 되었을 때, 존 웨슬리는 수많은 교인들로부터 열렬한 환영을 받았다고 한다. 이처럼 그림쇼는 영국 국교회의 목사이면서도 웨슬리파의 감리교도로서 복음주의 운동을 발전시키는 데 크게 이바지했다. 그런데 감리교의 순회 설교자들과 달리 영국 국교회의 복음주의 목사들은 교구목사들이었다. 영국 국교는 순회 설교와 평신도 참여에 대해 매우 엄격히 제한했고, 이런 문제는 감리교도들이 독립 교단을 만들어 분리되어 나가는 데 결정적 역할을 했다. 그러나 그림쇼가 죽은 것은 그 전이었으므로, 그의 생전에 감리교는 영국 국교의 일부였으며, 영국 국교의 복음주의 운동의 대표적 인물들 중의 상당수가 그림쇼의 영향을 받았다(Baumber, 1992: 25-27).

가 감리교도였다는 점이다. 패트릭 브론테는 한때 메리 플레처 부인(Mrs Mary Fletcher)을 중심으로 하는 영국 국교회-감리교(Anglican-Methodist) 그룹의 멤버였고, 거기에서 평생의 친구인 윌리엄 모건(William Morgan)을 만났다. 모건과 브론테는 또 하나의 친구인 감리교 설교자 존 페넬(John Fennell)이 학교장으로 있던 우드하우스 그로브(Woodhouse Grove)의 학교를 자주 찾았고, 거기에서 모건은 페넬의 딸을, 브론테는 페넬의 조카 마리아 브랜웰(Maria Branwell)을 아내로 맞았다.[7]

브론테 자매의 어머니 마리아는 패트릭과 결혼하기 전에 콘월에서 감리교 공동체의 활동적인 일원이었다. 마리아가 패트릭에 보냈던 편지들은, 논쟁의 여지가 있는 문제들에 대해서 감리교 공동체의 활동에 대해 반대하기보다는 무언의 지지를 표하고 있음을 볼 수 있다(Talley, 1999: 19). 뿐만 아니라, 패트릭과의 관계에 대하여 "모든 면에서, 똑같은 동기에 의해 시작되었고 똑같은 목표를 가지고 있으며 똑같은 길을 여행하는 친구이며 동료 순례자"로 표현하고 있다(Talley, 1999: 20에서 재인용). 패트릭에게 마리아가 보낸 다음 편지는 패트릭에 대한 사랑이 종교적 열정과 함께 가고 있음을 잘 보여준다.

> 저는 당신의 사랑을 의심하지도, 의심할 수도 없으며, 당신을 모든 세상보다 더 사랑하고 있음을 여기에 자유롭게 선언합니다! 우리의 모든 자비의 위

7 브론테가와 감리교의 자세한 관계에 대해서는 Michael Baumber, "William Grimshaw, Patrick Brontë and the Evangelical Revival," *History Today* 42(1992): 25-31. G. Elsie Harrison, *The Clue to the Brontës*, London: Methuen, 1948. Emma Mason, "The Clue to the Brontës?: Methodism and *Wuthering Heights*," *Biblical Religion and the Novel, 1700-2000*, Ed. Mark Knight and Thomas Woodman, Burlington, VT: Ashgate, 2006, 69-78 등을 참조.

대한 창조자이신 그 분께, 우리를 향하신 말할 수 없는 사랑과 정중함에 대해 매우 매우 감사드리며, "나의 감사를 내 입술로만이 아니라, 나의 생명과 교제로 드러내 보이기를" 열망합니다. 저는 우리 서로의 기도들이 응답되고, 우리의 친밀함이 우리의 일시적 이익과 영원한 이익을 증진시키는 데에 크게 이바지하기를 바라는 소망을 가지고 있습니다. (Talley, 1999: 20-21에서 재인용)

마리아 브랜웰에게 있어서 세속적 사랑과 영원한 세계에 대한 열정은 함께 가는 것이었으며, 패트릭에 대한 사랑은 그녀의 신앙과 분리할 수 없는 것이었다. 그녀는 패트릭과 결혼한 후 6남매를 남겨 놓고 1821년에 세상을 떠났지만, 자녀들에게 1798년부터 1812년까지 출판되었던 『감리교 잡지(*Methodist Magazine*)』를 남겨놓았다. 설교를 비롯하여 개심에 관한 이야기들, 꿈과 환상, 선교사들의 보고서, 철학적 논설들이 실려 있는 이 잡지는 마리아가 콘월의 친정에서 요크셔로 부쳐온 것으로서, 아이들에게 어머니를 기억하게 하는 것이었고 그들의 상상력을 자극하는 풍부한 자료집으로서 많은 영향을 미쳤다(Talley, 1999: 1). 마리아가 세상을 떠난 후 브론테 자매를 기르며 교육한 엘리자베스 브랜웰(Elizabeth Branwell) 역시 감리교도였다. 『감리교 잡지』가 브론테 자매들에게 미친 커다란 영향력에 대하여 분석한 탤리(Lee Allen Talley)는, "열광적인 광신, 불길한 꿈들, 초자연적인 조짐들로 가득 찬" 이 잡지들이 그들에게 돌아가신 어머니에 대한 연결 고리를 제공했고, 그들 주위의 세상을 면밀히 분석하고 표현하는 풍부한 방법을 제공했다고 평가하고 있다(Talley, 1999: 75).

초기 감리교가 여성 작가들에게 미친 영향에 관하여 분석한 크리스틴 크루거는, 웨슬리파 감리교가 18세기에 여성에게 설교자가 되는 것을 허용한 점을 가장 중요하게 보고 있다. 19세기 여성 작가들이 사회 문제를 다루는 글을 쓰게 된 것이 18세기 여성 설교자들의 설교 전통에 근거하고 있음을 주장하면서, 이들이 영적인 재능에 기초하여 여성을 착취하는 것이 죄라고 지적하고 독자들로 하여금 여성혐오적인 실행을 회개하라고 촉구함으로써 사회적 담론을 "여성화"하는 것을 달성했다고 분석한다(Krueger, 1992: 5). 19세기 여성 작가들을 18세기 여성 설교자들의 "계승자"라고 보고, 크루거는 "여성의 글은 … 성경을 남성적 권위에 대해 신의 재가를 받은 도전을 제공하는 것으로 해석하는 여성의 능력을 증명하는 것이다"라고 주장한다. 특히 "성경을 통해 설교자, 예언자, 전도자와 같은 기본적으로 문학적인 소명으로의 부름을 발견하고, 여성 작가들은 여성의 삶을 새롭게 구상하고 그것을 권위있게 재현할 수 있었다"고 분석하고 있다(Krueger, 1992: 8-9).

패트릭 브론테가 하워스 교구의 목사가 되었을 때, 감리교는 이미 별개의 교파로 독립되어 있었다. 패트릭은 영국 국교의 목사이면서 교리상으로는 웨슬리파의 감리교와 다르지 않았는데, 감리교도들에게 거의 중심지 역할을 하던 하워스 교구를 맡게 되자 영국 국교회의 목사로서 딜레마에 처하게 되었다. 노예 폐지 운동에 앞장서 1807년 노예 거래법의 폐지를 이끌어내는 데 크게 기여했던 윌리엄 윌버포스는 패트릭 브론테가 케임브리지 대학에서 공부할 때 재정적인 후원자였다. 윌버포스의 신앙은 아르미니안이었는데, 이 또한 패트릭과 에밀리에게 영향을 끼쳤다(Dellamora, 2007: 547).[8] 영국 국교 내에 가톨릭을 부흥시키려던 운동인 옥스퍼드 운동도 그의 어려움을 증가시켰다. 그러나 패트릭은 이러한 교

8 델러모라(Dellamora)는 윌버포스의 아르미니안적인 기독교 신앙이 에밀리 브론테가 히스클리프를 그리는 데 영향을 주었으며, 히스클리프에게 구원받을 수 있는 가능성을 제공했다고 분석하고 있다(Dellamore, 2007: 547).

파 간의 갈등 속에서 교파 문제에 열려 있었고 자녀들에게도 열린 태도를 견지했다. 토멜렌에 따르면, 독서와 공부에 있어서뿐 아니라 종교적인 면에서도 브론테 자매들은 놀라우리만치 정신적 · 영적인 자유를 누렸으며, 영국 국교회 목사의 집에서 이런 자유를 누린 것은 특이한 일이라고 할 수 있을 정도였다(Thormählen, 1999: 16). 샬롯은 코완 브리지 학교에서의 경험 때문에 칼빈주의에 대해서 비판적이기는 했지만, 역시 분파주의적인 태도에는 반대했다(Baumber, 1992: 28). 에밀리도 본 장의 맨 앞에서 인용한 그녀의 유명한 시 「내 영혼은 비겁하지 않습니다(No Coward Soul Is Mine)」에서 "수천 가지 교리들이" 신앙인의 마음에 의심을 불러일으키기에 전혀 헛되다(Vain are the thousand creeds)고 분파적인 태도에 대해 비판적 견해를 밝히고 있다.

에밀리의 신앙에 관하여 샬롯이 언급한 말, 즉 에밀리가 신앙은 "하나님과 나 사이의(between God and me)" 문제라고 했다고 전했음은 유명하다. 이 대답은 에밀리의 신앙에 대해서는 우리가 알 수 없다는 식으로 해석되는 경우들이 종종 있다.[9] 그러나 오히려 에밀리는 개인이 깊은 열정을 통해 신과 직접 교류할 수 있음을 말한 것으로 이해할 수 있다. 해리슨(G. Elsie Harrison)은 『브론테가에 대한 실마리(*The Clue to the Brontës*)』에서 브론테 자매들을 이해하는 "실마리"를 종교, 특히 감리교라고 했을 뿐

---

9 힐리스 밀러는 『신의 실종: 19세기 작가 5人』에서, 19세기와 20세기의 많은 작가들에게 신은 더 이상 현존하지 않는 것으로 보였으며 "무시무시한 부재로서 소극적으로만 경험될 수 있을 뿐"이었다고 주장하면서, 대표적인 작가로 퀸시(Thomas de Quincey), 브라우닝(Robert Browning), 아놀드(Matthew Arnold), 홉킨스(Gerard Manley Hopkins)와 함께 에밀리 브론테를 포함시켜 분석하고 있다. 그런데 마즈든은, 『신의 실종』에서 밀러가 에밀리 브론테를 세상과 신 사이의 관계를 갱신하려고 시도한 얼마 안 되는 빅토리아조 낭만주의자로 보았으며, 그녀의 글을 부재한 신을 치유적 내재적 현존으로 회복시키려는 열망을 담은 영적 탐구로 보았다고 평가하고 있다(Marsden, 2014: 18).

아니라, 세 자매 중에서도 특히 에밀리의 경우 종교적 열정이 강했다고 주장했다. 해리슨에 따르면, 샬롯의 신앙이 콘스탄틴 헤거 선생님에 대한 사랑에 의해, 앤 브론테의 신앙이 윌리엄 웨이트먼(William Weightman)에 대한 사랑에 의해 조정되었다면, 에밀리의 유일한 사랑의 대상은 "하나님뿐이었다(for God only)"고 한다(Harrison, 1948: 133). 위니프리스(Thomas Winnifrith)는 앤과 샬롯의 신학적 가르침은 소설 속에 완전히 통합되지 않아 소설가에서 설교자로 변환하는 것이 눈에 띄지만, 에밀리의 경우는 그런 변환이 없이 소설 전체가 고통을 통한 구원의 원리로 가득 차 있는데, 많은 독자들이 이 원리의 존재를 놓치고 있다고 지적했다(Winnifrith, 1997: 16). 나이트와 메이슨((Knight & Mason)은 감리교가 남성 중심의 영국 국교와 달리 여성들의 신앙을 소중하게 평가하고 여성들로 하여금 설교하는 것을 허용하는 등, 여성을 "도덕적 기준과 경건의 수호자"로 보는 여성주의적인 면이 있었음을 지적하면서, 감리교의 여성주의 의제에서 도움을 받은 대표적인 두 사람으로 해나 모어와 에밀리 브론테를 들고 있다(Knight & Mason, 2006: 33). 마즈든은 포스트모던 신학의 관점에서 보았을 때, 분파적 기독교의 "수천 가지 교리"에 대해 에밀리 브론테가 반감을 가지고 "내 가슴 속의 하나님"에 대한 자신의 경험을 높이 평가한 것은, 기독교의 핵심을 묘사한 것이었다고 평가한다(Marsden, 2014: 21).

이처럼 비평가들이 에밀리 브론테의 작품 분석에 있어서 기독교 신앙이 중요한 요소임을 인식하게 됨으로써 "종교 맹점"을 극복하고 에밀리 브론테의 작품 분석에 폭과 깊이를 더하기 시작한 점은 매우 다행스러운 일이다. 그런데 그녀가 사용한 독특한 기법인 믿을 수 없는 두 화자 수법을 통해서 기독교의 핵심 가치들을 어떻게 표현해내고 있는지에 대해서는 연구가 되어 있지 않다. 이 장은 에밀리 브론테가 여성과 타자를 소외시키고 억압하는 사회 질서에 대해 전복적인 비판을 하기 위해 믿을 수 없는 화자 수법을 사용했으며, 이를 통해 기독교의 핵심 가치들을 재정의하여 제시했음을 보여주고자 한다.

3. 액자 서술자와의 거리 두기

액자 서술을 맡고 있는 화자 록우드는 돈 많고 외모도 괜찮은 런던 신사이다. 그는 스로쉬크로스 그레인지(Thrushcross Grange)를 세 들어 놓고도 잠시 사용했을 뿐, 런던으로 돌아간 후에는 그것에 대해 잊어버리고 살다 8개월 정도 지난 다음에 북부의 친구 집에 가게 되어 지나가다가 우연히 기머튼(Gimmerton)에 가까이 가게 되었을 때에야 생각이 날 정도로, 재정적인 기반을 가지고 있다. 그는 경험을 통해서 자신이 "상당히 잘생겼음"을 인식하고 있다.[10] 런던 사회의 번잡함을 피해 "완전한 인간 혐오자의 천국"(9)이라고 생각되는 외딴 이곳에 온 사람이지만, 또한 런던으로 돌아갈 런던에 속한 사람이다(245). 넬리가 보기에 그는 캐시와 결혼해준다면 캐시를 지금의 어려움에서 구해줄 멋진 구원자가 될 것으로 기대되는 인물이다.[11] 넬리가 희망하는 대로 록우드와 캐시가 결혼한다면 그것은 "동화보다도 더 낭만적인" 이야기가 되었을 것이며(289), 그

---

10 Emily Brontë, *Wuthering Heights*, 1847, New York: Nal Penguin, 1959, 19. 본 장에서 앞으로 이 책에서의 인용은 본문에서 괄호 안에 쪽수만 표시한다.

11 이 책에서는 1세대 Catherine은 캐서린으로 표기하고, 그녀의 딸 Catherine은 캐시(Cathy)로 표기하기로 한다.

렇게 보았을 때 그는 동화 속 "매력적인 왕자님(Prince Charming)"으로 손색이 없을 것 같은 인물이다.

록우드는 이처럼 19세기 소설의 주인공으로서도 괜찮을 것 같아 보이는 멋진 영국 신사로 설정되어 있지만, 그는 첫 등장부터 자신이 서술하는 이야기 속에서 풍자의 대상이 되고 있다. 자신을 "인간혐오자"로 생각하고 런던 사회의 번잡함을 싫어한다고 말하지만, 히스클리프(Heathcliff)를 처음 만나고 온 날부터, 그를 사람을 싫어하는 자기와 동류라고 생각하여 자신과 아주 잘 어울리는 짝이라고 생각하며, 그의 사람을 꺼리는 태도가 과장된 것이라고 해석하고 흥미를 가진다. 더구나 개 세 마리에게 윙크하고 찌푸리는 표정을 지어보이다가 공격을 받고 하녀 질라(Zillah)에 의해 구출 받는 장면은 점잖은 런던 신사 록우드의 체면을 엉망으로 만들어버린다. 하이츠를 방문한 첫날 이런 일을 당하고도, 그는 초대도 받지 않은 채 하이츠를 다시 방문하여 캐시와 헤어튼(Hareton)이 누구인지에 관해 잘못된 추측을 연발하는 실수를 저지른다. 이처럼 그의 말과 행동이 다른 것은 독자들로 하여금 그에게 거리를 두게 하는 효과를 발휘하며 그를 화자로서 믿을 수 없도록 만든다.

그런데 그가 저지르는 실수들을 잘 살펴보면 화자로서 그의 신뢰성을 떨어뜨리는 요소들이 단순히 그가 이 지방 사람이 아니라거나 하이츠의 사람들을 모른다는 '지식의 한계' 때문에 발생하는 것이 아니라 그의 '가치관이 가진 문제점'에서 기인하고 있음이 드러난다. 무엇보다 하이츠에서 저지르는 우스꽝스러운 실수들은 계급, 인종 및 젠더에 대한 그의 관념에서 비롯되고 있다. 히스클리프는 외모에서 집시인데 복장이나 태도에 있어서는 신사여서 그를 혼란스럽게 한다. 캐시는 아름다운 여성이어서 그의 마음이 끌리지만 불쾌한 눈빛을 하고 있고 태도에 있어서도 안

주인답지 않은 저항과 무례로 일관하여 그를 불편하게 한다. 헤어튼은 복장이나 말이 무례하고 세련되지 못했고 머리 모양이며 수염이며 특히 손으로 보건대 하인같이 보이는데, 그의 태도는 자유롭고 거만하고 안주인을 모시는 부지런함을 보이지 않아서, 하인인지 아닌지 알아볼 수가 없다. 그가 가지고 있는 계급, 인종 및 젠더에 대한 관념들을 총동원하여 이들이 누구인지 알아보려 하지만, 그는 번번이 실패하면서 독자들의 웃음을 자아내고 있다.

소설 앞부분에서의 록우드의 실수들은 단순한 실수가 아니며, 오히려 그가 가지고 있는 잘못된 가치들을 풍자하고자 하는 것이며, 잘못된 가치들을 가지고 있는 록우드가 화자로서 전달하고 있는 내용에 대한 그의 관점에 대하여 독자들에게 거리를 둘 것을 요구하고 있는 것이다. 캐서린과 히스클리프의 믿기 어려운 강렬한 사랑을 서술하게 될 이 소설에서 런던 신사 록우드가 그들에 대해 보이는 이해 부족과 포용 부족을 그대로 따르지 말 것을 촉구하고 있는 것이다. 록우드가 자신이 했던 사랑을 서술하는 부분에 그의 약점들이 잘 드러나 있다. 바닷가에 한 달 정도 좋은 날씨를 즐기러 갔던 록우드는 매력적인 여성을 만나 "진정한 여신(a real goddess)"이라고 생각하며 사랑에 빠졌었다(12). 사랑한다는 말은 하지 않았지만 그의 표정만 봐도 누구든지 그가 사랑에 빠졌음을 알 수 있었고, 그녀도 그것을 눈치채고 그에게 사랑스러운 표정을 짓기 시작했다. 그러자 그는 "차갑게 달팽이처럼 점점 자기 속으로 움츠러들었고" 결국 그녀는 당황하여 떠나버렸다는 것이다(12). 이처럼 사랑을 깊이 하지 못하는 얕은 감정의 소유자인 록우드가 캐서린과 히스클리프의 열정을 얼마나 이해할 수 있을 것인가. 이 에피소드에 나타나는 록우드의 열정 부족, 사랑 능력 부족, 여성에 대한 남성 우월적 태도, 더구나 그 사건에 대해 그 일로 인해 의도적으로 냉담하다는 평판을 얻었지만, “자신만이 얼마나 그러한 평이 부당한 것인지 알고 있다”(12)고 하여, 자기 자신을 객관적으로 평가하지 못하는 모습 등은 모두 화자로서 그가 가지고 있는 치명적인 약점들로서 독자들이 그에게 거리를 두어야 할 것을 보여주는 면들이다.

록우드가 하이츠를 두 번째 방문한 날 그는 어릴 적 캐서린이 살던 방에 머물게 되는데, 그가 거기서 꾸는 세 가지 꿈은 매우 중요하다. 이 작품 전체의 주제를 보여줄 뿐 아니라, 서술의 틀을 맡고 있는 액자 서술자(frame narrator)의 꿈을 통해 이 작품 전체에 틀(frame)을 제시하는 기독교적 가치들을 보여주고 있기 때문이다. 또한 이 꿈들은 록우드와 관계되어 있을 뿐만 아니라, 록우드가 하이츠의 이야기를 듣게 되는 넬리와도 관계되어 있다. 넬리의 이야기를 들을 때 그가 가지고 있어야 할, 그러나 실제로는 부족한 가치들이 제시되고 있을 뿐만 아니라, 넬리 자신이 결여하고 있는 것으로서 미처 록우드가 깨닫지 못하는 가치들이 제시되고 있기 때문이다.

첫 번째 꿈은 창틀 선반에 반복적으로 적혀 있는 세 개의 이름, 즉 캐서린 언쇼(Catherine Earnshaw), 캐서린 히스클리프(Catherine Heathcliff), 캐서린 린튼(Catherine Linton)이라는 글자들을 보나 잠든 사이, 캐서린이라는 하얀 글자들이 반짝거리며 마치 유령들처럼 생생하게 어둠 속에서 나타나 떼 지어 다니는 꿈이었다. 『폭풍의 언덕』의 중요한 주제 중 하나가 캐서린의 성장과 정체성 찾기임을 고려할 때, 이 꿈은 캐서린 언쇼로 태어나 캐서린 히스클리프가 되기를 원했지만 캐서린 린튼이 되어버린 캐서린의 삶과 죽음에 관한 주제와 관련된 것이라고 할 수 있다. 더구나 자신의 이름이 없는 여성, 그러므로 정체성도 없는 여성, 어떤 남자와 사느냐에 따라 정체성이 변화해야만 하는 여성의 삶에 대한 여성주의적 고발이 포함되어 있는 것이다. 에밀리 브론테는 캐서린과 히스클리프의 사랑 이야기를 통해 당시 사회에서 법적 재정적 권리가 없었던 여성이 겪는 고통을 표현하고, 이에 대한 이해와 그에 따른 사회의 변화를 촉구하는 것이지만, 캐서린의 삶과 죽음에 대해 넬리로부터 이야기를 들은 후 록우드가 보이는 반응은 그러한 깨달음과는 거리가 멀다. 록우드는 캐서린의 삶의 고통에 공감하기보다는, 자신이 관심을 가지고 있는 그녀의 딸 캐시가 "어머니를 꼭 닮은 복사본(a second edition of the mother)"일지 모르니 조심해야겠다고 몸을 움츠릴 뿐이다(152).

『폭풍의 언덕』은 이처럼 이 사회가 변화해야 할 것을 주장하고 있지만, 일시적인 변화의 필요성에 대한 주장을 넘어 '자비와 용서'라는 영원한 주제로 나아가고 있으며 이는 두 번째 꿈에서 표현된다. 두 번째 꿈은 그 꿈을 꾼 상황도 꿈의 내용도 훨씬 길게 묘사되어 있다. 첫 번째 꿈에서 깨어난 록우드는 선반에 쌓인 책들을 하나씩 살펴본다. 캐서린의 책들은 모두 가장자리 여백에 빼곡히 글자들이 적혀 있었다. 록우드는 그중 제이브즈 브랜더험(Jabes Branderham) 목사의 설교집 —「일흔 번씩 일곱 번, 그리고 일흔한 번째의 첫 번째(Seventy Times Seven, and the First of the Seventy-First)」— 의 여백에 쓰여 있는 캐서린의 일기를 읽는다. 비가 와서 교회에 갈 수 없었던 일요일에, 다락방에서 3시간이나 조셉(Joseph)의 설교를 듣고 내려온 캐서린과 히스클리프는 힌들리(Hindley)에게 빨리 내려왔다고 구박을 받고 결국 뒷부엌으로 쫓겨나 구석에 몸을 쭈그리고 있다가, "차라리 비를 맞는 것이 여기에 있는 것보다 덜 축축하고 덜 춥겠다"(27)라고 하면서 밖으로 나가는 데 까지가 기록되어 있었다. 이 일기에는 힌들리가 주인이 되어 있는 하이츠에서 캐서린과 히스클리프가 얼마나 소외되고 억압받고 있는지 잘 나타난다. 언쇼 씨는 당시 사회의 관습에 따라 모든 재산을 아들인 힌들리에게 상속했고, 가부장으로서의 재산과 권위를 갖게 된 힌들리는 히스클리프를 하인으로 격하시키고 교육도 시키지 않을 뿐 아니라 여동생 캐서린에게도 마음대로 한다. 이 집안에서의 캐서린과 히스클리프의 위치는 바로 당시 사회 속에서 가진 것 없는 여성과 인종적으로 국외자이며 계급적으로 하층민인 사람들의 모습을 대표적으로 보여주고 있다. 이 가부장 사회 안에서 여성의 위치는 집시 소년 히스클리프와 유사하고, 그러므로 여자로서 캐서린이 겪는 어려움은 가진 것 없고 종족이 다르고 하인으로 살아가야 하는 히스클리프가 겪는 어려움의 메타포로서 작동하며, 그들의 어려움은 영국 사회 내에서 약자, 주변자에 대한 독자들의 관심과 이해를 요청하고 있다는 점에서 첫 번째 꿈의 내용과 연결되고 있다.

캐서린과 히스클리프의 고통과 반란 계획이 쓰인 일기를 읽은 후 록우드가 꾸는 두 개의 꿈은 그러므로 영국 사회에서 주변인으로 살아가는 사람들에 대한 태도와 행동에 관한 것이라고 할 수 있다. 먼저 꾸는 꿈은 제이브즈 브랜더험 목사의 설교에 관한 것이며, 세 가지 꿈 중에서도 가장 중요한 의미를 담고 있는 꿈이라고 할 수 있다. 꿈속에서 록우드와 조셉은 제이브즈 목사의 "일흔 번씩 일곱 번"이라는 설교를 들으러 교회에 갔는데, 그 설교는 490개의 부분으로 구성되어 있고 그 각각이 전에는 생각도 못해 본 이상한 서로 다른 490가지 죄에 대한 것이었다. 록우드는 몸을 뒤틀고 하품하고 꾸벅꾸벅 졸다 깨다가, 자신을 꼬집고 눈을 비비고, 일어났다 앉았다 하면서 할 수 없이 490개의 죄에 대해 다 들어야만 했는데, 마침내 "491번째"에 도달했을 때 더 이상 참지 못하고 벌떡 일어나 제이브즈 목사를 비난한다. 제이브즈 목사가 "어떤 기독교인도 용서할 필요가 없는(no Christian need pardon)" 491번째의 죄를 지었으며, 490개의 설교를 다 참았지만 491개는 더 이상 참을 수 없다고, 같이 설교를 들은 사람들에게 그를 끌어내려 처단하자고 외친다(29). 이에 제이브즈 목사는 역으로 록우드에게 다음과 같이 말한다.

> "당신이 바로 그 사람이오!"라고 제이브즈가 외쳤다. … "일흔 번씩 일곱 번 당신은 입을 쩍 벌리며 얼굴을 찡그렸소— 일흔 번씩 일곱 번이나 나는 생각했소— 자, 이것은 인간의 약함이야, 이것도 용서를 해주어야지! 일흔한 번째의 첫 번째가 왔소. 형제들이여, 그에게 기록된 심판을 실행하시오. 모든 성자들이 그런 명예를 받을지라!" (29)

제이브즈 목사의 이 말에 거기 모여 있던 회중이 모두 록우드에게 순례자의 막대기를 들고 몰려오고, 순례자의 막대기를 미처 준비하지 못했던 록우드는 조셉의 막대기를 뺏으려고 그와 몸싸움을 하다가 제이브즈 목사가 단을 두드리는 소리에 깨어나게 된다. 록우드의 그다음 꿈에 대해서는 많은 의미를 부여하고 해석하는 비평가들이 이 꿈에 대해서는 그 중요성을 인식하지 못하는 경우가 많다. 예를 들어, 프랭크 커모드(Frank Kermode)는, 소설 속에서 꿈들은 보통 신비한 다의성을 가지고 있고, 줄거리에 기여하거나 중요한 정보를 주거나 해야 하는데, 이 꿈은 설교자가 단을 두드리는 소리가 사실은 창문에 전나무 가지가 부딪치는 소리로 연결된다는 자연주의적 설명을 제공하고 있을 뿐이라면서, 이 꿈의 목적이 분명하지 않다고 주장했다(Kermode, 1987: 54).

그러나 이 꿈을 통해 에밀리 브론테는 이 소설에서 가장 중요한 가치관인 '자비와 용서'의 문제를 다루고 있으며, 그것이 기독교의 핵심인

'죄와 은혜'의 문제와 바로 연결되는 것임을 상기시키고 있다. 즉 이 꿈은 정죄하는 기존의 인습적 기독교를 비판하고 약자와 주변인에 대한 관심과 사랑 및 포용에 기초한 진정한 기독교 가치들을 주창하고 있는 것이며, 이 가치들이 기독교의 핵심인 하나님의 사랑과 은혜에 기초하고 있음을 상기시킨다. 또한 이들에 대한 사랑과 이해를 결핍한 강자에 대한 비판이라는 이 작품의 주요 주제를 사실상 받아들이지 않으려 하는 사회에 대한 비판이 대표적으로 나타나 있는 부분이며, 이 비판이 화자인 록우드에 대한 거리 두기와 연결되어 나타나는 대표적인 예인 것이다.

록우드의 꿈에 등장하는 제이브즈 브랜더험은 역사적으로 제이브즈 번팅(Jabez Bunting)이나 제이브즈 번즈(Jabez Burns)로 유추된다. 메이슨(Mason)은 그를 "과도하게 경건하고, 편협하게 정통파이며, 영감이 결여되어 있었던" 감리교파 목사 제이브즈 번팅이라고 보며, 그의 보수성으로 인해 감리교는 열정을 잃어버린 감리교로 변했고, 비국교로 갈라져나가게 되었다고 지적하고 있다(Mason, 2006: 72). 반면 토멜렌은 그가 제이브즈 번팅일 가능성을 인정하면서도, 오히려 제이브즈 번즈일 가능성에 더 무게를 두고 있다. 침례교 목사이면서 금주주의의 선구자였던 번즈가 1844년에 300개의 골격 설교를 출판했을 뿐 아니라, 『폭풍의 언덕』이 출판되기 얼마 전에 『400개의 스케치와 설교의 골격들(*Four Hundred Sketches and Skeletons of Sermons*)』을 출판하여, 490개의 설교를 하는 제이브즈 브랜더험을 연상시키기 때문이다(Thormählen, 1999: 17-18). 그러나 록우드가 캐서린이 읽던 그의 설교집을 읽다 잠든 점을 고려해 보면, 시간적으로 번즈보다는 번팅이라고 보는 것이 더 타당할 것이다. 특히 그가 권위적이고 독재적인 목사로서, 국교에 속했던 웨슬리파 감리교를 실질적으로 비국교로 만드는 데 중심 역할을 했으며, 열정적이고 민주적인 감리교도들을 소외시켰던 점을 고려하면, 더욱 그렇다.[12] 록우드의 꿈을 통해 보여주는 자비와 용서의 결핍에 대한 비판과 더 맥이 닿아 있는 것이다.

록우드의 이 꿈은 록우드도 제이브즈도 그리고 회중도 "일흔 번씩 일곱 번이라도 용서하라"는 예수의 말뜻을 이해하고 있지 못함을 보여준다. 이 설교는 마태복음서 18장 21-22절에 기초하고 있다. "그때에 베드로가 나아와 말하되, 주여, 형제가 나에게 죄를 범하면 몇 번이나 용서해주어야 합니까? 일흔 번까지 해야 할까요? 예수께서 그에게 말씀하시되, 네게 말하노니, 일흔 번까지가 아니라, 일흔 번씩 일곱 번까지라도 하여라." 예수의 가르침에서 "일흔 번씩 일곱 번"이라는 뜻은 이웃이 아무리 자주 죄를 짓더라도 계속 용서를 해주어야 한다는 뜻이다. 그러나 록우드나 제이브즈나 회중 모두 그것을 율법주의적으로 해석하여, 490번까지는 억지로 참고 용서해야 할지 모르지만, 491번째에는 용서할 필요가 없을 뿐 아니라 일어나 그를 징벌해야 한다고 생각한다.

그러나 예수의 이 가르침은 좀 더 큰 맥락에서 율법과 죄와 은혜라는 신약성서의 핵심 사상과 연결되어 있는 것임에 주목해야 한다. 위의 구절에 바로 연결되어 있는 마태복음서 18장 23절부터 예수는 한 비유를

12 감리교는 18세기 말에 450,000명의 웨슬리파의 감리교도들이 있을 정도로 산업지대를 중심으로 번창했다. 그러나 웨슬리 사후 4년 되던 1795년 영국 국교에서 갈라져 나왔고, 독재적인 권위를 휘두르던 몇몇 성직자들, 특히 뛰어나고 무자비한 지도자였던 제이브즈 번팅과 같은 목사들로 인해, 열정적이고 민주적인 영혼을 가진 많은 사람들을 소외시켰고, 결국 분열을 초래했다. 1797년에는 감리교 신결합(Methodist New Connexion)이, 1811년에는 근본적 감리교도들(Primitive Methodists)이, 1815년에는 성경 기독교인들(Bible Christians)이, 1857년에는 통합 감리교 자유 교회(United Methodist Free Churches)로 분열되었다("Methodism," *Britannica Online*).

들려준다. 즉 한 주인이 만 달란트를 빚진 종에게 빚을 갚으라 하니, 그 종이 엎드려 절하며 다 갚을 터이니 참아달라고 하자, 그 주인이 불쌍히 여겨 놓아 보내며 빚을 탕감해주었다. 그 종이 나가서 자기에게 백 데나리온의 빚을 진 동료를 만나 빚을 갚으라 하니, 그 동료가 엎드려 간구하기를 다 갚을 터이니 참아달라고 했다. 이에 그 종은 빚을 갚도록 동료를 옥에 가두었다. 이를 본 동료들이 주인에게 가서 이 일을 다 알리니 주인이 그 종을 불러다가 말하기를 "악한 종아 네가 빌기에 내가 네 빚을 전부 탕감하여주었거늘 내가 너를 불쌍히 여김과 같이 너도 네 동료를 불쌍히 여김이 마땅하지 아니하냐"하고 그를 옥에 가두었다는 이야기이다. 예수는 이 비유를 통해 "너희가 각각 마음으로부터 형제를 용서하지 아니하면 나의 하늘 아버지께서도 너희에게 이와 같이 하시리라"는 가르침을 주셨다(「마태복음서」 18: 23-35).[13]

그러므로 이 꿈은 단지 몇 번까지 용서해야 하는가에 관한 것이 아니다. 491번째 죄는 "용서할 수 없는 죄(unpardonable sin)"라고 규정하는 태도는, 예수의 가르침 "정죄하지 말라(judge not)"에 정면으로 대치되는 것이다. 예수 자신이 십자가에 못 박히면서까지 모든 인간의 죄를 용서받게 한 신약성서의 가장 중요한 가르침은 죄와 은혜와 용서에 관한 것이다. 마즈든이 지적하고 있듯이 19세기 독자들은 대부분 "하나님 앞에서는, 아무도 율법으로 의롭게 되지 못한다는 것이 분명합니다"라는 사도 바울의 경고를 기억하고 있었을 것이다(「갈라디아서」 3: 11). 비유 속에 등장하는 만 달란트라는 어마어마한 빚을 진 종은 율법 앞에서 결코 의

13 한 달란트와 한 데나리온의 가치를 비교해 보면, 당시 노동자의 하루 품삯에 해당하는 한 데나리온의 약 6000배가 한 달란트에 해당했다. 그러므로 만 달란트는 백 데나리온의 60만 배의 가치가 있는 것이었다.

롭게 될 수 없는 모든 인간이다. 그러므로 갚을 수 없이 큰 빚을 아무 공로 없이 하나님에 의해 탕감 받은 모든 인간은, 자기가 졌던 빚에 비하면 극히 적은 빚을 졌을 뿐인 다른 사람(즉, 비유 속에서 백 데나리온의 빚을 진 동료 종)의 빚을 당연히 탕감해주어야 하는 것이다. 그런데 『폭풍의 언덕』은 용서하지 않는 종과 같은 사람들로 가득 차 있다.

록우드와 제이브즈, 그리고 그의 교회에 모인 회중뿐만 아니라, 『폭풍의 언덕』에 등장하는 많은 인물들은 신약성서의 자비와 용서보다는 서로 심판하고 정죄하면서 "눈에는 눈, 이에는 이"의 원칙을 따르거나 그 보다 더한 복수에 전념한다. 히스클리프는 자신이 언쇼가와 린튼가에 당한 것에 대한 복수에 일생을 바치고 있으며, 힌들리는 "배반과 폭력은 배반과 폭력에 대한 정당한 보응이다"라면서 히스클리프에게 복수하고자 한다(171). 이사벨라는 히스클리프를 용서하기 위해서는 한 가지 조건이 충족되어야 한다고 주장한다. "눈에는 눈, 이에는 이를 뽑을 수만 있다면"이 그 조건이다(175). 그런데 이사벨라(Isabella)는 히스클리프를 "악마" 혹은 "괴물"이라고 비난하면서, 그를 용서하지 못하는 자신을 심판하지 말아달라고 넬리에게 부탁한다. "모든 것을 알지 못하니, 정죄하지 말아 줘"(172)라고 부탁하고 있는 것이다. 이처럼 이들은 자신에 대해서는 정죄하지 말아주기를 바라면서, 남에 대해서는 단호하게 정죄한다. 남을 정죄하는 가장 대표적인 인물은 조셉이다. 그는 자신을 제외한 모든 사람을 판단하고 정죄할 뿐 아니라, 그가 하는 말은 대부분 율법주의적인 정죄의 말이라고 해도 과언이 아닐 정도이다. 제이브즈 브랜더험에 대한 록우드의 꿈은 예수의 가르침을 자기 편하게 해석하는 자기중심적이고 편협하고 심판적인 영국 사회를 보여주고 있으며, 그가 대표하고 있는 영국 신사들에 대한 비판을 함축하고 있다.

록우드가 꾸는 마지막 꿈은 자기 세계를 침범당하지 않으려는, 그것이 침범당하면 폭력이라도 쓰는 편협하고 옹졸한 영국 신사의 모습을 더욱 적나라하게 드러내고 있다. 제이브즈 목사의 설교단 두드리는 소리에 잠이 깨었던 록우드는 그 소리가 전나무 가지가 바람에 흔들리며 창살을 두드리는 소리라는 것을 알고 다시 잠이 든 후 더 무서운 악몽을 꾼다. 그 소리가 너무 시끄러워서 그 문제를 해결하려고 일어나 창문을 열려고 하지만 문이 잠겨 있는 것을 알게 되어 유리창을 깨고 손을 뻗어 나뭇가지를 잡으려 하는데, 작고 얼음처럼 차가운 손이 그의 손가락을 잡았다. 악몽의 공포 속에서 록우드는 자기 손을 잡아 빼려고 하지만, 그 손의 주인은 꼭 매달린 채 자기를 안에 들여달라고 한다. 누구냐고 묻자 캐서린 린튼이라고 하면서, "나는 집에 왔어요. 황야에서 길을 잃었어요!"라고 말한다(30). 이에 공포에 휩싸인 록우드는 그녀를 흔들어 떨어뜨리려 하지만 그녀는 떨어지지 않는다. 이에 록우드는 그녀의 손목을 부서진 창유리에 앞뒤로 비벼대어 그 피가 이불을 적신다. 그래도 들여보내달라고 계속 애원하자, 록우드는 일단 자기를 놓아주어야 들여보내줄 수 있다고 거짓말한다. 그녀가 놓아주자 재빨리 손을 빼고 창을 책으로 막지만 그 소녀가 20년 동안이나 배회하고 다녔다면서 들여보내달라고 애원하는 소리가 계속 들린다. 이에 소리 지르다 록우드는 깨어난다.

이 꿈에는 자기의 세계에 들어오려고 하는 타자에 대한 엄청난 공포와 이를 절대 허용하지 않으려는 록우드의 강한 의지가 나타나 있다. 그리고 자기 세계를 타자의 침입에서 보호하기 위해서는 폭력과 거짓을 서슴지 않는 신사의 이면이 드러나고 있다. 또한 타자를 받아들이지 않고 이웃을 사랑하지 못하는 영국 사회에 대한 비판이 내포되어 있다. 델러모러(Richard Dellamora)는 빅토리아조 초기에 작가들은 인간을 경제학의 관점에서 보는 사조에 저항하고자 했고, 그것을 "네 이웃을 사랑하라"는 윤리학에서 찾았음을 지적한 바 있다. 그는 브론테가 예수의 '선한 사마리아인'에 관한 비유를 확장하여 『폭풍의 언덕』을 통해 "개신교 신학의 급진주의"를 보여주고 있음을 분석한다(Dellamora, 2007: 535). 에마뉘엘 레비나스(Emmanuel Levinas)는 이웃의 윤리학이란 "자신을 타자의 위치에 놓을 수 있는 가능성"으로부터 온다고 주장했다(Levinas, 2002: 117). 록우드의 세 번째 꿈은 이웃에 대한 포용, 타자에 대한 이해, 약자에 대한 사회적 정의를 요구하고 있으며 록우드가 이에 실패하고 있음을 여실히 드러내주고 있다. 그리고 록우드가 아직 하이츠의 인물들을 이해할 준비가 되어 있지 않은 독자들의 입장을 대변하고 있다면, 이 꿈은 또한 에밀리 브론테가 자신이 하고자 하는 이야기를 독자들이 받아들이지 않을 것을 예견하며, 그들을 이웃으로 타자로 약자로 포용하고 이해하고 받아들일 것을 요청하는 것이다. 록우드의 꿈속에 나타난 캐서린과, 록우드의 꿈 얘기를 들은 히스클리프가 캐서린에게 오라고 애원하는 장면을 보여줌으로써, 작가는 꿈과 현실을 오가면서 록우드에게 결핍된 윤리적 기독교적 가치들을 독자들에게 받아들이도록 간청하는 것이라고 할 수 있다. 화자인 록우드와의 거리 두기를 통해 '이웃'에 대한 따뜻한 이해와 포용, 사랑과 자비와 용서라는 기독교의 핵심 가치들을 제시하고 있는 것이다.

4. 일인칭 서술자인 인물 넬리 딘

록우드에게 워더링 하이츠의 이야기를 들려주는 넬리 딘(Nelly Dean)은 록우드가 그레인지를 세 들면서 만나게 되는 하인이다. 처음에 록우드는 넬리를 그레인지에 세 들면서 딸려온 "설비(fixture)" 정도로 보지만 (14), 그레인지에 18년을 살았고 그 전에는 하이츠에 살았었다는 말을 듣고는, 내심 하이츠에서 보았던 아름다운 어린 미망인 캐시에 대해 알고 싶은 욕망으로, 그녀에게 히스클리프에 대해서 묻기 시작한다. 그런데 히스클리프가 어떻게 이 집에 오게 되었는지, 캐서린과 어떤 관계가 되었는지, 언쇼 씨의 사망 후 어떤 일들이 일어났는지 등을 넬리가 이야기해 주자, 이야기를 계속 해달라고 하면서 그녀의 서술 방법에 대단한 만족을 표시한다. "그것이 내가 좋아하는 방법이오, 그러니 같은 스타일로 끝내 주어야겠소"(64). 뿐만 아니라 넬리가 하인답지 않게 생각이 깊고 말도 잘하는 것에 놀라움을 표시하면서 "당신은 어리석은 사소한 일들로 인생을 낭비할 기회가 없어서 사색 능력을 발전시킬 수밖에 없었던 것 같군요"(65)라고 말한다. 이 말 속에는 하인 계층에 대한 그의 편견은 물론 이 지방 사람들에 대한 편견도 드러나고 있다. 그가 비록 좋은 뜻에서 말하고 있다고는 해도, 이 외딴 지방에 대한 그의 편견에 대해 넬리는 웃으면서 언덕에 둘러싸여서 아주 제한된 사람들만 만나고 제한된 일들만 보아와서가 아니라, 어려운 시련들을 겪으며 지혜를 얻었고, 그레인지에 자신이 읽지 않은 책이 없을 정도로 책을 많이 읽었기 때문이라고 대답한다 (65). 넬리의 화자로서의 능력은 그녀가 겪어온 많은 일들을 통해 지혜를 얻었기 때문이며, 책도 많이 읽었기 때문이라는 것이다.

그러나 이것은 넬리의 생각이고 그녀의 생각이 옳은 것인지는 독자들이 판단해야 할 몫이다. 넬리가 많은 일을 겪은 것은 그녀가 서술하는 이야기를 통해 알 수 있지만, 그것을 통해 그녀가 얻은 지혜가 과연 어느 수준의 것인지는 독자가 판단해야 함을 작가는 여기저기에서 보여주고 있다. 또한 넬리가 책을 많이 읽었음에 자부심을 보이는 것도 긍정적으로

만 평가할 일은 아니다. 이 작품에서 책의 의미는 긍정적으로만 제시되고 있지는 않기 때문이다. 어린 시절 캐서린의 방에 있었던 책들은 그 내용의 중요성보다는 책 가장자리 빈 칸에 일기를 씀으로써 그 책들을 훼손한 데에 더 의미가 있었고, 록우드의 3번째 꿈에서 들여보내 달라고 간절히 애원하는 캐서린을 막는 도구로 쓰이는 것도 책이며, 캐서린이 광적인 상태에 빠져 있을 때 에드거 린튼(Edgar Linton)이 캐서린을 통제하려는 시도를 하고 있는 것도 책을 읽게 하려는 것으로 표현되고 있기 때문이다.

넬리는 『폭풍의 언덕』에 대해 당시 사회의 맹비난이 쏟아졌을 때, 샬롯 브론테가 이 작품에 만연한 "커다란 어두움의 공포" 속에 등장하는 빛의 지점이라고 옹호한 인물로서, "진정한 박애와 꾸밈없는 성실의 예를 보려면 넬리 딘의 인품을 보라"고 주장한 바 있다.[14] 사실 넬리는 캐서린과 히스클리프가 마음을 털어놓는 유일한 대상이며, 힌들리나 에드거에게 끝까지 충성하는 충성심을 가지고 있을 뿐 아니라, 헤어튼(Hareton)이나 캐시를 어머니처럼 돌보아주는 모성을 가지고 있다. 또한 그녀는 린튼가의 아이들이 하이츠에 놀러 온다는 사실에 주눅 들어 "나도 에드거처럼 밝은 머리칼과 하얀 피부를 가지고, 옷도 잘 입고 행동도 잘하고 부자일 수 있는 기회가 있다면 얼마나 좋을까!"(59)라고 한탄하는 히스클리프에게, "너의 아버지는 중국의 황제이고, 어머니는 인도의 여왕일지 누가 아느냐"(60)라고 위로해주는 따뜻한 마음의 소유자이기도 하다. 그녀는 이 지역에서 오랫동안 살면서 캐서린과 히스클리프, 에드거, 그리고 그들의 후손들에 대해서 잘 알고 있어서 그들의 삶에 대해 이야기하고

---

14 Charlotte Brontë, "Editor's Preface to the New Edition of *Wuthering Heights*," 321.

평가할 수 있는 믿을 수 있는 화자가 될 요건을 두루 갖추고 있다. 록우드처럼 "제한된 지식" 때문에 이들에 대해 잘못 서술하는 믿을 수 없는 화자가 되지 않을 수 있는 것이다.

그러나 그녀는 많은 장점을 가지고 있음에도 불구하고, 자신의 사고를 벗어나는 사람들의 생각과 감정과 행동에 대해 제대로 이해하지 못할 뿐 아니라, 자신이 가장 이성적이라고 생각하며 판단과 행동의 실수를 저지르곤 한다. 히스클리프와 이사벨라의 문제로 캐서린과 에드거가 심하게 싸운 후에 넬리가 하는 행동은 대표적인 예라고 할 수 있다. 이사벨라는 계속 울고 있고, 에드거는 서재에 처박혀 있고, 캐서린은 매일 굶고 있는 상황에서, 넬리는 "그레인지 담 안에 분별력 있는 사람은 오직 한 명뿐이며, 그것은 바로 나다"(119)라고 생각하며 자기 일만 하고 그들 셋의 고통에 냉담했다. 캐서린의 상태를 제대로 이해하지 못하고 에드거로 하여금 오히려 캐서린을 더 외면하도록 부추긴 결과 캐서린은 결국 광증에 빠지게 되고, 이사벨라는 히스클리프와 도망을 간다. 넬리는 이 모든 일에 상당 부분 책임이 있지만, 자신의 잘못에 대해 제대로 인식하지 못한다.

이처럼 양면성을 가지고 있는 일인칭 서술자 넬리가 하는 이야기를 록우드가 거의 그대로 전하거나 요약하여 전하는 것이 『폭풍의 언덕』이다. 록우드는 넬리가 하는 이야기와 그녀가 하는 판단을 거의 그대로 받아들인다. 리델(Robert Liddell)은 넬리에 거리를 두는 사람들에 대해 "캐서린과 히스클리프가 독자들에게 대단한 마술을 걸어서 독자들은 이들에 대한 그들의 지식의 대부분을 넬리 딘에게 빚지고 있음을 잊는 경향이 있다"라고 비판하면서, 넬리는 주인공들에 대해 작가가 우리에게 요구하는 것을 말하고 있다고 주장한다(Liddell, 1990: 19). 이처럼 넬리를 옹호하는 비평가들은 넬리의 믿을 수 없음은 개인적인 관계들 때문에 오고 있을 뿐이라고 본다.

그러나 그러한 평가는 캐서린과 히스클리프에 대한 독자들의 이해가 오히려 넬리와의 거리 두기를 통해 형성되고 있음을 보지 못한 평가이다. 넬리는 히스클리프와 캐서린에 대해 직접 겪은 일을 자세히 잘 설명하고 있을 뿐 아니라 자기가 하고 있는 이야기에 대해 스스로 그 의미를 충분히 안다고 생각한다. 그러나 사실 그 의미는 그녀가 가진 가치관의 한계 때문에 그녀의 이해 너머에 있으며 그 둘 사이에는 괴리가 발생하고 있다. 넬리가 서술하고 있는 캐서린과 히스클리프의 사랑은 그녀의 서술 속에서 계속 비판적으로 제시된다. 그러나 독자들은 그들에 대한 넬리의 이해 부족과 편협한 판단을 꿰뚫고 그들과의 이해와 공감을 이루어내고 그들이 당한 고통에 대해 가슴아파하며 그들이 저지르는 잘못들에 대해 용서할 것이 요구된다. 록우드의 꿈을 통해 제시된 기독교적 가치들을 통해서 캐서린과 히스클리프에 대한 '자비와 용서'가 요청되는 것이다.

히스클리프가 언쇼가에 들어온 이후 캐서린과 히스클리프는 마치 에덴에서처럼 "반야만적이고, 용감하고, 자유로운"(124) 생활을 했다. 그러나 언쇼 씨의 죽음으로 그들의 낙원은 끝이 나고, 힌들리에 의해 하인으로 전락한 히스클리프와 캐서린의 관계는 그레인지 방문으로 분열되기 시작한다. 금으로 테를 두른 하얀 천장의 한가운데에 은으로 된 체인에 매달려 빛나는 샹들리에의 아름다운 불빛과 선홍색 카펫과 커버를 씌운 의자와 테이블이 창문을 통해 들여다보이는 그레인지의 거실은 캐서린과 히스클리프의 눈에 마치 "천국"과 같이 보였다. 그러나 창문을 들여다보던 캐서린이 개에 물려 그레인지 안에 들어가 "숙녀"의 대접을 받게 되는 반면에, 히스클리프는 그들에게 "작은 인도인 선원, 혹은 미국이나 스페인의 버림받은 아이"라고 인식될 뿐으로, 그 집안으로 들어가지 못한 채, 창문을 통해 숙녀의 대접을 받으며 치료를 받는 캐서린을 바라볼 뿐이다(54). 이렇게 시작된 캐서린과 히스클리프의 분열은 5주 동안 그레인지에 머물면서 치료를 받는 동안 물질과 계급의 의미를 깨닫게 되는 캐서린에 의해 가속화된다.

캐서린과 히스클리프의 불행은 그레인지를 바라보는 순간, 그것을 "천국"으로 잘못 인식하는 데서부터 시작된다. 마치 사탄이 선악과를 따먹으라고 유혹할 때, 아담과 이브가 그것이 먹음직도 하고 보암직도 하니 그것을 따먹으면 신과 같이 될 것이라고 유혹받듯이, 캐서린과 히스클리프는 그 세계에 들어가는 것이 행복이라고 유혹받는다. 캐서린의 경우 부와 명예와 성적인 매력, 계급적 상승 등으로 유혹받고, 히스클리프 역시 그 모든 것이 없는 자신의 모습을 발견하게 된다. 아담과 이브가 자신들의 벌거벗은 모습을 발견하듯이 히스클리프는 자신의 벌거벗은 모습을 깨닫게 되는 것이다. 그러나 그레인지는 정말 천국인가? 그곳은 돈과 계급과 지위가 있는 곳이기는 하지만 또한 그런 것을 갖지 못한 자들을 소외시키고 차별하는 곳이다. 언쇼 씨의 딸 캐서린은 숙녀로서 받아들이지만, 교육을 제대로 받지 못하여 험한 말을 사용하는 집시 같은 검은 피부를 가진 히스클리프는 결코 받아들이지 않는 곳이다. 그들의 눈에 히스클리프는 "점잖은 집에는 전혀 맞지 않는 사악한 아이"(54)일 뿐이다. 길버트와 구버는, 캐서린이 꾼 꿈, 즉 그녀가 천국에 갔을 때 울면서 땅으로 다시 보내달라고 간청했고 천사들이 화가 나서 그녀를 하이츠로 던져버렸다는 꿈을 기초로, 『폭풍의 언덕』이 천국과 지옥의 개념을 뒤바꾸었다고 주장했다(Gilbert & Gubar, 1979: 253). 그러나 이 부분에서 캐서린이 천국보다 하이츠를 선택하고 있는 것은 맞지만, 길버트와 구버의 주장처럼 기독교적 개념을 뒤집는 것은 아니다. 오히려 기독교적 가치들을 저버린 서구 문명이 천국과 지옥을 반대로 만들어버렸음을 신랄하게 비판하고 있는 것이다.

물질적이고 계급적인 사회의 속성을 알아가면서 캐서린은 "이중 인격"(69)을 갖게 된다. 그레인지의 거실 유리창을 통하여 구축되기 시작한 계급과 인종과 젠더의 벽은 결국 히스클리프와 하나였던("I am Heathcliff," 84) 캐서린의 정체성을 분열시키고, 돈과 지위를 위해 에드거 린튼과 결혼하게 한다. 그러나 그 결혼은 그녀를 거식증과 광증의 상태에 빠뜨리고, 결국은 죽음으로 몰고 간다. 히스클리프가 자기보다도 더 자기 자신이라고("more myself than I am," 82) 말할 만큼 그를 사랑하면서도, 그와 헤어져 에드거의 부인이 된 것에 대해, 자신의 세계였던 곳으로부터 "추방당한 자, 망명자"(124)가 되어버렸음을 절감하는 캐서린은 자신의 병든 육체를 "망가진 감옥"(157)이라고 부른다. 천국과 지옥이 뒤바뀌어버린 당시 사회를 캐서린은 감옥과 같이 느끼기에 "나는 여기에 갇혀 있는 것에 지치고 지쳤어"라면서, 진정한 천국 "그 영광스러운 세상"으로 도망가기를 갈망한다. 그녀는 죽음을 통해 그들 모두보다 "비교할 수 없이 더 높고 높게 될 것"이라면서 죽어간다(157). 에밀리 브론테는 캐서린처럼 자유로운 영혼이 당시 사회에서 겪어야 하는 고통이 죽음에까지 이르게 하는 커다란 고통임을 보여주고 있는 것이다.

그러나 넬리는 캐서린의 고통을 이해하지 못한다. 캐서린이 히스클리프를 사랑하면서도 에드거의 청혼을 받아들인 후 고민하며 넬리에게 상담을 할 때, 넬리는 이성적인 질문으로 캐서린의 잘못된 점을 잘 드러내지만, 캐서린이 놓인 곤궁과 고통에 대해서 따뜻한 이해를 하지 못한다. 뿐만 아니라 히스클리프가 이 모든 대화를 듣고 있는 상황임을 알면서도 캐서린에게 그 사실을 알려주기는커녕 캐서린으로 하여금 왜 히스클리프를 버리고 에드거와 결혼하려 하는지 숨은 동기까지 고백하도록 유도함으로써 히스클리프에게 상처를 주어 하이츠를 떠나게 하고, 캐서린도 첫 번째 광증에 빠지게 만든다.

캐서린의 사랑과 열정, 그리고 그녀가 놓인 곤궁에 대한 이해의 결핍은 그대로 히스클리프에 대한 넬리의 태도에서 더욱 강도 높게 작동한다. 무엇보다도 넬리는 히스클리프의 존재를 받아들이지 않는다. 록우드가 히스클리프에 대해 물었을 때 넬리는 그의 삶을 "뻐꾸기의 삶"이라고 단정한다(39). 남의 둥지에 알을 낳아 주인의 자리를 빼앗고 자라나는 뻐꾸기의 일생이 그의 일생이라는 넬리의 단정은 사실 언쇼 씨가 리버풀에 갔다 오다가 히스클리프를 데려온 순간부터 자신의 자리를 빼앗긴 듯이 느껴온 넬리의 심정을 잘 표현하는 말이다. 언쇼 씨가 리버풀의 거리에서 집도 없이 굶어 죽어가고 있던 히스클리프를 집으로 데려온 것은 "선한 사마리아인"처럼 이웃에 대한 사랑의 실천에서 시작된다. 그러나 언쇼 씨는 그에 대한 편애에도 불구하고 그를 양자로 삼거나 성을 물려주지 않았으며, 히스클리프라는 단지 죽은 아들의 이름만을 주었을 뿐이다. 이에 대해 델러모러는 히스클리프가 마치 좋은 주인을 만난 노예와 비슷한 처지로서, 언쇼 씨 생존 시에는 나름대로 좋은 환경에서 살 수 있었지만 힌들리로 주인이 바뀌자 마치 대농장에서 착취당하는 흑인 노예와 같은 처지가 되었다고 분석했다.[15] 수전 메이어도 언쇼 씨가 히스클리프를 리

15 델러모러는 힌들리의 손에 놓인 히스클리프는 마치 대농장에서 일하는 노예와 같음을 지적하면서 1840년대 미국의 노예 폐지 운동과 18세기 말 영국의 노예 폐지 운동의 관점에서 이 작품을 분석한다. 1772-1807 사이에 진행되었던 노예제 반대 논쟁과 1840년대 요크셔의 공장 노동자의 산업 "노예제"라는 주제를 연결시키면서, 스러쉬크로스 그레인지에 관한 지리적 · 역사적 설명을 통해 그 근거를 제시하고 있다(Dellamora, 2007:

버풀 거리에서 발견한 1769년 당시에 리버풀은 영국의 가장 큰 노예 거래 항구였으며, 18세기 말에 수천 명의 흑인 노예들이 서인도제도에서 런던, 리버풀, 브리스톨에 끌려와 살고 있었음을 지적하고 있다.[16]

히스클리프를 받아들이지 않는 것은 비단 넬리에 국한되어 있지 않다. 하이츠와 그레인지 어디에서도 캐서린 외에는 아무도 그를 받아들이지 않는다. 돈도 없고 가문도 없고 더구나 백인이 아닌 그는 항상 집시라는 범주에 의해 정의되고 소외된다. 넬리가 그의 부모가 중국의 왕과 인도의 여왕일지도 모른다는 위로의 말을 해줄 때에도, 넬리는 그가 깨끗이 씻고 단장하여 조금이라도 덜 집시같이 보이기를 바랄 뿐이지, 그의 인종이나 피부색을 인정해주는 것은 결코 아니다. 그러나 그가 아무리 씻고 닦는다 하더라도, 그의 피부색은 사라지지 않으며, 그가 3년 동안 떠나 있다가 돈을 벌어 "신사"가 되어 돌아왔다고 해서 그를 인정해주는 사람도 별로 없다. 그는 아직도 에드거에게는 "집시, 시골뜨기"(95)일 뿐이다. 히스클리프는 이 사회의 타자로서 존재하며, 그를 대하는 사람들의 잘못된 태도는 영국 사회에 대한 비판으로 작동한다.

넬리는 히스클리프의 타자성을 용인하지 않을 뿐 아니라 그의 강렬한 열정을 이해하지 못한다. 에밀리 브론테가 어떻게 이렇게 강렬한 열정을 가진 인물을 창조할 수 있었을까 하는 의문이 많이 제기되었고, 그 근원에 대해 분석한 비평가들이 있다. 나이트와 메이슨은 브론테의 시와 소설에 나타나는 열렬한 감정의 모델은 감리교도들의 열정이었다고 한다.

546-547).

16 메이어는 『폭풍의 언덕』에서 브론테가 영국 제국주의가 세계의 유색인종(dark races)에 가하는 경제적 부당 행위를 비판하고 있다고 주장하면서(Meyer, 2003: 481), 히스클리프의 복수는 제국주의 세력의 가장 끔찍한 악몽, 즉 식민지의 반란에 대한 제국의 공포를 그리고 있다고 분석했다(Meyer, 2003: 492).

히스클리프의 원형은 윌리엄 그림쇼 목사이며, 그의 캐서린에 대한 열렬한 사랑은 감리교도들의 개심의 경험들과 연결되는 대표적인 감정이라고 말하고 있다(Knight & Mason, 2006: 35). 소렌슨(Katherine Sorensen)은 히스클리프의 생애 마지막 순간에 대한 묘사들이 존 더들리(John Dudley)라는 신실한 감리교도의 죽음에 관해 존 웨슬리가 기록해놓은 것과 상당히 유사함을 발견했으며, 히스클리프와 캐서린의 사랑은 개인적인 사랑을 종교적인 사랑과 연결시키는 전통에 근거하고 있다고 본다(Sorensen, 1992: 2). 그런데 이러한 해석들은 독자들에게 충격적이다. 왜냐하면 히스클리프는 작품 속에서 여러 사람에 의해 사탄 혹은 악마라고 불리고 있기 때문이다. 캐서린이 죽었을 때 고통스러워하는 그를 보고 이사벨라는 다음과 같이 묘사한다.

> 천사들이 그를 먹이는 것인지 아니면 저 아래 그의 동료가 먹이는 것인지는 알 수 없지만, 거의 일주일 동안 그는 우리와 한 끼도 먹지를 않았어요. 그는 동틀 녘에 집에 와서, 이층 자기 방으로 가서는 문을 걸어 잠그지요. … 거기서 그는, 마치 감리교도처럼 기도를 해요 — 단지 그가 탄원하는 신은 무감각한 먼지와 재이며, 그가 부르는 신은 이상하게 그의 검은 아버지와 혼동되고 말지요! 이러한 소중한 기도를 마친 다음에는 — 그 기도는 보통 목이 쉬고 목소리가 목에서 졸릴 때까지 계속됩니다 — 그는 다시 나가서, 항상 그레인지로 향해 곧바로 내려가곤 했어요! (169)

이처럼 히스클리프의 열정은 악마적인 것으로 해석된다. 그러나 또한 그것은 감리교도의 열정에 비유됨으로써 종교적인 열정을 암시하기도 한다. "브론테 자매들의 소설의 핵심에 다양하게 나타나는 열정은 그 열정을 억누르는 모든 힘들에 저항한다. 그런 억누르는 힘들은 예외 없이 악이다"라고 지적한 토멜렌은 "사랑의 힘이 선함에 의해 유지되는데 선함의 힘은 초인간적인 것이라고 할 수 있다"라고 브론테 자매들의 작품에 나타나는 열정의 중요성을 강조했다(Thormählen, 1999: 90). 그렇지만 넬리는 히스클리프의 열렬한 사랑을 이해하지 못하며, 그 사랑의 대상을 잃어버리고 당하는 고통의 깊이를 이해하지 못한다. 넬리는 히스클리프가 캐서린이 죽은 후 극도의 고통 속에 "오 하나님! 말이 안 됩니다! 나는 내 생명 없이 살 수 없습니다! 나는 내 영혼 없이 살 수 없습니다!"라고 외치며 자기 머리를 나무에 부딪치며 피를 흘리는 모습을 보았을 때, 그를 이해하지도 동정하지도 않는다. 그것이 그녀의 동정심을 움직이기는커녕, 질리게 했다고 넬리는 말하고 있다(164).

넬리는 상처받은 히스클리프가 행하는 복수를 절대 용서하지 않는다. 그것은 록우드 꿈속의 491번째 죄처럼 '용서할 수 없는 죄'이다. 캐서린이 에드거의 청혼을 받아들였고, 그 이유가 히스클리프와 결혼한다면 자신의 지위를 낮추는 것이기 때문이라는 말을 듣고 하이츠를 떠났던 히스클리프는 3년이 지나 상당한 재력을 갖춘 후 하이츠로 돌아오고, 그때부터 그의 복수가 시작된다. 술과 도박으로 살아가는 힌들리에게서 하이츠를 빼앗으며, 에드거에게서는 여동생 이사벨라를 빼앗는다. 히스클리프의 복수는 철저하여, 심지어 그를 사랑하는 캐서린조차도 이사벨라와 굳이 결혼하려는 그의 행동을 사탄에 비유하면서 "너의 기쁨은 사탄처럼 고통을 주는 데 있다"고 지적한다(112). 결혼 후 히스클리프가 이사벨라에게 보이는 잔인한 태도는 전형적인 고딕소설의 악한의 모습이다. 힌들리의 아들 헤어튼에게는 자기가 힌들리에게 당했던 대로 교육을 시키지 않고 하인처럼 길러, 어떻게 되는지 보겠다고 한다. 에드거의 딸 캐시를 억지로 자기 아들 린튼 히스클리프와 결혼시키기 위해, 병든 아들을 학대하고, 캐시를 속여 죽어가는 자기 아들과 강제로 결혼시키는 부분에서 히스클리프는 그야말로 악마의 모습이 되어간다.

히스클리프의 복수가 진행되는 동안 독자들은 그에게서 점점 멀어지며, 넬리가 히스클리프에 대해 가지는 감정과 같은 감정을 가지게 되어, 넬리와 독자 간의 거리는 점점 줄어든다. 그러나 톰슨-베일리(Philippa Thomson-Bailey)가 지적하고 있듯이, 히스클리프를 사탄과 같다고 하는 인물들은 대부분 한때 그에게 잘못을 저지른 사람들이며, 그를 의도적으로 곡해하는 사람들이다(Thomson-Bailey, 1994: 92). 힌들리는 그를 가장 착취했던 사람이며, 캐서린도 히스클리프를 배반했었고, 에드거는 그를 항상 무시하며, 이사벨라는 히스클리프가 그녀를 사랑하지 않는다고 사실대로 말했는데도 스스로 사랑에 빠져 그를 선택한 것이었다. 히스클리프를 시종일관 가장 모욕하는 사람은 조셉이다. 조셉은 자신의 구원만은 확신하면서 다른 모든 사람에게서 죄를 발견하고 저주하는 바리새적인 사람의 대표이다. 등장인물들의 이러한 태도와는 달리 작가는 어떤 인물도 정죄하지 않으며, 히스클리프조차도 정죄하지 않는다. 케니(Theresa M. Kenney)는 이것이 마치 작가가 우리에게 정죄를 유보하고 "이 인물들의 마음을 감히 안다고 하지 말라; 그들이 살고 있는 세계에 대해서 감히 안다고 하지 말라"고 하는 것 같다고 분석했다(Kenney, 2008: 393).

작가가 플롯을 통해 보여주는 것은 히스클리프의 복수가 캐서린에 대한 사랑에 기반한 것이었기에, 그 열렬한 사랑의 감정이 그의 증오를 변화시켜 자기 원수들에 대한 복수를 스스로 멈추게 하는 모습이다. 헤어튼과 캐시가 가까워지는 것을 눈앞에서 보면서, 이 순간 그들을 헤어지게 하는 것은 그 자신이 캐서린과 헤어질 수밖에 없었던 데 대한 가장 좋은 복수가 될 것임을 알지만, 그는 그들의 사랑을 방해하지 않는다. 평생을 복수에 매달렸지만 이제 더 이상 복수를 하고 싶지 않은 마음을 넬리에게 다음과 같이 고백한다.

> "나의 폭력적인 전력투구에 대한 우스꽝스러운 결론 아니오? 나는 두 집을 부수기 위해 지렛대와 곡괭이를 들었고, 헤라클레스처럼 일할 수 있도록 나 자신을 단련해왔지만, 모든 것이 준비되고 내 힘 안에 있는 지금 나는 두 집 지붕의 슬레이트 하나를 들어 올릴 의사도 사라져버렸소! 나의 옛 원수들이 나를 쳐부순 것이 아니요. 지금이 바로 그들의 대리인들에게 복수할 그때이겠지요. 나는 그것을 할 수 있고, 아무도 나를 막을 수 없소. 그러나 무슨 소용이 있겠소? 나는 내리치고 싶은 마음이 없고, 내 손을 들어올리는 수고도 하고 싶지 않소." (306)

히스클리프가 언쇼가와 린튼가를 무너뜨리겠다는 복수의 일념으로 악마 같은 삶을 살아가는 동안, 캐서린에 대한 사랑이라는 그의 본래의 삶은 점점 부식되어갔지만, 이제 자기와 똑같은 처지에서 교육도 받지 못하고 인간적인 대우도 받지 못하면서 살아온 헤어튼이 캐시를 사랑하는 것을 보자, 그가 자기처럼 불행하게 살게 하기를 원치 않는 것이다. 이는 그가 사랑이라는 열정을 이해하고 또 그것이 좌절되었을 때의 고통을 알고 있는 것을 보여주며, 그의 선함이 모두 악마적으로 바뀌어버리지 않았음을 드러내주고 있다.

그러나 넬리는 끝까지 히스클리프를 받아들이지 않는다. 히스클리프가 캐서린이 죽은 후 하루하루 고통스러웠고, 이제 자신에게 숨 쉬라고 상기시켜야 하고, 심장에게 뛰라고 상기시켜야 할 정도라고 고백하면서,

자신의 고통스러웠던 날들이 이제는 끝나기를 희망할 때에도, 넬리는 그의 큰 고통에 동정은커녕, "양심이 그의 심장을 지상의 지옥으로 바꾸어 버렸다"고 정죄하는 태도를 보인다(308). 히스클리프가 그토록 갈망하던 캐서린과의 하나 됨을 향하여 나아가는 이상한 죽음을 맞이했을 때에, 넬리는 다른 인물들이 죽었을 때 모두 축복과 평화의 죽음을 맞이한 것으로 묘사하던 것과는 달리, 단지 조셉의 말, "악마가 그의 영혼을 데리고 갔다"(318)를 인용할 뿐이다.

그러나 이러한 넬리나 조셉과 달리 헤어튼은 진정으로 히스클리프의 죽음을 슬퍼한다. 히스클리프는 그의 아버지 힌들리를 방탕하고 타락하게 만들고 모든 재산을 빼앗아갔으며, 결국 죽음으로 몰고 간 장본인이다. 헤어튼 자신은 히스클리프에게 아무 잘못을 저지른 것이 없지만, 히스클리프는 힌들리에 대한 복수를 그의 아들인 헤어튼에게까지 이어갔다. 힌들리가 죽은 후 히스클리프는 헤어튼에게 "자, … 이제 너는 내 것이야! 한 나무가 그것을 비트는 똑같은 바람을 맞을 때 다른 나무와 똑같이 비틀어지지 않는지 보아야야겠다"(182)라고 하면서, 자신이 당했던 대로 되갚고자 그를 하인으로 기르며, 교육을 시키지 않는 것은 물론 임금도 주지 않고 일을 시킨다. 자기 아들인 린튼보다 훨씬 잠재력이 있는 것을 알지만, 린튼은 신사로 기르는 반면 헤어튼은 하인으로 확실히 자리매김시킨다. 린튼에게는 캐시의 마음을 사도록 하고, 헤어튼에게는 캐시 앞에서 수치심을 느끼고 비참하게 만든다. 헤어튼은 넬리의 말대로 히스클리프의 복수의 가장 큰 희생자였으며, 히스클리프에게 복수를 자행할 가장 많은 이유를 가지고 있는 사람이었다.

그러나 헤어튼은 그 자신 복수를 하지 않을 뿐 아니라, 사랑하는 캐시가 히스클리프를 비난하려고 했을 때 비난하지 못하도록 강력히 막아, 히스클리프에게 원한이 많은 캐시로 하여금 그에 대한 비난을 멈추게 한다. 헤어튼은 "한 나무가 그것을 비트는 똑같은 바람을 맞을 때 다른 나무와 똑같이 비틀어지지 않는지 봐야겠다"고 한 히스클리프의 복수 계획에 맞지 않게 전혀 비틀어지지 않았다. 히스클리프가 죽었을 때 보여주는 헤어튼의 모습은 그의 진정한 사랑과 용서를 보여준다.

> 그러나 가장 피해를 많이 본 불쌍한 헤어튼은 정말로 크게 가슴 아파한 유일한 사람이었다. 그는 시체 옆에 앉아 밤새 쓰라린 아픔으로 울었다. 그의 손을 잡고, 다른 모든 사람이 쳐다보기도 싫어서 움츠린 빈정거리는 듯한 야만적 얼굴에 키스했다. 그리고 관대한 가슴에서 자연적으로 솟아나는 강한 슬픔으로 그를 애도했다 …. (318)

자신의 일생을 파괴시켰다고 할 수 있는 사람의 죽음을 이토록 강렬한 슬픔으로 애도하는 헤어튼의 모습은 복수도 판단도 거부하는 조건없는 사랑을 보여주고 있다. 이는 소설 속 많은 사람들이 실행하고 있는 종교적 행위, 즉 브랜더험의 설교에 나타난 것과 같은 율법적 정죄의 행위에 정반대되는 모습일 뿐 아니라, "너희의 원수를 사랑하여라"라는 예수의 가르침을 그대로 실행하고 있는 모습이다(「누가복음서」 6: 27). 이에 대해 마즈든은 『폭풍의 언덕』이 "교리적 확실성"에 대한 표현에서가 아니라, "공 없이 얻은 용서와 사랑(unmerited forgiveness and love)"이라는 기독교 핵심에 기초한 "개인적 행위"에서 치유의 가능성에 대한 일별을 제공하고 있다고 평가한다(Marsden, 2014: 112).

넬리는 처음부터 끝까지 시종일관 히스클리프의 고통에 진심으로 동조하지도, 그의 열정적 사랑을 이해하지도, 그의 잘못을 용서하지도 않는다. 캐서린과는 훨씬 친밀한 관계였음에도 불구하고, 그녀의 고통을 이해하지 않으며 오히려 언제나 에드거의 편을 든다. 이러한 넬리를 화자로 설정하고 이 화자의 입을 통해 캐서린과 히스클리프의 열정적 사랑과 비극적 죽음을 이야기하게 함으로써, 독자들은 오히려 히스클리프와 캐서린의 고통에 더욱 동조하게 되고, 그들의 지나친 열정에도 공감하게 되고, 그들의 잘못도 용서해야 하는 것을 느끼게 된다. 히스클리프와 캐서린이라는 인물이 문학사에서 영원히 기억되는 인물로 창조된 데에는 에밀리 브론테가 사용한 믿을 수 없는 화자 수법을 통한 거리 조정이 핵심적인 역할을 하고 있는 것이다.

5. 서술기법과 기독교의 핵심 가치

작품의 끝에서 넬리는 헤어튼과 캐시의 결혼으로 "영국에 나보다 더 행복한 여자는 없다"(300)고 말할 정도로 행복해하며, 하이츠와 그레인지에 이제 히스클리프의 자취는 완전히 제거되었다고 설명하면서, 조셉과 마찬가지로 "정당한 주인이 권리를 회복한 것"(318)에 안도한다. 록우드는 캐시가 사신에 대해 관심을 가지지 않는 것에 대하여 "광대와 인간혐오자들 사이에 살고 있어서, 더 나은 계층의 사람을 만나도 그것을 제대로 평가할 수 없는 것 같다"(288)라고 생각하며 떠났었지만, 8개월 후 돌아와 헤어튼과 사랑을 나누고 있는 그녀의 아름다운 모습을 보면서 후회로 "입술을 깨문다"(292). 그러나 헤어튼의 진정 따뜻한 사랑의 마음과 용서의 마음을 아는 독자들로서는, 록우드와 같이 따뜻한 사랑을 할 수 없고 타자를 포용할 줄 모르는 사람과 캐시가 결혼하지 않은 것이 얼마나 다행인가 생각하게 된다.

마지막 문단에서 록우드는 캐서린과 에드거와 히스클리프의 무덤을 보며, "누가 저 조용한 땅 속에 잠든 사람들에게 불안한 잠을 상상할 수 있단 말인가"라고 마지막 말을 맺고 있다(320). 록우드의 마지막 서술의 말은 그대로 믿어야 하는 것일까? 세 사람의 무덤은 피상적으로 보기에는 그냥 나란히 있을 뿐이다. 그러나 히스클리프가 무덤 파는 사람에게 부탁해놓은 대로, 히스클리프가 죽었을 때, 캐서린의 관 한 면을 없애 히스클리프와 캐서린의 관은 통해 있을 뿐 아니라, 마을 사람들은 히스클리프와 캐서린이 함께 걸어 다닌다고들 한다. 히스클리프와 캐서린이라는 인종, 계급, 젠더에 의해 소외되었던 두 타자의 강렬한 저항의 힘은 주인에게 모든 권한이 돌아가야 한다는 백인 중심적이고 가부장적인 넬리와 록우드의 서술에 의해 통제되고 있지만, 믿을 수 없는 화자로서 그들이 유발하고 있는 심미적 거리는 독자들에게 히스클리프와 캐서린의 열정적 에너지가 잠재워지지 않았음을 느끼게 한다.

록우드와 넬리는 자기들의 의도와는 달리 자신들의 믿을 수 없음을 번번이 드러낸다. 록우드는 이 지방에 대한 "제한된 지식" 때문에, 넬리는 등장인물들과의 "개인적 관계" 때문에 믿을 수 없는 서술을 하게 되는 면이 있는 것은 사실이다. 그러나 더욱 중요한 것은 그들이 가지고 있는 '가치관의 문제점' 때문에 더욱 믿을 수 없게 된다는 점이다. 서술적인 범주와 윤리적인 범주가 맞부딪히는 지점에서, 믿을 수 없는 화자들과의 거리두기를 통해 에밀리 브론테는 그들이 결핍하고 있는 가치들을 드러낸다. 당시 독자들은 에밀리 브론테가 그린 세계에 나타난 강렬한 사랑과 끝없는 용서와 너그러운 자비, 정죄하지 말 것에 대한 요구를 받아들이지 못하고 강력히 비판했다. 마치 록우드나 넬리가 작품 속에서 보였던 태도와 마찬가지였으며 브랜더험 목사의 설교와 마찬가지였다. 그러한 독자들을 향해 브론테는 이웃 혹은 타자를 정죄하지 말고 받아들이고 이해하고 사랑하고 용서하고 자비를 베풀라는 기독교의 이상을 제시한다. 모든 인간은 아무 공로 없이 하나님께 용서와 사랑을 받았기에 자신도 이웃에게 용서와 사랑을 행해야 한다는 것은 기독교의 핵심 가르침이다. 그러나 브론테는 이러한 가치들을 강요하기보다는, 믿을 수 없는 화자들이 의도치 않게 드러내는 한계들과의 거리 두기를 통해, 등장인물들에 대한 이해와 사랑과 포용으로 나아가도록 제안한다. 에밀리 브론테는 복음주의가 한창 부흥하던 19세기 중반 영국의 독자들에게 진정한 기독교적 가치가 무엇인지를 제시하고 있지만, 그러한 가치들을 작가의 목소리를 통해 독자들에게 설교하기보다는, 믿을 수 없는 화자에 대한 거리 두기 수법을 통하여 열린 상태로 제시하고 있다.

에밀리 브론테
(Emily Brontë, 1818–1848)

에밀리 브론테는 1818년 7월 30일 아버지 패트릭 브론테와 어머니 마리아 브랜웰 사이에 5번째 자녀로 태어났다. 어머니 마리아는 에밀리를 낳은 후, 앤을 낳았고, 얼마 되지 않아 사망했다. 에밀리는 3세에 어머니를 잃은 후, 베스 이모에 의해 길러졌다. 아이들에게 베스 이모로 불렸던 엘리자베스 브랜웰은 마리아의 여동생으로서 마리아가 죽은 후 재혼에 실패한 형부의 아이들을 돌보기 위하여 콘월(Cornwall)에서 하워스로 이사 와서 살았다. 에밀리도 언니인 샬롯과 마찬가지로 가난한 목사의 딸들을 위한 자선학교인 코완 브리지 학교(Clergy Daughter's School at Cowan Bridge)에 다녔으나, 두 언니 마리아와 엘리자베스가 죽은 후 집으로 돌아왔다. 그 후 교육은 주로 집에서 받게 되었는데, 아버지 덕에 아버지의 서재에서 많은 책을 접할 수 있었다. 밀턴, 바이런(Lord Byron), 스콧(Walter Scott)과 같은 작가들의 작품은 물론 『블랙우드 잡지(*Blackwood's Magazine*)』와 같은 당시 발행되던 잡지들도 읽을 수 있었다.

아버지가 교구 목사로 있던 하워스는 영국 북부의 요크셔 지방에 위치해 있는 황량하고 쓸쓸한 곳이었다. 어느 날 아버지는 브랜웰에게 장난감 병정들을 선물로 사다 주었는데, 네 남매는 각기 자기의 병정을 고르고 그 병정에 대한 이야기를 만들며 글을 쓰기 시작했다. 처음에 네 남매는 함께 이야기를 만들어나갔으나 얼마 후 에밀리와 앤은 자기들만의 상상의 세계인 "곤달(Gondal)" 왕국에 관한 이야기를 만들기 시작했고, 샬롯과 브랜웰은 그들의 상상의 왕국인 "앵그리아(Angria)"에 대해 이야기와 시를 써나갔다. 어떤 평자들은 브론테 남매들이 지나치게 상상과 공상의 세계에 빠져 현실로부터 도피함으로써 차가운 현실에 적응하는 데 실패하여 자신들의 삶을 실패로 이끌었다고 말하기도 한다. 그러나 다른 한편에서 볼 때 부모의 학식과 말재주를 물려받은 네 자매는 “곤달”과 “앵그리아”라는 상상 속의 왕국에 대해 묘사한 모험담을 월터 스콧이나 바이런을 모방하여 써나간 습작을 통해 상상력을 발전시키고 문학적 기술을 습득해감으로써 후에 뛰어난 문학적 성취를 이루어내는 밑바탕을 마련했다고 할 수 있다.

특히 에밀리에게 있어서 곤달 왕국의 모험담은 단순히 어린 시절의 습작에 머물지 않았다. 곤달은 여왕이 다스리는 북태평양에 있는 상상의 나라였는데, 에밀리와 앤은 이 상상의 나라의 역사를 1845년까지도 쓰고 있었고, 이것은 그들에게 상상의 즐거움을 제공하고 서사 서술을 연습할 수 있게 해주었을 뿐 아니라, 특히 에밀리의 시의 배경을 제공해주었다. 곤달의 산문 서사 부분은 모두 사라졌지만, 에밀리가 자신의 시를 적어놓았던 공책 중 하나에는 “곤달의 시(Gondal Poems)”라는 제목이 붙어 있으며, 이 시들 중 많은 시에는 곤달 왕국에 등장하는 이름이나 약자가 적혀 있어서 화자나 상황을 보여주고 있다. 그러나 종종 어떤 시가 정확히 곤달에 대한 언급인지 구분하기가 불가능한 경우가 있는데, 사실 에밀리의 상상 속에서 곤달과 요크셔가 얽혀 있었음을 생각할 때, 그 문제는 크게 중요한 것은 아니라고 할 수 있다. 에밀리는 이 시들을 출판할 때 모든 곤달 이름을 지워버렸다.

에밀리는 집을 떠나는 것을 무척 싫어하여 주로 하워스 목사관에서 집안일을 하며 지냈다. 1835년에는 잠깐 샬롯이 선생으로 있던 기숙학교인 로 헤드(Roe Head)에 가 있기도 했고, 1837년에는 비슷한 학교인 로 힐(Law Hill)에서 여섯 달 동안 선생으로 일하기도 했다. 그러나 이 두 가지 경험 모두 에밀리에게는 즐겁지 못한 비참한 경험이었다. 에밀리는 하워스 근처의 황무지에서 느낄 수 있는 자유를 너무나 좋아했고, 집을 떠나는 것을 매우 싫어했다. 그래도 자신들의 학교를 세우고자 하는 계획에 따라 더 나은 교육을 받기 위해 샬롯과 함께 1841년에 브뤼셀에 있는 헤거 기숙학교(Pensionnat Héger)를 다니게 되었다. 그러나 1842년 11월에 베스 이모의 사망 소식을 듣고 이들은 하워스로 돌아왔다. 그 후 샬롯은 공부를 더 하기 위해 브뤼셀로 돌아갔으나 에밀리는 다시는 집을 떠나지 않았다.

1845년 가을 어느 날 샬롯은 우연히 에밀리가 시를 쓰는 것을 알게 되고, 그 시들이 “길들지 않은, 우수에 잠긴, 고양시키는—독특한 음악성”을 가지고 있는 뛰어난 시들임을 인식하게 되면서, 브론테 자매들은 출판을 시도한다. 샬롯, 에밀리, 앤의 첫 글자를 따서 필명을 정하고 『커러, 엘리스, 액턴 벨의 시(*Poems by Currer, Ellis, and Acton Bell*)』라는 제목으로 1846년 시집을 출판했다. 에밀리의 시는 인물, 가치, 상황 등이 매우 유동적이어서 대부분 신비한 분위기를 가지고 있다. 남자와 여자들이 등장하여 자신의 개인성을 주장하고, 마치 바이런의 영웅들처럼 자신의 열정을 공포하기도 하며, 화자의 성별을 추측하기가 어려운 경우도 많다. 악마성과 신성, 감금과 자유, 지배와 종속같이 서로 상반되는 것이 교차하기도 하고 합해지기도 한다. 전체적으로 에밀리의 시는 세상의 속박에도 불구하고 상상적인 자유의 승리를 찬양한다. 형식에 있어서도 엄격하고 매우 단순한 형식적 제한에도 불구하고 풍부한 음악성과 의미를 발전시켰다. 다음 시는 아주 짧지만 그런 특징들이 잘 드러나는 한 예이다.

부를 나는 가볍게 생각하며
사랑을 나는 멸시하며 웃는다;
명예에 대한 욕망은,
아침과 함께 사라져 버리는 꿈에 불과하다:

그리고 내가 기도한다면,
나를 위해 내 입술을 움직이게 하는 유일한 기도는,
"제가 지금 지니고 있는 가슴을 놓아두시고
제게 자유를 주세요!"

그래, 빠른 날들이 목표지점에 가까이 갈 때
내가 간청하는 모든 것은 이것이다;
살았을 때나 죽어서나,
견뎌낼 용기를 가진 구속되지 않는 영혼.

"늙은 금욕주의자(The Old Stoic)"라는 제목을 가진 이 시는 1841년에 쓰였고,

1846년에 출판되었던 시이다. 1846년 시집에 출판된 에밀리의 시는 21편이었다. 샬롯이 1850년에 17편의 시를 편집해서 더 출판했고, 20세기에 다른 시들도 더 출판되었다.

1846년 출판된 시집은 그 해 두 권밖에 팔리지 않아 실패였다고 할 수 있지만, 브론테 자매들은 시집 출판이 진행되는 중에 매우 고무되어 그들이 시에서 다루었던 주제들을 발전시키는 소설을 쓰기 시작했다. 샬롯은 『선생님』을, 에밀리는 『폭풍의 언덕』을, 앤은 『아그네스 그레이』를 쓰고 있었는데, 이번에는 자비로 출판하기를 원치 않았기 때문에 그들의 소설을 출판해줄 출판업자를 찾아야 했다. 먼저 에밀리와 앤의 소설이 뉴비(Thomas Cautley Newby)에 의해 1847년 초에 받아들여졌으나 출판이 되지 않다가, 오히려 샬롯의 『제인 에어』가 스미스, 엘더에 의해 10월에 먼저 출판되고, 에밀리와 앤의 소설은 1847년 12월에야 출판되었다. 샬롯의 『제인 에어』는 출판되자마자 큰 성공을 거두었는데, 이어서 에밀리의 『폭풍의 언덕』과 앤의 『아그네스 그레이』가 출판되자 같은 사람의 책이라고 생각되었고 많은 사람의 주의를 끌었다. 그런데 일부 비평가들은 에밀리 작품의 독창성과 우수성을 인정했지만, 많은 사람들이 이 작품에 나타난 열정과 잔인성, 거친 태도 등에 충격을 받고 "불유쾌한 이야기"라고 비판했다.

한편 이 집안의 유일한 아들 브랜웰은 온 가족의 희망이었으나, 유부녀와 사랑에 빠졌다 거절당하고 술과 아편에 중독이 되어갔다. 집안일을 돌보던 에밀리는 그가 술에 취해 오거나 아편을 하고 집에 돌아왔을 때 그를 밤마다 돌보는 역할을 했어야 했을 것이다. 1848년 9월24일에 브랜웰이 죽었고, 10월 1일은 그의 장례식 날이었다. 에밀리는 브랜웰의 장례식 때 걸린 감기와 기침 증상이 낫지 않고 지속되더니 폐결핵으로 발전되었고 1848년 12월 19일에 생을 마감했다. 에밀리는 이렇게 아픈 두 달 동안 의사를 만나기를 거부했고 평상시처럼 자신이 할 일을 다 했다고 한다. 언제나 약하던 앤도 에밀리와 같은 증상인 폐병으로 다음 해인 1849년 5월 28일에 죽음을 맞이했다. 샬롯 브론테는 동생인 에밀리의 『폭풍의 언덕』이 우수성을 제대로 인정받지 못하는 것을 안타깝게 여겨, 1850년 『폭풍의 언덕』 재판 출판시에 "편집자의 서문"을 써서 그 우수성을 피력했다.

Elizabeth Gaskell

제4장

엘리자베스 개스켈의 『메리 바튼』:

고통받는 자들을 위한 외침

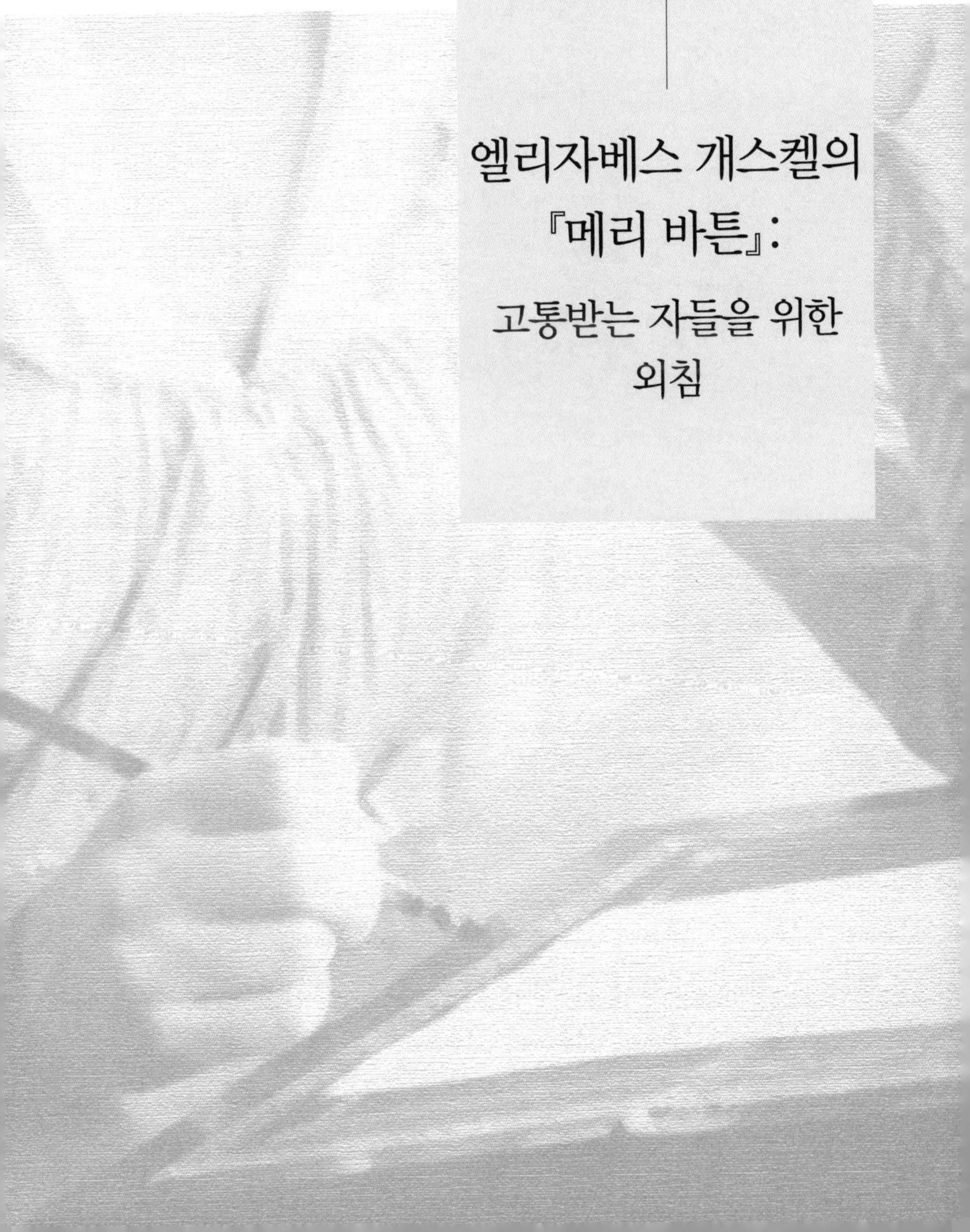

남자가 작가가 되었을 때, 아마도 그것은 단지 그의 일이 바뀌는 것일 뿐이다. 지금까지 다른 어떤 연구나 일에 바치던 그만큼의 시간을 떼어내는 것이다; 법조계 일이나 의료계 일의 일정 부분을 포기하게 되고 … 그러면 다른 … 변호사나 의사가 그의 빈자리에 들어와, 아마도 그가 하는 만큼 그 일을 잘 하게 될 것이다. 그러나 하나님이 특정 자리를 채우라고 임명하신 여자를 대체할 수 없듯이, 어느 누구도 조용하고 일상적인 딸, 아내, 혹은 어머니의 의무들을 대신할 수 없다. 인생에서 한 여자의 주요 업무는 그녀 자신에게 거의 선택의 여지가 없다. 또한 여자는 자신에게 주어진 가장 빛나는 재능을 발휘하기 위하여, 개인으로서 그녀에게 지워진 가정적인 책무를 저버릴 수도 없다. 그러나 그렇다고 해도 그녀는 그러한 재능을 가지고 있다는 바로 그 사실이 함축하는 추가적인 책임에서 움츠러들지 말아야만 한다. 자기의 재능을 냅킨 속에 숨겨 두어서는 안 된다. 그것은 사용되도록 주어진 것이고 남들을 위해 봉사하도록 의도된 것이다. 겸손하고 성실한 마음으로 불가능하지 않은 그 일을 하기 위해 애써야만 한다. 그렇지 않다면 하나님이 그녀에게 그것을 하라고 하지 않으셨을 것이다.[1]

1 Elizabeth Gaskell, *The Life of Charlotte Brontë*, 1857, Ed. Alan Shelston, Middlesex: Penguin Books, 1975, 334.

1. 개스켈 부인이 쓴 산업소설

엘리자베스 개스켈(Elizabeth Gaskell)은 그녀의 첫 장편소설인 『메리 바튼(*Mary Barton*)』을 스티븐 버윅(Stephen Berwick)이라는 남성 필명으로 출판하기를 원했으나 익명으로 출판하게 되었는데, 개스켈의 친구들이 그녀의 글이 아니냐고 물었을 때 테이블 밑에 냅킨을 떨어뜨리고 그것을 줍는 척함으로써 그 순간 답을 피했다고 한다(Schor, 1992: 25). 또한 『메리 바튼』의 작가가 자신임이 점점 알려지게 된 시점에서 친구에게 쓴 편지에서는 자기가 작가임을 추측해낸 것에 놀라움을 표시하면서 "그것을 쓴 나 자신의 행위에 거의 무서움을 느낀다"라고 쓰고 있다.[2] 이러한 이야기들은 개스켈이 자기가 나타나는 것, 여자로서 자기의 목소리를 내는 것에 대해 상당한 불안감을 지니고 있었음을 보여주고 있다.

『메리 바튼』이 출판될 때 붙인 서문에서 개스켈은 원래 1세기 전 요크셔 변방의 시골에서 일어나는 이야기를 쓰려 했고 실제로 좀 진전도 있었다고 쓰고 있으며, 또한 "나는 정치 경제나 교역 이론에 대해 아는 바가 없다. 나는 진실되게 쓰려고 노력했으며, 만일 나의 기술이 어떤 제도와 일치하거나 충돌한다 해도, 그 일치나 불일치는 의도하지 않은 것이다"라고 자신을 미리 변명하고 있는데,[3] 이는 여자로서 '산업소설'을 시도하는 것이 가져올 비난을 이미 예측하고 있었음을 보여준다.[4]

---

2 Elizabeth Gaskell, *The Letters of Mrs. Gaskell*, Eds. J. A. V. Chapple and Arthur Pollard, Manchester: Manchester University Press, 1966, 67.

3 Gaskell, *Mary Barton: A Tale of Manchester Life*, 1848, Ed. Stephen Gill, Middlesex: Penguin Books, 1970, 37. 본 장에서 앞으로 이 책에서의 인용은 본문에서 괄호 안에 쪽수만 표시한다.

4 콜비(Robin B. Colby)는 산업소설이 "기아의 40년대(hungry forties)"라고 불리는 1840

개스켈은 얼마 전까지만 해도 (아니 지금도 일부 비평가들에게는) "개스켈 부인(Mrs. Gaskell)"이라고 불렸던 데에도 나타나 있듯이, 19세기의 다른 대표적 여성 작가들과는 달리 아내이며 어머니로서 작품 활동을 했던 사람이었다. 버지니아 울프는 『자기만의 방(*A Room of One's Own*)』에서 19세기의 여성 작가로 제인 오스틴, 샬롯 브론테, 에밀리 브론테와 조지 엘리엇을 꼽으면서 이들이 여성 작가에게 적대적인 환경 속에서도 훌륭한 작가가 될 수 있었던 요인 중의 하나로 이들이 모두 자녀가 없었던 점을 지적하고 있다(Woolf, 1929: 69). 울프는 편리하게도 개스켈을 그 명단에 포함시키지 않았지만, 개스켈이 19세기에 누렸던 작가로서의 위치뿐 아니라 그녀 작품의 우수성으로 볼 때 그 명단에 포함시켰어야 했는데, 그렇다면 울프의 지적은 타당성을 잃게 된다. 개스켈은 산업소설과 타락한 여자에 관한 소설, 가정소설 등 다양한 장르를 다루며 왕성한 작품 활동을 한 대표적 19세기 여성 작가로 꼽히지만, 목사의 아내이며 네 아이의 어머니로서 그러한 작품 활동을 했던 것이다.

이처럼 아내이자 어머니였으며 자신이 알려지는 것을 부끄러워했던

년대에 나타나기 시작한 장르로서 『시빌(*Sybil*)』(1845), 『메리 바튼(*Mary Barton*)』(1848), 『앨튼 록(*Alton Locke*)』(1850), 『북과 남(*North and South*)』(1854), 『고난의 시대(*Hard Times*)』(1854), 『펠릭스 홀트(*Felix Holt*)』(1866) 등의 작품에 적용되는 용어라고 설명하고 있다. 이 산업소설들은 가난한 자들의 고통을 자세히 묘사하고, 노동계층의 언어를 그들이 사용하는 방언을 그대로 사용하여 전달하고, 산업화의 결과를 비판하며, 차티스트 운동이나 공리주의 같은 당시의 개혁운동에 대해 논의하고, 사회 문제를 보통 개인적이고 내적인 방법으로 해결하려 시도한다는 공통적인 특징을 가지고 있다(Colby, 1995: 18). 산업소설에 관한 대표적인 글로 Kathleen Mary Tillotson, *Novels of the Eighteen-Forties*, Oxford: Clarendon Press, 1954. Raymond Williams, *Culture and Society, 1780-1950*, New York: Harper & Row, 1958. Catherine Gallagher, *The Industrial Reformation of English Fiction: Social Discourses and Narrative Form, 1832-1867*, Chicago: University of Chicago Press, 1985 참조.

개스켈이 어떻게 여자로서 "작가성에 대한 불안"을 극복하고, 전통적인 가정소설 대신 19세기 영국에서 산업혁명의 영향력이 가장 컸던 맨체스터를 배경으로 하는 산업소설이라는 남성 장르를 선택하여 글을 쓰기 시작하게 된 것일까? 무엇이 개스켈이 여성 작가로서 목소리를 내기 시작할 때 정치 · 경제 · 역사 · 신학을 망라하는 남성의 영역을 다루는 '사회문제 소설'을 씀으로써 자기의 작가로서의 삶을 시작하는 과감성을 발휘하게 했을까? 이 장은 그러한 질문에 대한 답 중에 가장 중요한 답의 하나가 그녀의 종교였음을 살펴보고자 한다. 자기의 글 쓰는 능력이 하나님이 주신 재능이라는 믿음과, 하나님이 주신 재능을 약한 자와 가난한 자를 위하여 사용하는 것이 자신에게 주어진 천직이라는 신앙은 개스켈로 하여금 여성 작가로서의 여러 가지 불안감을 극복하고 소설가로서의 첫 열매를 계급적 · 성적 착취를 비판하는 산업소설로 열리게 했음을 보여주고자 한다.

존 바튼(John Barton)이 차티스트 운동(Chartism)의 대의원으로서 런던에 갔을 때 노동자들의 절박한 소망은 무시하고 상류계층의 일에만 신경 쓰는 경찰에게 한 다음 말은 개스켈의 생각을 잘 드러내고 있다.

> "하나님의 시각에서 어떤 일이 가장 중요하다고 생각하십니까. 우리 일인가요 아니면 당신이 그렇게 중요하게 생각하는 대단하신 신사 숙녀들인가요?" (144)

'하나님의 시각'에서 무엇이 중요한지를 판단하려는 개스켈의 사고는 남편인 윌리엄 개스켈(William Gaskell) 목사의 교구인 중에 공장주들이 많다는 사실을 넘어서게 했고, 금기시되는 타락한 여자를 다루는 일을 두려워하지 않고 글을 쓰게 했으며, 책이 출판된 후 분서(焚書) 사건이 일어났을 때나 평론가들의 비판을 당했을 때에도 사람들의 평보다 하나님의 눈을 더 의식하게 했다.

> 하나님이 [『메리 바튼』]의 오류는 순간적인 것이 되게 하시고, 진실은 영원하게 하실 것이므로, 사람들이 칭찬을 하던 비난을 하던 그들이 말하는 것에 나는 너무 신경 쓰지 않으려고 한다. (Gaskell, 1966: 70)

엘리자베스 개스켈이 쓴 이 편지에 잘 나타나 있듯이, 하나님의 눈앞에서 "진실되게 쓰려는 노력"은 그녀로 하여금 목사의 아내이며 네 아이의 어머니이며 자신이 드러나기를 꺼리는 여자의 입장을 넘어서게 했다. 잘 알려진 대로 엘리자베스 개스켈의 남편은 그녀가 외아들인 윌리엄이 죽은 후 마음을 달래기 위해 『메리 바튼』을 썼다고 말했다. 윌리엄 개스켈의 이러한 주장은 크루거가 지적했듯이 "19세기의 가장 영향력 있는 사회 문제 소설의 하나를 치료를 위한 사적인 서술로 해석"함으로써 개스켈 목사를 포함한 독자들에게 엘리자베스 개스켈을 "정치적 신념으로 인해 남성 중심의 사회적 문학적 권위를 전복하는 여자로" 보는 "수고를 덜어주고" 대신 "경건한 목사의 아내이며 슬퍼하는 어머니로" 보게 하는 효과를 발휘했다(Krueger, 1992: 169-70).

그러나 엘리자베스 개스켈은 "슬퍼하는 어머니"라는 이미지에 계속 안주하지 않았다. 오히려 그러한 감상적인 이미지를 발판으로 해서 정치적인 목소리를 발전시켰다. 이에 대해 힐러리 쇼어(Hillary Schor)는 "슬퍼하는 어머니를 진정시키기 위해서가 아니라, 문자 그대로(복수하듯) 그 어머니를 소설 속에 되살리기 위해서" 『메리 바튼』을 썼다고 주장했다

(Schor, 1992: 28). 제인 톰프킨즈(Jane Tompkins)는 '감상소설'을 "설교와 사회 이론의 중간"이라고, 기존의 남성 중심의 사회에 대한 비판으로써 여성의 관점에서 사회를 재구성하려는 시도라고 지적한 바 있는데 (Tompkins, 1985: 126),[5] 엘리자베스 개스켈은 아들을 잃은 중산층 부인의 고통에 머무르지 않고, '산업소설'을 통해 아들을 잃은 노동자의 고뇌와 딸을 잃은 매춘부의 절망을 직시하고 계급과 성의 문제를 정면으로 다루며 고통 받는 자들을 위한 "외침"을 시작함으로써 사회 비판의 목소리를 내는 데로 나아갔던 것이다.

2. 엘리자베스 개스켈과 유니테리언교

개스켈이 하나님의 눈앞에서 이러한 목소리를 내게 된 배경에는 그녀의 종교적 경험이 크게 작용했다. 크루거는 18세기 복음주의가 상당한 권위를 가진 여성 설교자와 작가들을 출현시켰고, 이 전통은 19세기 빅토리아조의 사회적 담론을 형성하게 되고, 특히 개스켈이나 조지 엘리엇 같은 여성 작가들을 "사회 비판가"로 인정되도록 해주었다고 지적한 바 있다(Krueger, 1992: 3). 이처럼 복음주의 전통 안에서 사회 비판가로서의 여성의 힘을 인정받게 된 역사적 사실을 배경으로 하는 여성 작가 중의 하

5 이 글에서 제인 톰프킨즈는 『톰 아저씨의 오두막집(*Uncle Tom's Cabin*)』에 나타난 감상성이 지닌 힘을 논하고 있는데, 스토우(Harriet Beecher Stowe)도 개스켈과 마찬가지로 아들을 잃고 그 슬픔으로 인해 『톰 아저씨의 오두막집』을 쓴 것으로 유명하다. 스토우가 자식을 잃은 어머니의 슬픔에 근거하여 어머니의 목소리를 통해 미국 노예 제도를 비판했다면, 개스켈도 같은 슬픔에 근거하여 영국의 노동 문제와 여성 문제에 접근했다는 점에서 공통점을 가지고 있다.

나인 개스켈은 교파적으로는 유니테리언 교도였다. "유니테리언"이라는 단어는 정통 기독교인이 삼위일체를 믿지 않고 하나님의 유일성을 주장하는 기독교인들에 대해 경멸적으로 사용했던 용어로서 18세기 중반경부터 사용되었다. 그러나 사실 유니테리언교(Unitarianism)는 시대와 장소에 따라 다른 의미로 사용되었고 하나의 교리를 고수했다기보다는 개인의 양심을 가장 중시했기 때문에 정의하기가 쉽지 않다고 할 수 있다. 그러므로 여기에서는 엘리자베스 개스켈의 시대에 그녀가 살았던 지역에서 유니테리언교가 어떠한 종교였는지를 중심으로 살펴보도록 하겠다.

유니테리언교는 18세기 개신교 비국교와 계몽주의에서 나왔다고 할 수 있다.[6] 믿음보다 이성과 사고에 기초한 동의를 선호했으며, 윤리와 선행을 감정적이고 맹목적인 신앙보다 강조했다(Watts, 2002: 40).[7] 유니테리언이라는 단어에 대한 사전적 정의는 다양하지만, 가장 흔한 정의가 "삼위일체의 교리를 부정하는 기독교인"이라는 정의라고 할 수 있다. 그러나 밀러드(Kay Millard)가 지적하듯이, 이런 정의는 세속적인 사전 편집자들에 의해 작성된 용어상의 모순일 수 있다. 왜냐하면 기독교인이면서 삼위일체를 부정하는 것이 동시에 가능한지에 대한 논의는 아직도 많은 사람에게 풀리지 않은 문제이기 때문이다(Millard, 2001: 5).[8] 그래도 유니

---

6 18세기에 시작된 "새로운 비국교"인 유니테리언교의 시작과, 그것이 낭만주의와 빅토리아조에 어떠한 영향력을 끼쳤는지에 대한 자세한 내용은 Knight & Mason, 2006: 52-80 참조.

7 이 글에서 와츠(Ruth Watts)는 19세기 대표적 여성주의 유니테리언으로 엘리자베스 래스본(Elizabeth Rathbone), 키티 윌킨슨(Kitty Wilkinson), 바이런 영부인(Lady Byron), 메리 카펜터(Mary Carpenter)를 꼽고 있으며, 그들이 가난한 자를 위하여 한 일, 특히 교육을 통해 사회 정의를 이루려고 노력한 점을 높이 평가하고 있다.

8 종교개혁 시기로부터 유니테리언교가 뻗어 나온 역사적 과정에 대해서는 Millard, 2001: 1-4 참조.

테리언들이 삼위일체를 부정한다는 뜻을 살펴보자면, 정통 기독교에서는 하나님에게는 삼위(三位), 즉 성부(聖父, God the Father), 성자(聖子, God the Son), 성령(聖靈, God the Holy Spirit)이 있다고 보고 이 삼위는 함께 동등하다고 보는데, 엘리자베스 개스켈 시대의 유니테리언은 하나님은 영이시며 한 분이시며 다른 위(位)가 필요 없다고 보았다. 즉 그들은 예수를 신격화하지 않아, 예수를 "하나님의 아들(the Son of God)"로 자주 불렀지만, "성자(God the Son)"로는 부르지 않았다. 예수를 가장 높은 수준의 영적 지도자로서 그 점에서 역사상 유례없는 분이며 우리가 따라야만 하는 선생이고 인간 삶의 모범이라고 보았지만, 반면 예수는 분명한 인간이라고 보았기 때문에, 예수의 인성과 신성을 동시에 인정하는 정통 기독교와 다른 입장이었다(Millard, 2001: 5).

그러나 유니테리언은 비록 예수의 신성을 믿지는 않았지만, 예수의 가르침과 행적을 따르는 것을 매우 강조했다. 영국 국교가 강조한 "공의의 윤리(ethic of justice)," 즉 구약의 윤리를 비판하고, 예수의 사랑과 자비를 따르는 "신약의 윤리(New Testament ethic)"를 강조하고 실행했다(Jenkins, 1995: 96). 예를 들어 윌리엄 개스켈의 설교는 영국 국교의 "편협함(intolerance)"을 비판하고 "성경 해석의 자유"와 "아무도 자기 견해에 대해 무과실성을 주장할 수는 없다"는 것에 근거해 유니테리인교를 옹호했다. 또한 영국 국교의 신앙과 유니테리언교의 신앙을 대비시키며, 공의와 자비의 중요한 차이점들을 지적하고 있다. 즉, 모든 사람을 향한 하나님의 (복수가 아닌) 자비의 중요성, 어떤 죄인도 영벌을 받도록 저주받지 않았다는 믿음, 신약이 매일의 삶을 위한 윤리 체계를 제공한다는 주장, 진정한 기독교인의 표시로서 자비로운 행위를 해야 한다는 것을 강조하고 있다(Jenkins, 1995: 97).

이처럼 유니테리언은 "하나님의 분노와 심판보다는 하나님의 사랑"을 강조했을 뿐 아니라, "하나님이 주신 이성에 비추어 성경을 읽어 이해하는 것"을 강조했고, "모든 사람은 종교 문제에 있어서 양심의 자유를 가져야 하며 신앙 때문에 핍박받지 말아야 한다"고 주장했다(Millard, 2001: 5). 따라서 그들은 하나님의 뜻을 분간하는 개인의 능력을 중시했고, 이를 위해 남녀를 불문하고 좋은 교육의 필요성을 강조했다. 그들에게 좋은 교육이라는 것은 근대적 교육, 즉 과학적 방법과 접근법을 의미했고, 좋은 교육을 통하여 좋은 사람이 되어야 한다고 믿었는데, 이러한 믿음은 경제적 정치적 고찰들로 자극받은 이들에게 활력과 열정을 줌으로써 산업화되고 있던 영국에 역동적 힘을 제공했다(Watts, 2002: 40). 유니테리언들이 삼위일체를 믿는 정통 기독교인들에게 오랫동안 핍박과 소외를 받아온 것은 이 경험을 통해 주류의 이데올로기가 아닌 주변적인 관점을 가질 수 있는 데 기여했으며, 개인의 권리, 종교적 자유, 사회적 정의에 대한 강조는 기존의 이데올로기에 대한 의문으로 연결되었다. 유니테리언교의 합리성에 대한 강조는 여성의 지적 능력과 역할, 여성성의 개념에 대한 기존의 인식에 대한 도전을 낳았고, 사회 정의와 개인의 시민적·종교적 자유에 대한 강조는 젠더 이데올로기에 대한 의문과 비판으로 연결되었다(Watts, 2002: 39). 이에 대해 글리들(Kathryn Gleadle)은 유니테리언교가 "초기 페미니스트들의 복잡한 급진적 이데올로기를 함께 묶는 가장 활력적인 실"이었다고 주장하고 있다(Gleadle, 1995: 8).[9]

그런데 나이트와 메이슨에 따르면, 유니테리언교에 크게 두 가지 흐름

9 당시 존 에스틀린(John Estlin)은 유니테리언교는 여성 참정권, 결혼에서의 권리, 성인 교육, 차티스트 프로그램에서의 여성의 역할, 매춘부의 문제 등을 다루는 운동이라고, "여성의 종교"라고 했다(Knight & Mason, 2006: 71에서 재인용).

이 있으며, 윌리엄 폭스(William Johnson Fox)와 제임스 마티노(James Martineau)는 각 흐름을 대표하고 있는 인물이다. 폭스는 "급진적" 유니테리언을 이끌었다고 할 수 있는데, 이성과 지성을 중시하고 남녀 모두 종교적 권리와 시민적 권리를 확보하는 것을 중시했다. 폭스의 유니테리언 교회는 종교적인 믿음보다는 정치적이고 사회적인 관점이 같은 사람들을 불러 모았으며, 폭스는 프랑스 혁명의 기성 전통을 넘어서는 "새로운 영국 급진주의 학파의 창시자"라고 평가되기도 한다(Knight & Mason, 2006: 71). 그러나 폭스가 초자연적인 계시나 기적, 신성 등에 대한 여지를 너무 제한했기 때문에 이에 대한 거부감이 늘었는데, 그에 반해 마티노는 폭스를 따르는 유니테리언들이 경계했던 "감정적이고 직관적인 신앙"에 대하여 공감했다. 마티노는 예배란 우리의 본성이 어떤 목적을 위해 취하는 태도가 아니라, 어떤 감성으로부터 나오는 태도라고 주장했다. "신성한 슬픔의 통곡, 회개의 외침, 의무의 맹세, 찬양의 빛남은 아기의 웃음과 눈물처럼 뿜어 나온다. … 그들의 외적인 신앙심을 [합리주의]에 호소하여 정당화시키기 시작하는 교회는 그들의 내적인 경건함을 이미 잃어버린 것이다. … 모든 자연스런 경건은 일종의 시임이 분명하다. 합리주의적인 헌신은 거기에 절대 도달할 수 없다."[10] 유니테리언교로 돌아선 많은 사람들이 유니테리언교의 합리적이고 이성적인 면에 끌렸지만, 유니테리언교가 점점 더 이성적으로 되어감에 따라, 이성과 신비의 역할에 대한 논쟁이 일었고, 이에 대해 두 명의 대표적인 지도자 폭스와 마티노 간에 의견이 상반되게 되었던 것이다.

엘리자베스 스티븐슨(Elizabeth Cleghorn Stevenson)은 유니테리언 목사

10 James Martineau, *Hymns for the Christian Church and Home* (1840). Knight & Mason, 2006: 72에서 재인용.

인 윌리엄 스티븐슨(William Stevenson)의 딸로 태어나 유니테리언 교육을 받았는데 이 교육을 통해서 일찍부터 성경과 고전, 그리고 몇 가지의 언어를 배웠다(Knight & Mason, 2006: 77). 유니테리언 목사인 윌리엄 개스켈과 결혼하여 개스켈 부인이 된 엘리자베스는, 남편과 함께 1837년에 『블랙우드』에 「가난한 사람들의 스케치(Sketches of the Poor)」를 출판하여 종교와 사회정치 사이의 관계에 대한 관심을 표현한 바 있다(Knight & Mason, 2006: 77). 이 시에 나타난 관심은 엘리자베스 개스켈이 소설을 통해서 계속 발전시켜나간 주제이기도 했는데, 이는 개스켈이 자신의 신앙을 기초로 하여 당시 영국의 주류 이데올로기를 비판하는 관점을 가질 수 있었고, 유니테리언 교회 내에서 주류를 이루는 남성 중심 · 공장주 중심의 관점을 넘어서는 시각까지도 가질 수 있도록 발전해갔음을 보여주고 있다.

엘리자베스 개스켈은 유니테리언 중에서도 합리주의와 공리주의에 전적으로 동조할 수 없었던 소수의 하나였으며(Unsworth, 1996: 51), 이성과 발전을 가치 있게 보면서도 가슴으로부터의 진심이 담긴 헌신을 중시하는 신앙을 가지고 있었다. 폭스와 마티노 간에 중립적인 입장이었던 것이다.[11] 유니테리언으로서 이러한 중립적인 입장을 가진 것은 엘리자베스 개스켈에게 내적 갈등을 불러일으켰는데, 이 문제는 남편과의 관계에서도 나타났다. 가까운 친구였던 일라이자(Eliza)에게 보낸 편지에서, 개스켈은 유니테리언인 남편이 종교적인 면에서는 진보적이지만, 정치적

11 유니테리언교의 대표적인 지도자 윌리엄 폭스와 제임스 마티노 간에 의견이 상반되었지만, 엘리자베스 개스켈의 경우 소설 속에서 모든 종교적 입장에 대한 공감을 표현하고 있는데, 이는 유니테리언교의 특징과도 맞닿아 있는 점이라는 것이 나이트와 메이슨의 주장이다(Knight & Mason, 2006: 53).

인 면에서는 그렇지 않아서 모든 경제권을 남편이 쥐고 그녀에게는 집안에서 가정적인 역할, 어머니의 역할만 하기를 기대한다고 털어놓고 있다(Knight & Mason, 2006: 78). 또한 이 장의 첫 인용문에 나타나듯이 그녀 자신이 아내와 어머니로서의 역할을 작가로서의 역할만큼 중요하게 생각했기 때문에 이 갈등은 심화되었다. 그러나 개스켈은 이러한 갈등을 가슴으로부터의 진심이 담긴 헌신을 중시하는 신앙과 사회적 변화와 개혁을 중시하는 신앙이 공존하는 입장을 통해 소설 속에서 중요한 사회 문제들을 따뜻한 가슴으로 제시하는 것으로 발전시켜나갔다.

종교적 경험을 통해 주변인의 관점에서 주류 이데올로기가 소외시키고 고통받게 하고 있는 사람들에 대한 강한 유대감을 발전시켰던 개스켈은 산업화가 초래한 노동자 착취와 가부장적 문화가 불러온 여성 착취를 직시하지 않을 수 없었고 이 문제를 해결하기 위한 실천적 신앙을 실행에 옮겨야 했다. 이에 대해 개스켈이 찾은 방법은 하나님께로부터 받은 재능 즉 글쓰기를 일종의 성직으로 삼아 이 문제들에 접근하는 것이었다. 개스켈은 이 장의 맨 앞에 인용된 글을 통해, 샬롯 브론테의 작가로서의 삶을 옹호하는 것을 빌려 자신의 작가로서의 삶의 의미를 피력하고 있다. 즉, 여자는 가정과 일을 병행해야 하기 때문에 작가가 되는 것이 매우 고단한 일이지만 글쓰는 재능을 부여받은 여성은 아무리 힘들어도 "그러한 재능을 가지고 있다는 바로 그 사실이 함축하는 추가적인 책임에서 움츠러들지 말아야만 한다"고 강조한다. 또한 "자기의 재능을 냅킨 속에 숨겨두어서는 안 된다. 그것은 사용되도록 주어진 것이고 남들을 위해 봉사하도록 의도된 것이다. … 그렇지 않다면 하나님이 그녀에게 그것을 하라고 하지 않으셨을 것이다"라고 하여, 여성 작가의 일을 하나님으로부터 받은 소명으로 설명하고 있다.

개스켈은 어린 아들의 죽음에 대한 슬픔을 달래려고 글을 쓰기 시작했다고 남편 윌리엄이 말한 적이 있지만, 글을 쓰게 된 또 하나의 동기로 맨체스터의 자선가였던 매지(Travers Madge)에 의해 알려진 일화를 생각해 볼 수 있다. 개스켈은 그에게 말하기를, 한 가난한 노동자의 오두막집을 방문하여 다음과 같은 일을 겪은 후 『메리 바튼』을 쓰고자 하는 "강한 충동"을 갖게 되었다고 한다.

> 그녀는 위로의 말을 해주고자 열심히 노력했으며, 가난한 자들에게 일반적이었던 부자들에 대한 신랄한 감정을 누그러뜨리려고 노력하고 있었다. 그때 그 집안의 가장이 그녀의 팔을 잡고, 단단히 붙잡더니, 눈에 눈물이 고인 채 말했다. "네, 마님, 그렇지만 아이가 굶어 죽는 것을 보신 적이 있으신가요?" (Parker, 1997: 321에서 재인용)

자신의 아이가 먹을 것이 없어서 굶어 죽는 것을 지켜볼 수밖에 없는 가난한 사람들을 위하여 글을 써야겠다는 "강항 충동"을 느꼈다는 이 일화는, 개스켈이 글쓰기를 신성한 의무로 삼게 된 계기를 잘 보여주고 있을 뿐 아니라, 글쓰기를 가난한 자와 고통 받는 자들을 위한 행동, 즉 자선의 한 형태로 실행하게 했음을 보여주고 있다.[12] 교리만이 아니라 그에 따라 올바로 사는 행위를 중시하여 기독교를 살아 있는 종교로 만들려고 노력했던 19세기 복음주의 전통에 기초했을 뿐 아니라, 특히 예수의 행

12 이에 대해 파커(Pamela Corpron Parker)는 개스켈이 "소설을 통한 자선(fictional philanthropy)"의 수사학을 구사했다고 표현하면서, 이러한 개스켈의 수사학은 영국 사회의 급격한 산업화와 도시화로 인해 발생된 갑작스런 사회 변화에 대한 해독제로서 여성의 도덕적 영향력을 증진시켰다고 분석하고 있다(Parker, 1997: 330).

적을 따라 행위와 자선을 강조한 유니테리언교 신앙에 힘입어, 개스켈은 실제로 많은 자선 사업에 관여하고 있었다. 그녀의 편지들에는, 맨체스터에서 유니테리언 목사를 하던 남편을 적극적으로 도우며 그녀 자신이 빈민 학교에서 가르치기도 하고, 타락 여성 갱생 계획에 참여하거나 자선사업을 위한 자금을 모집했던 일, 가난한 사람들의 집을 방문했던 것에 대해 쓰여 있다(Parker, 1997: 321). 19세기 영국의 기독교 여성들은 실제로 많은 자선사업에 참여하고 있었는데, 예를 들어 1835년 한 기독교 협회가 가난한 사람들의 집을 방문할 자원봉사자를 모집했을 때, 4만 가정을 한 달에 두 번씩 방문하는 일을 위해 2천 명의 자원봉사자가 지원을 했다고 한다(Parker, 1997: 322).[13] 여성들이 이처럼 많이 자선사업에 참여했던 것은 그것이 19세기 여자의 가정 이데올로기와 맞았기 때문이라고 분석되기도 하지만, 개스켈은 가정과 관련된 가치를 길거리로 연결시키고, 남자는 물론 여자들에게도 영적인 행위자의 권위를 줌으로써 그러한 생각을 더욱 발전시켰다(Jenkins, 1995: 98).

또한 개스켈이 기독교 사회주의와 깊은 관련을 가졌던 것은, 유니테리언들이 교육과 자선 활동에 많이 관여하긴 하지만 자본주의 경제체제를 받아들였던 데 반해, 기독교 사회주의는 그런 제도를 바꾸고, 그 제도를 뒷받침하는 철학적 종교적 사상을 바꾸려 했던 것을 높이 평가했기 때문이었다(Unsworth, 1996: 102).[14] 1840년대, 50년대의 기독교 사회주의는

13 이 외에도 1843년에 수도 방문 및 구제 협회(Metropolitan Visiting and Relief Association)는 12달 안에 1000명의 자원봉사자를 모았던 것을 기록하고 있으며, 1893년 영국 여성 연감(The English-woman's Yearbook)에 따르면 자선사업에 꾸준히 거의 직업적으로 참여한 여성의 수가 50만 명가량이었다고 한다.

14 개스켈은 1850년에 윌리엄 롭슨(William Robson)에게 보낸 편지에서 모리스(Frederick Maurice) 목사, 킹슬리(Charles Kingsley) 목사, "존 타운젠드(John Townsend)"라는 가명

좌편향 정치학을 무신론과 연결시킨 보수 성향의 불안에 대해 중산층이 반응한 첫 번째 조직적 운동이었다. 정치적인 의미에서 매우 급진적인 것은 아니었지만, 자유 시장 정책이 초래하는 해악들을 공동의 행동과 성인 교육 확대를 통해 해결하려 했고, 종교를 효과적인 사회적 힘으로 만들려는 목표를 가지고 있었다(Styler, 2010: 16).[15]

개스켈의 문학적 재능은 윌리엄 개스켈이나 윌리엄 호윗(William Howitt)에게 "공공의 이익"을 위해 쓰여질 수 있는 영적인 재능으로 인정받았으며,[16] 이것은 개스켈로 하여금 여자이면서 글을 쓰는 것이 하나님의 뜻에 어긋나는 것이 아닌가 하는 불안감을 극복하게 해주었다. 그러나 그들이 의미하는 "공공의 이익"은 기존 질서가 파괴될 때 초래될 상황을 예방하는 것에 많은 비중을 두고 있었을 뿐 아니라, 그들의 인정은 그녀의 종교적 문학적 담론에 대한 조종과 관리를 내포하고 있었기에 양가적인 의미를 지닌 것이었다. 그러므로 첫 소설인 『메리 바튼』에서 개스켈은 하나님의 뜻을 가부장적 이데올로기에 종속시키는 당시의 사상적 문학적 풍토에 저항하고 작가로서 여자로서 자신만의 문학적 권위 혹은 목소리를 내기 위해 고심하고 있음을 볼 수 있다. 개스켈이 가졌던 여성작가로서의 목소리에 대한 고심과 '하나님의 시각에서' 그것을 극복하고

을 썼던 변호사 러들로(John Ludlow) 등의 기독교 사회주의자들이 쓴 팜플렛을 노동자들에게 나누어주어 읽게 해줄 것을 부탁하고 있다(Unsworth, 1996: 101). 또한 일찍이 1835년에 런던에서 모리스 목사네와 저녁을 보낸 적도 있다(Unsworth, 1996: 228).

15 스타일러는 노동자들의 편에서 자본주의를 비판한 기독교인에게 예수는 "첫 번째 차티스트"라고 불리기도 하고, 기독교 사회주의의 가장 급진적 입장에 선 중산층 작가들에게는 예수가 "사회주의자"로 그려지기도 했음을 지적한다(Styler, 2010: 16-17).

16 메리 호윗(Mary Howitt)은 『자서전(*Autobiography*)』에서 남편 윌리엄 호윗이 개스켈에게 "공공의 이익을 위해 그녀의 펜을 사용하라고 강권했다"고 기록하고 있다(Krueger, 1992: 170에서 재인용).

고통받는 자들을 위한 외침을 시작하는 모습은 에스더의 말하기, 존 바튼의 말하기, 메리의 말하기와 관련되어 잘 나타나 있다.

3. “타락한 여자”와 가난한 노동자들

소외 받고 고통 받는 자들을 위하여 “말을 해야만 한다”는 개스켈의 절박한 종교적 사명감은 『메리 바튼』의 등장인물 에스더(Esther)의 동일한 절박감을 통해 그 모습을 찾아볼 수 있다. 에스더는 개스켈의 다음 작품 『룻(*Ruth*)』에서 더 자세히 조망 받게 될 “타락한 여자”이다. 공장 여공이었지만 장교를 사랑했다 버림받고 “길을 헤매는 자(streetwalker)” 즉 매춘부가 된 에스더는 조카인 메리가 자기와 같은 길을 걷지 않도록 메리를 구하기 위해 ‘말해야 한다’는 강한 소명감을 가지고 있다.

> 그녀는 말을 해야만 한다. 그녀의 영혼은 그 일에 매달려 있었다. 그러나 누구에게 말해야 하나? (207)

메리를 구하기 위해 자기가 아는 사실을 밀해야만 한다고 그녀의 영혼은 그것에 매달리지만, 매춘부이며 알코올 중독자인 그녀의 말을 누가 들어주려 한단 말인가? 에스더의 말해야 한다는 강한 의무감, 그러나 자기의 말을 아무도 들어주지 않으려 함을 알기에 겪는 무력감, 지혜롭게 자기가 아는 것을 전달하여 메리를 구해야 하는 전략의 필요성—이 모두는 개스켈이 고통 받는 자들을 위한 외침을 시작할 때 절감했던 것이었다. 개스켈은 공장 도시 맨체스터에 유니테리언교 목사의 아내로 도착한 이래 노동자들의 어려움을 많이 목격했고 그들의 고통이 그들을 극단적으로 몰고 갈 위험성을 감지했으며 그들을 구해야 한다는 강한 의무감을 느꼈다. 그러나 여자로서 차티스트 운동 시기의 노사 갈등이라는 그 누구도 풀기 어려운 사회적 문제를 다룸에 있어서 어떻게 지혜롭게 이것을 다루어야 할지 작가로서의 서술 전략에 대해 고민하지 않을 수 없었던 것이다.

사실 "길을 헤매는 자"인 에스더는 일반인들이 알지 못하는 많은 것을 알고 있다. 사람들이 자주 드나드는 곳과 습관을 알고 있어서, 어디에 가서 존 바튼을 만날 수 있는지, 젬(Jem)을 만날 수 있는지 알고 있을 뿐 아니라, 해리 카슨(Harry Carson)과 메리의 관계를 알고 있고, 젬에게 메리에 대해 알려주는 사람도 에스더이며, 바튼이 범인임을 보여주는 증거가 되는 종이를 메리에게 주어 메리로 하여금 젬을 구하게 하고 바튼이 범인임이 드러나는 것을 막게 하는 것도 에스더가 한 일이다. 이러한 에스더를 가리켜 힐러리 쇼어는 "아마추어 형사이며, 자칭 어머니이고, 서술자적 대리인"이라고 형사적 역할과 어머니의 역할이 서술자적 역할을 강화시킨다고 주장한 바 있다(Schor, 1992: 30).

반면 밤길을 헤매고 다닌다는 점에서 여성 자선가와 매춘부가 공통적이라고 주장한 달버티스(D'Albertis)는 자선가의 역할을 하고 있는 서술자와 에스더 사이에 "너무 많은 연속성"이 존재하고 있다고 주장했다. 서술자는 맨체스터 노동자들의 삶의 현장으로 독자들을 이끄는 데 있어서 에스더가 남자 인물들에게 하는 것과 같이 독자들에게 절박하게 이야기하고 있고, 관심 없는 청자를 설득시켜 동정심을 만들어내야 한다는 것도 공통적이다. 서술자와 에스더 사이의 많은 유사점으로 인해 "작가는 어쩔 수 없이 '나쁜' 혹은 타락한 여자로 무시되기를 자초하여, 문자 그대로 진실을 다른 사람들에게 전할 수 없게 된다"고 주장하며, 따라서 서술자와 에스더 사이의 유사점이 오히려 서술자의 입지를 약화시킬 수 있다고 주장했다(D'Albertis, 1997: 56).

그러나 에스더의 존재는 그녀가 쇼어의 주장처럼 어머니의 역할을 하고 있기에 중요성이 강화되거나, 달버티스의 주장처럼 타락한 여자이기에 약화되는 것이 아니다. 오히려 에스더의 타락한 여자로서의 관점이 서술적 입지를 강화시킨다. 개스켈은 에스더를 가부장적이고 계급 중심적인 영국 사회의 철저한 피해자로 그리고, 이로 인한 주변인으로서의 관점을 가지게 함으로써, 가부장적 계급 중심적 영국 사회에 대한 신랄한 비판을 가하고 있는 것이다. 이 비판은 『룻』에서 더 강화되고 심화되지만 『메리 바튼』에서 에스더를 통해서도 많이 나타나고 있다.

에스더의 이야기는 존 바튼의 이야기와 평행을 이루고 있다. 그들이 죽어 같은 무덤에 묻히는 것으로 묘사되는 것은 그들을 영국 사회의 똑같은 희생자로 보고 있는 작가의 관점을 보여주고 있다. 에스더의 "타락" 이야기는 "무대 밖에서" 일어나고 있다. 『메리 바튼』의 첫 장면에서부터 에스더는 남자를 따라 집을 나간 여자로서 이미 존 바튼에게는 비판의 대상이며, 반면에 메리에게는 신분 상승의 꿈을 심어주는 선망의 대상이다. 에스더는 맨체스터에 살 때 공장 여공으로서 충분히 자기의 생계를 꾸려갈 수 있었으나, 장교에 대한 사랑에 빠져 결혼하자는 약속을 믿고 그의 아기를 낳고 버림받은 후에는, 그가 떠나며 준 50파운드로 가게와 방을 빌렸지만 아기가 병에 걸리면서 점점 가난의 늪에 빠져든다. 곧 밀린 방세 때문에 쫓겨날 운명에 놓인 에스더는 그 추운 겨울에 병에 걸려 신음하는 아기를 보며 아기의 고통을 덜어주기 위해 돈을 벌려고 "길거리"로 나선다.

"아, 아기의 신음 소리, 그 신음 소리, 돈이 있으면 그 고통을 덜어줄 방도가 있는데! 그래서 나는 1월의 어느 밤 길거리로 나섰어 — 하나님께서 그것에 대해 나를 벌하시리라고 생각하니?" 에스더는 거의 광기에 이르는 거친 격렬함으로 물으며, 젬에게서 답을 얻어내기 위해 그의 팔을 흔들어댔다. (210)

죽어가는 딸의 고통을 덜어줄 돈을 벌기 위해 몸을 팔아야 했던 에스더의 처지는 성홍열을 앓은 후 영양실조로 죽어가는 아들을 보며 훔치는 것이 죄가 아니라고 생각하고 기회만 허락되면 훔치려고 했던 존 바튼의 처지와 같다. 그러나 에스더는 그 일 후 다른 사람들과 "천국과 지옥이 멀듯 멀리 분리되어" 버렸고(211), 메리를 구하기 위해 메리의 상황을 설명하려고 존 앞에 나타났을 때 그에게서 살인자라는 욕설과 매춘부가 될 줄 알았다는 모욕을 당할 뿐 거의 한마디를 말하는 것도 허용 받지 못하고 감옥으로 잡혀간다. 에스더는 중산층 남자에게 농락당할 뿐 아니라, 노동 계층 내에서도 멸시와 조롱의 대상일 뿐 결코 이해받지 못하여, 계급적 · 성적으로 이중으로 억압받고 소외당하는 것이다.

존에게는 말도 붙여보지 못한 에스더는 오직 메리를 구하려는 일념으로 그녀의 말을 들어줄 사람으로 젬을 생각해내어 그에게 접근한다. 그러나 젬은 메리가 해리 카슨을 사랑한다는 말에만 신경을 쓸 뿐 에스더가 이야기하는 그녀의 고통스러운 인생에 대해서는 관심도 없다. 미친 사람처럼 그를 흔들어대며 정말 자기가 용서받을 수 없는 죄를 지은 것인지 그에게서 답을 듣고 싶어 하지만 그는 답하지 않는다. 더구나 에스더가 희망하는 대로 메리를 구해내지도 못한다. 메리를 구하는 것은 메리 자신이며, 젬은 메리를 구하기는커녕 해리와의 싸움으로 인해 메리를 공공의 시선 앞에 내모는 역할을 하게 된다.

이처럼 말을 통해 메리를 구하려는 에스더의 노력은 실패로 돌아가는데, 이는 첫 소설을 쓰는 개스켈이 자신의 작업이 결코 쉽지 않음을 의식하고 있음을 보여주고 있다. 마치 에스더가 길거리를 헤매며 사람들의 말을 엿듣고 거기에서 얻은 정보를 짜맞추어 메리의 상황을 알아내고, 해리의 살인사건의 중요한 단서 — 화약마개로 쓰인 종이 쪽지 — 를 손에 넣었듯이, 개스켈은 실천적 이웃 사랑을 강조하는 유니테리언 교도로서 길거리를 헤매며 가난한 사람들에게 자선을 행하고 그들의 어려움을 목격하고 그들의 고통을 이해하게 되었다. 그리고 마치 에스더가 자신의 경험을 통해 메리가 놓인 위험을 직시할 수 있었듯이, 개스켈은 경험을 통해 노동자와 여자들이 당하는 어려움을 직시할 수 있었다. 그리고 에스더가 말을 통해 메리를 구하려 하는 것처럼 개스켈은 글을 통해 그들을 구하려고 한다. 그러나 에스더의 말이 존에게도 젬에게도 전달되지 못하듯이 개스켈의 글도 독자들에게 전달되기 어려웠다. 그럼에도 불구하고 개스켈은 에스더가 간절히 묻고 있으나 어떤 인물도 답해주지 않는 질문 — 하나님께서 그녀를 용서해주실지에 관한 질문 — 에 대한 답을 통해 자신의 외침이 들려지도록 노력하고 있다. 개스켈은 에스더의 무덤에 "그는 항상 꾸짖지 않을 것이며, 그는 노를 영원히 품지 아니하시리라"라는 성경구절(시편 103: 9)을 적히게 할 뿐 아니라, 이해받지 못하는 에스더의 이야기를 독자들에게 들려주고, 에스더의 이야기가 이해받지 못함을 독자들에게 보여주고, 에스더의 순수한 마음을 볼 수 없는 사회를 비판함으로써, 에스더와 같이 성적으로 계급적으로 이중으로 억압받는 여자들의 고통을 전달해내고 있다.

개스켈이 살려내고 있는 말들은 에스더의 이야기뿐 아니라 존 바튼의 이야기에도 해당된다. 사실 이 소설의 제목이 『메리 바튼』으로 출판되었지만 원래는 『존 바튼』이었다는 사실에서도 나타나듯이, 존 바튼은 이 소설의 주된 인물이다(Gaskell, 1966: 39). 뿐만 아니라 현재의 제목이 『메리 바튼』임에도 불구하고 이 소설을 산업소설의 관점에서 보는 비평가들에게는 존 바튼의 이야기는 가장 중요한 이야기일 뿐 아니라 유일한 이야기이다. 그들에게 에스더의 이야기는 별로 중요하지 않고, 메리의 이야기도 플롯을 쉽게 풀어나가는 장치 정도로 간주될 정도이다. 사실 존의 이야기는 서문에서 개스켈이 이 소설을 쓴 목적을 노사간의 불행한 관계를 생각할수록 점점 더 말 못하는 노동자들의 고통을 말로 나타내고 싶어져서였다고 한 그 고통이었다.

> 고용주와 피고용인들이 그럴 수밖에 없듯이 공동의 이익으로 서로 묶여 있는 사람들 사이에 있는 것들의 불행한 상태에 대해 생각하면 할수록, 나는 이 말없는 사람들을 몸서리치게 하는 고통을 말로 표현하기를 더욱 더 간절히 바라게 된다. 행복한 자들의 공감을 받지 못하는 고생의 고통에 대하여, 아니면 행복한 자들의 공감을 받지 못한다고 잘못 믿어서 오는 고통에 대하여 말로 표현해야 한다는 갈망을 더욱 더 가지게 된다. (37-38)

불경기를 맞아 노동자들이 당하는 고통, 그들이 당하는 극한의 가난이 가장 잘 나타난 부분은 대븐포트(Davenport)네가 사는 베리 가(Berry Street)의 지하 방을 그리는 장면이다. 카슨 씨(Mr. Carson)네 공장에 화재가 난 후 공장주인인 카슨 씨는 별 손해를 보지 않는다. 오히려 보험료를 받아 낡은 기계를 새 기계로 대체할 수 있게 되고, 불경기 기간 중에 노동자들을 해고할 명분이 생김으로써 인건비도 아끼고 가족들과 오붓한 시간을 가질 수도 있다. 반면 해고된 노동자 대븐포트의 식구들은 생사를 오가는 절망적 가난을 직면하게 된다. 열병에 걸린 대븐포트가 불기 한 점 없는 집에서 차가운 감자 하나 못 먹고 있다는 사실을 윌슨(Wilson)에게서 들은 바튼은 베리 가에 있는 그의 지하 방을 찾아가는데, 지저분하고 여기저기 더러운 웅덩이들이 파여 있는 그 길, 어른이 서도 땅보다 1피트나 머리가 낮게 되는 그곳에 있는 대븐포트네 지하 방에 들어섰을 때, 그곳은 사람이 산다고 할 수 없을 정도로 더럽고 어둡고 악취가 풍긴다.

… 냄새가 너무 고약하여 그 두 남자를 거의 쓰러뜨릴 정도였다. 그런 일에 익숙한 사람들이 그렇듯이, 그들은 재빨리 자신을 회복하고, 그곳의 두꺼운 어두움을 꿰뚫어, 축축한 아니 젖은 벽돌 바닥에 뒹굴고 있는 세네 명의 어린 아이들을 보게 되었다. 그 바닥을 뚫고 길에 고여 있던 불결한 습기가 스며 올라왔다. 벽난로는 텅 비어 새까맣고, 부인은 남편의 의자에 앉아 축축한 외로움 속에 울고 있었다. (98)

"기아의 40년대(hungry forties)"에 극빈 노동자들이 당한 고통을 개스켈이 이렇게 상세히 묘사할 수 있었던 것은 그녀가 연간으로 나오던 『맨체스터의 가난한 자들을 위한 목사의 보고서(*Reports of the Ministry to the Poor, in Manchester*)』라는 유니테리언 내의 서류를 읽었기 때문이었음을 프라익스텟(Fryckstedt)은 지적한 바 있다(Fryckstedt, 1982: 92-93). 개스켈은 이 보고서를 통해 가난한 자들의 절망적인 상황에 대해 자세한 정보를 얻었을 뿐만 아니라, 부자와 빈자의 문제를 어떻게 볼 것인가에 대한 유니테리언의 기독교적 메시지도 얻었다.

부자와 빈자의 문제, 중산층과 노동계층의 문제에 대한 개스켈의 입장이 유니테리언의 입장에 기초해 있었음을 이해하기 위하여는 에드윈 채드윅(Edwin Chadwick)의 보고서와 벅랜드(Buckland)의 보고서를 비교해 보는 것이 도움이 된다. 채드윅이 1842년에 쓴 『영국 노동자들의 위생 상태에 대한 보고서(*Report on the Sanitary Condition of the Labouring Population of Great Britain*)』는 노동자들의 열악한 환경을 개선할 것을 주장하면서 그래야 하는 이유로 노동계층의 "불결한 습관"이 영국 사회의 "건전한 도덕"과 "세련된 예의범절"을 해치게 될 것이라는 우려를 들고 있다.

> 국민의 도덕적 상황을 개선하는 데에는 유해한 물질적 환경의 제거와 시민과 가정과 개인의 청결을 증진시키는 것이 필요하다. 왜냐하면 건전한 도덕과 세련된 예의범절과 건강은 사회의 어떤 계층에 있는 불결한 습관과 오래 함께 존재할 수는 없기 때문이다. (Childers, 1995: 126에서 재인용)

채드윅이 중산층의 건전한 도덕을 노동계층이 해치게 될 것에 대한 우려로 노동계층의 환경 개선을 주장하고 있는 것과는 달리, 벅랜드가 1842년에 쓴 『맨체스터의 가난한 자들을 위한 목사의 보고서』는 계층 간의 이해의 부족은 서로에 대한 무지에서 유래한다고 보고 중산층에게 노동계층을 알고 그들에게 배울 것을 강조하고 있다.

> 우리의 부유한 친구들이 때때로 우리의 사교 모임에 참석하기를 바란다. 그러면 그들에게 많은 도움이 될 것이다. 그들은 인간의 동정심과 종교적인 생활의 요소들이 모든 계층에 공통적임을 보게 될 것이다. 그들은 사람으로서 본질적으로 사람에게 속했음을, 그리고 천한 빈자의 집에서 모든 것이 우울한 황무지는 아님을 보게 될 것이다. (Fryckstedt, 1982: 94에서 재인용)

개스켈은 벅랜드와 같이 중산층 사람들은 가난한 사람들에게 오히려 배워야 한다고 보았고, 이를 대븐포트를 돕는 윌슨과 바트를 통해 보여주고 있다. 사실 윌슨은 그래도 대븐포트를 3년간 동료로 알아온 사이이지만 바튼은 그를 잘 알지도 못하는 사람이다. 그래서 처음에 윌슨이 대븐포트의 어려움에 대해 말했을 때 "바튼은 관심을 갖지 않으려 노력하지만, 그의 퉁명스러움에도 불구하고 관심을 갖지 않을 수 없었다"(97). 그리고 대븐포트의 형편을 목격한 후에는 곧장 집으로 "달려와" 그의 귀중품인 코트와 실크 손수건을 저당 잡혀 고기와 빵과 초와 석탄을 사서 가져다 준다. 이 순간의 바튼은 그의 가장 기독교인적인 아름다움 즉 "선한 사마리아인"의 모습을 보여준다. 일찍이 바튼은 가난한 자의 어려움을 알지도 못하고 돕지도 않는 부자들에 대해 신랄한 비판을 토로한 적이 있다.

> "만일 내가 아프면, 그들이 와서 나를 간호해줄까? (불쌍한 톰이 내가 줄 수 있었던 것보다 나은 음식이 없어서 하얗고 창백한 입술을 떨며 누워 있었을 때처럼) 만일 내 아이가 죽어가고 있다면, 부자가 그의 생명을 구할 포도주와 묽은 수프를 가지고 올까? 만일 내가 어려운 시기에 여러 주 동안 일자리를 잃었을 때, 검은 서리와 예리한 동풍과 함께 겨울이 오는데, 난로에는 석탄이 없고 침대엔 이불도 없다면 … 부자가 그의 풍족함을 나와 나눌까? 만일 그의 종교가 가짜가 아니라면 그는 응당 그렇게 해야만 하는데. … 아니야. 내가 말하는데, 그런 일을 가난한 사람을 위해 할 사람은 가난한 사람이야, 단지 가난한 사람뿐이야." (45)

기독교 국가인 영국에서 부자와 빈자가 두 개의 세계로 분리되어 살아가고 있는 것에 대해 "부자와 나사로"의 비유를 들어 비판하고 있는 것은 개스켈이 기독교인으로서 가장 하고 싶었던 산업사회에 대한 비판이었다. 누가복음서 16장에 기록되어 있는 예수의 "부자와 나사로" 비유에 의하면, 사치스런 생활을 영위하던 부자의 대문 앞에 거지 나사로가 헌데 투성이로 버려져 있었고 부자의 상에서 떨어지는 것이라도 얻어먹고자 했으나 결국 얻어먹지 못하고 죽고 말았다. 부자는 죽은 후 음부에 갔고 불꽃 가운데 고통을 당하며 눈을 들어보니 나사로가 아브라함의 품에 있었다. 부자는 아브라함에게 간청하기를 나사로의 손가락 끝에 물을 찍어 한 방울이라도 얻어먹게 해달라고 하나, 허용되지 않았다. 그때 아브라함은 이렇게 말했다. "되돌아보아라. 살아 있을 때에 너는 온갖 복을 다 누렸지만, 나사로는 온갖 불행을 다 겪었다. 그래서 그는 지금 여기에서 위로를 받고, 너는 고통을 받는다"(「누가복음서」 16: 19-31).

"'부자는 빈자의 어려움을 모른다는 예의 그 흔한 변명'" 따위는 받아들일 수 없다고 바튼은 말한다. "'만일 그들이 모른다면, 그들은 알아야만 한다'"고(45). 그리고 개스켈은 그들이 그것을 알도록 하기 위하여 "부자와 나사로"의 비유를 사용하고 있다. 개스켈이 성경 인용을 어떻게 활용하고 있는지를 분석한 싱글턴(Jon Singleton)에 따르면, 노동 계층과 중산 계층 모두 도덕적, 사회적, 그리고 심지어 정치적 문제에 있어서 권위 유지를 위해 성경에 의존했는데, 서로 다른 관점에서 아전인수 격으로 성경을 활용했다. 그런데 개스켈은 양 계층에 모두 공명하는 성경 구절을 선택하여 긴장 속에 양쪽의 의미 수준을 유지시킬 수 있었다고 분석한다. 특히 "부자와 나사로"의 이야기는 복음주의 국교도들에게도, 노동 계층 감리교도들에게도, 그리고 차티스트 운동을 하는 기독교도들에게도 똑같이 받아들일 수 있는 의미를 전달했다고 평가하고 있다(Singleton, 2011: 929).

부자들이 빈자의 어려움을 알게 하는 것—그것은 원래 바튼이 차티스트 운동의 대의원으로서 하려 했던 일이었다. 1839년 봄에 노팅엄, 글래스고우, 맨체스터 등 여러 도시에서 선발된 대의원들은 국회에 탄원서를 전달하기 위하여 런던으로 갔다. 그들은 "단지 보고 들은 것에 대해서가 아니라 직접 겪고 당했던 것으로부터 말한" 사람들이었다. 그들 중의 하나였던 바튼은 자기가 "사람들의 곤궁을 알게 하여 결과적으로 커다란 구제금을 조달하는 데 도구로 선발된 데" 대해 정말로 기뻐한다(127). 그들이 겪는 가난과 질병과 고통을 국회가 듣기만 하면 "그들은 우리가 지금 추측할 수 있는 것보다 더 현명한 것을 우리를 위해 분명히 할 것"이라고 순진하게 기대하고 있다(130).

바튼의 순진한 기대와 처절한 좌절은 개스켈이 지금 『메리 바튼』을 쓰면서 기대하고 있는 것과 그 결과에 대한 불안감을 예시하고 있다. 서술자는 경제적 불경기의 시기에 가장 개탄할 일은 서로 다른 계층 간의 소외라고 주장하면서, 이 도시에 널리 퍼져 있는 고통의 상황이 알려지지 않고 있음이 분명하다고, 만일 이 "기독교 땅에" 그 고통이 알려지기만 했다면 "더 행복하고 운 좋은 사람들이 그들의 동정심과 원조를 가지고 밀려들었을 것이다"라고 말하고 있다(126). 개스켈은 정말 그렇게 믿었던 것일까? 그녀가 사람들에게 가난한 자들의 고통을 일리기만 하면 그들이 가난한 자들을 도우려고 "밀려들" 것이라고?

개스켈이 중산층의 견해를 가지고 중산층의 입장에서 "기아의 40년대"의 문제를 보았다는 지적들이 있다. 특히 『메리 바튼』의 결말이 바튼의 회개와 카슨 씨의 용서로 끝나는 것이 개스켈의 한계로 지적되고 있다.[17]

---

17 예를 들어, 개스켈 당시의 장례 제도 개혁에 관한 논쟁을 분석한 호츠(Mary Elizabeth Hotz)는 바튼의 죽음이 복수와 권력을 포기한 것인 반면에 카슨 씨는 권력을 그대로 유

바튼은 노동자들의 가난한 행색을 그림으로 그려 조롱하는 해리 카슨을 응징하는 차원에서 그를 살해하지만, 살인 후 점점 양심의 가책에 시달려 건강을 잃게 되고, 죽어가면서 카슨 씨를 불러 죄를 고백하고, "나는 내가 무슨 일을 하고 있는지 몰랐습니다"라고 용서를 빈다. 카슨 씨는 처음에 아들을 죽인 자가 메리의 연인인 젬인 줄 알고 복수에 열심을 냈으나, 뜻밖에 늙고 병든 바튼이 범인이라는 자백을 듣게 되었다. 그는 가난한 바튼을 본 후 다소 동정심은 생겼으나 그 고백을 들을 당시에는 결코 용서할 마음이 없었다. 그런데 길을 가다 한 소년이 어린 소녀를 다치게 하여 소녀의 보모에게 큰 꾸지람을 듣자, 소녀가 도리어 그 소년은 자기가 무엇을 하는지 몰랐다며 용서해주는 것을 목격한 후, 집에 돌아가 성경을 읽게 된다. 그리고 십자가에 못 박히던 예수가 자신을 못박는 자들을 "그들은 그들이 무엇을 하고 있는지 모른다"고 용서해주시기를 비는 부분을 읽으며 처음으로 그 의미를 깨닫는다. 다음 날 아침 카슨 씨가 다시 바튼에게 갔을 때 바튼은 그의 품에 안겨 숨을 거둔다. 바튼이 죽은 후 카슨 씨는 노동자들의 어려움을 이해하게 되고, 노사간에 이해와 믿음과 사랑 증진에 힘쓰는 삶을 살다 갔다.

이러한 순진하고 감상적인 결말을 개스켈은 정말 믿었을까? 존 바튼의 차티스트 운동 대의원으로서의 실패는 그러한 결말이 결코 쉬운 것도 아니며 영국의 문제를 해결할 수 있는 것도 아님을 충분히 인식하고 있었음을 보여준다. 그러므로 그 결말은 가능한 것으로서가 아니라 가능하기를 바라는 것으로 제시하고 있는 것이라고 할 수 있다. 카슨 씨와 바튼의 마지막 장면에서 카슨 씨의 품에 안긴 바튼의 모습은 피에타 상을 연상

지했다고 주장했다(Hotz, 2001: 52).

시킨다. 바튼은 한때 품었던 공장주들에 대한 증오를 반성하고 죽어가는 초라한 노동자가 아니라, 인류를 위해 목숨을 바친 구원자 예수의 모습으로 대치되는 것이다. 바튼이 죽어갈 때 카슨 씨는 마지막으로 "우리가 우리에게 죄지은 자를 사하여준 것 같이 우리 죄를 사하여주소서"라고 기도하는데, 그 기도는 바튼과 카슨 씨에게 모두 해당되는 것이다. 그들은 서로에게 죄를 지었고 서로를 용서해주었다. 이 두 사람은 둘 다 아들을 잃은 사람들로서 서로의 고통을 공유함으로써 서로에 대한 이해에 이르렀다. 이러한 결말은 제인 톰킨즈가 지적한 "기독교 자체만큼이나 오래된 이론"인 "역사적인 변화는 종교적인 개심을 통해서만 일어난다는 개념"을 극화하고 있는 것이라고 할 수 있다(Tompkins, 1985: 133). 바튼과 카슨 씨의 이해는 노동자와 사용자 사이의 이해가 아니라 삶과 죽음과 고통을 공유한 인간으로서의 영적인 이해였다. 그리고 개스켈이 원한 것은 바로 그런 인간 간의 이해였다.

그러한 인간 간의 이해를 불러내기 위해 개스켈이 사용한 서술 전략은 가난한 노동자들의 고통을 "행복하고 운 좋은" 위치에 있는 중산층 독자들에게 전달하는 형식을 취하는 것이었다. 대의원들이 국회에 그들의 증언을 전달하는 데 실패한 요인으로 개스켈은 그들의 "거칠고 교육받지 못한 언어"를 언급하고 있다 (141). 이는 언어적 권위에 대한 개스켈의 의식을 보여주는 것이다. 차티스트 운동을 하는 노동자들의 의사 전달 노력이 실패하는 것을 보아왔던 그녀는 중산층 독자를 설득시키기 위하여는 중산층의 언어를 사용해야 한다고 보았고 그들의 관점에서 이야기를 전달하여야 한다고 보았다. "그들은 우리를 화나게 하고, 우리를 겁나게 하고, 우리는 그들의 적이 되었다"(220)와 같은 표현에서 서술자는 자신이 중산층임을 공공연히 밝히고 있다. 또한 하층민의 관점에서 이야기할 때는 미리 변명을 하기도 한다. “나는 사용자나 노동자들의 전문적 용어로 나를 표현할 수 있을지 모르겠다. 그렇지만 그냥 노동자들이 생각하는 대로 그 경우를 기술하도록 노력하겠다”(220). 서술자는 이처럼 자신이 중산층임을 공공연히 밝힘으로써 그녀가 회개를 촉구하고 있는 대상인 중산층이 느낄 반감을 줄이려 노력하고 있다.

비록 개스켈이 중산층의 관점을 완전히 뛰어넘지는 못했다 할지라도 서술자의 그러한 태도를 작가의 태도와 동일시하지는 말아야 한다. 로빈 워홀(Robyn R. Warhol)은 개스켈의 서술자를 “끌어당기는 서술자”라고 분류하고 이러한 서술자는 19세기에 여성 작가들이 유일하게 공적 영역에서 말할 수 있는 기회를 잡고자 사용한 역사적 현상이라고 분석했다(Warhol, 1986: 811).[18] 워홀의 지적대로 개스켈의 서술자는 정말 진지하게 독자를 “당신”이라고 부르며 독자에게 자기가 바라는 바, 즉 가난한 자, 노동자, 여자들의 고통을 이해하고 그들을 도와주기를 탄원하고 있다. 그러나 바튼과 에스더의 경우에 그들이 말하려 한다고 혹은 말한다고 다 이해받거나 문제가 해결되지 않음을 보여주고 있는 것을 통해 나타내듯이, 작가는 독자들이 그렇게 쉽게 자기 말을 따르지 않을 것임을 의식하고 있다. 이 점에서 단순한 희망을 가지고 있는 서술자와 그것이 단순한 희망임을 의식하는 작가 사이에는 다소의 거리가 있다고 할 수 있다. 구약의 선지자들의 외침이 이스라엘 백성들에게 받아들여지지 않았던 것을 잘 알고 있는 개스켈은 자신의 외침의 효과에 대해서 결코 낙관하지

18 워홀은 “끌어당기는 서술자(engaging narrator)”를 “거리를 두는 서술자(distancing narrator)”와 대조시키고 있다. “거리를 두는 서술자”는 실제의 독자와 텍스트 속의 “당신” 사이에 거리를 두는 서술자인 반면에, “끌어당기는 서술자”는 독자를 진지하게 “당신”이라고 부르며 그 거리를 될수록 줄이려고 노력하는 서술자이다.

않고 있음을 암시하는 것이기 때문이다.

4. 메리 바튼의 말하기

말하기의 문제는 메리 바튼의 이야기를 통해서도 나타나 있다. 존 바튼이 처음에는 자기의 의견을 잘 표현하는 사람이었으나 차티스트 운동 대의원으로 런던에 가 실패하고 돌아온 후 점점 말을 잃고 사람들과 소외되어가고 살인자가 된 후 완전히 말을 잃어가는 것과는 달리, 메리는 자기의 목소리를 점차 가지게 되는 것으로 그려져 있다. 『메리 바튼』은 노사 갈등이 심한 맨체스터를 배경으로 메리의 성장 과정을 그린 성장소설로 읽힐 수 있을 정도로 메리의 성장은 소설 전체에서 중요한 비중을 차지하고 있다. 그리고 그 성장은 메리의 목소리와 밀접하게 연관되어 있어서, 개스켈이 여성의 성장과 여성의 말하기의 관계를 얼마나 중요시하고 있는지 보여 준다.

타락 전의 낙원에서의 모습처럼 행복한 바튼네 가정을 그린 첫 장면에서부터, 13세의 메리는 돈 쓰는 심부름을 좋아하고 "힘을 좋아한다"고 묘사되어 있다. 젬이 갑자기 나타나 그녀에게 키스했을 때 메리는 "수치보다는 분노로" 그의 빰을 때린다. 어머니의 죽음 후 메리는 자기 또래의 아이들보다 훨씬 독립적이 된다. 집안의 모든 돈은 그녀의 손을 통해 지출되고 그녀의 지각을 믿는 아버지의 사랑 덕에 친구 선택이나 시간 사용에 자유를 누린다. 이러한 메리가 일할 나이가 되어 어떤 일을 해야 할지 결정해야 하게 되었을 때 메리는 지금까지 누린 독립적인 생활을 잃고 싶지 않아 하녀가 되는 것에 반대하고 양재사의 도제가 되기로 결정한다. 그리고 그 일자리를 얻어주는 데 아버지는 실패하지만, 메리는 스스로 시몬즈 양(Miss Simmonds)네에서 일자리를 얻는 데 성공한다.

개스켈이 메리가 재봉사 일을 하는 것으로 그린 것은 단순히 메리가 노동계층의 여자이기 때문이었다고 치부할 수 없다. 19세기의 대부분 소설에서 여주인공들은 중산층 여자들이고, 대부분 하는 일이 없다. 그런데 19세기에 영국인들은 일하는 것을 매우 중요하게 생각했다. 일하지 않는 귀족 계층을 이상적으로 보았던 중세와 달리, 종교개혁 후 사람들은 게으르지 않고 열심히 일하는 것이 이 세상에서 사는 동안 해야 할 일이라고 생각하게 되었다. 특히 산업사회가 발달하게 된 19세기에, 일은 인내, 절제, 끈기 같은 자본주의적 미덕을 요구하는 것으로서 성공의 열쇠라고 생각되었다. 그래서 빅토리아인들은 일을 자아를 표현하는 수단으로 생각했고, 일을 통해 마음과 정신은 단순한 노동을 일종의 예술로 변화시킨다고 생각했다(Colby, 1995: 3). 토마스 칼라일은 『과거와 현재(*Past and Present*)』에서 "모든 일은, 면방직조차도, 고귀하다. 일은 홀로 거룩하다"라고 말하면서 행복에 커다란 관심을 쏟는 당대인들에게 일을 하는 것이 바로 행복이라고 말하고 있다.

> "먹을 수 없어"가 아니라 "일할 수 없어" … 결국 그것이 사람의 유일한 불행이다. 그가 일할 수 없다는 것, 그가 사람으로서의 그의 운명을 성취할 수 없다는 것. 보라, 낮이 빨리 흘러가고, 우리의 인생도 빨리 흘러가버리며, 아무도 일할 수 없는 밤이 온다. 일단 밤이 오면, 우리의 행복, 우리의 불행 — 그것은 모두 폐지되고, 사라지고, 깨끗이 없어진다 … 그러나 우리의 일 — 폐지되지 않는 것, 사라지지 않는 것을 보라. 우리의 일을 보라, 그것은 남아 있다, 아니면 그것의 부족이 남아 있다. (Carlyle, 2002: 192)

이처럼 이 세상의 관점에서뿐 아니라 종교적인 관점에서도 일을 중시했던 빅토리아인들이었지만, 그들이 일을 논할 때 그것은 늘 남자와 관련되어 있었다. 그래서 19세기의 많은 성장소설에서 남자들은 자신의 일을 찾는 것이 늘 성장과 관련되어 있으나, 여자들의 경우는 결혼하여 아내가 되고 어머니가 되는 것이 그들의 "일"로 그려져 있다. 그러나 실제로 19세기에 많은 여자들은 일하고 있었고, 특히 노동계층의 여자들은 대부분 일을 했다.[19] 대다수 작가들에게 일하는 여성은 보이지 않았으나, 개스켈은 일하는 여성들의 가치를 높이 평가했다. 메리의 경우 16세가 되었을 때 그녀가 일하는 것은 모두에게 자연스럽게 받아들여진다. 메리는 재봉사라는 자신의 직업에서 만족을 얻을 뿐 아니라 일을 통해 성숙해간다. 메리의 아버지는 메리의 직업의 중요성을 인식하고 있으며, 메리가 재봉사가 되겠다고 했을 때 딸의 의견을 존중해준다(Colby, 1995: 13).[20] 마가렛(Margaret)은 시력이 점점 흐려지는데도 일을 계속하여 가정을 꾸려가며, 시력을 잃은 후에도 가수로서 적지 않은 수입을 얻어 할아버지를 부양할 뿐 아니라, 메리에게도 도움을 준다. 공장 여공들도 수입이 있기에 독립적일 수 있으며, 에스더도 "타락" 전 공장 여공이었을 때는 독립적인 생활을 할 수 있었다. 메리는 일을 통해 독립심을 길러나가고, 실직한 아버지 대신 가정을 꾸려간다.

그러나 메리는 자신의 미모를 살려 숙녀가 되겠다는 꿈을 가지고 있

19 1851년 인구조사에 따르면, 20세가 넘은 여자 중 14만 명이 하녀직에 종사하고 있었고, 의류와 신발업계에는 12만5천 명이, 교육에는 만천 명이, 견직 산업에 9천 명이 종사하고 있었다 (Colby, 1995: 4).

20 콜비는 메리가 법정에서 연인을 석방시키는 데에 주요한 역할을 할 수 있는 것도 집 밖에서 일을 함으로써 얻은 힘에 근거한다고 여성 노동의 중요성을 이 작품의 핵심 중의 하나로 꼽고 있다.

다. 그런데 미모를 이용해 신분 상승을 하려는 그녀의 계획은 그녀의 독립심을 저해하고 판단력을 흐리게 한다. 해리 카슨이 그녀에게 관심을 가질 때 그녀는 높은 계층의 남자와 결혼하여 가난을 벗어날 수 있다는 꿈에 부풀어 그의 인물됨을 제대로 파악하지 못하며 그의 저의도 파악하지 못한다. 또한 자기가 누구를 사랑하고 있는지 자신의 마음도 읽지 못한다. 신분 상승이라는 목적에 가려 그녀는 판단력을 잃어버리고 독립적인 자아를 잃어버리는 것이다.

메리가 그것들을 회복하고 성장해가는 과정은 그녀의 말하기와 관련되어 있다. 젬의 사랑 고백을 받고 그것을 거절한 후 메리는 자신이 사랑하는 사람이 젬임을 깨닫게 되고, 해리가 원하는 것은 결혼이 아니었다는 것도 깨닫게 된다. 메리는 젬에게 그를 사랑하는 자기의 마음을 전하고 싶지만, 여자이기 때문에 그것을 말할 수 없다. 자기 마음을 알리기 위해 젬에게 편지라도 써볼까 생각하지만 마가렛은 인내하라고 충고한다. "인내하는 것은 우리 모두가 삶을 통해 해야 하는 가장 어려운 일이야. 기다림은 행위보다 훨씬 더 어려워. … 그러나 그것은 우리 모두가 어떻게든 배워야만 하는 하나님의 교훈이야"(190). 참고 기다리는 것이 행위보다 어렵다는 것은 많은 여자들이 경험하는 것이다. 그런데 그것이 하나님의 뜻이라는 것이 마가렛의 충고이다. 그러나 개스켈은 남자에게는 행위와 말을 여자에게는 인내와 침묵을 요구하는 것이 하나님의 뜻이라는 당시 사회의 통념을 바꾸고자 한다. 말을 하고 행위를 함으로써 여자도 가치를 발휘할 수 있고 하나님의 일을 할 수 있음을 메리를 통해 보여주려 하는 것이다.

그 출발점은 극도의 고통 속에서 시작된다. 해리가 살해를 당했고 그를 살해한 사람이 젬이라고 추정되어 체포되었을 때 젬의 어머니 윌슨

부인은 그 모든 것이 메리 때문이라고 분노한다. 메리 자신도 이 모든 일이 자기 때문에 일어났다는 죄책감과 사랑하는 젬이 자기 때문에 처형을 당하게 될지 모른다는 생각에 극도의 공포 속에 빠져든다.

> 그때 그녀는 땅바닥에 몸을 던졌다, 그랬다, 딱딱한 판석 위에 그녀의 부드러운 팔다리를 던졌다. 빗모양 장식이 그녀의 머리에서 떨어져내려, 밝은 머리 다발들이 먼지 덮인 마루 바닥을 쓸었고, 그녀는 고개를 숙여 팔 위에 얼굴을 묻으며, 힘들고 숨막히는 흐느낌을 토해냈다.
>
> 오, 대지여! 그 날 밤 당신은 당신의 불쌍한 아이에게 비참한 거주지에 불과해 보였을 뿐입니다. 아무도 위로해주지 않았고, 아무도 동정해주지 않았습니다! 그리고 자책이 가슴을 갉아먹고 있었습니다. (285)

이 장면에 대해 에지콤(R. S. Edgecombe)은, 개스켈이 의도적으로 구약성경 이사야서의 어조를 사용하고 있으며 이를 통해 "고통받는 종(the Suffering Servant)", 즉 예수를 떠올리게 하고, 그의 고통이 가져오는 대속(代贖)의 가능성을 제시하고 있다고 분석하고 있다(Edgecombe, 1996: 55).[21] 메리는 이 장면에 묘사된 절망적 슬픔을 딛고 일어나 "그는 구원받아야만 하고, 그녀는 그것을 해야만 한다"(302)는 굳은 각오로 젬을 구원하기 위한 과감한 행동을 감행하기 시작한다.

메리가 젬의 알리바이를 증명해줄 수 있는 윌(Will)을 찾아 법정에 데려오는 과정은 메리의 정확한 판단력과, 위험을 마다하지 않는 활동력에 기초해 있다. 무엇보다 젬의 누명을 벗겨줄 수 있는 사람이 윌이라고 판단

21 에지콤은 메리 바튼을 서구의 문학이나 음악에 나타난 "여성 구원자"(female saviours) 전통 속에서 비교 분석하고 있다.

한 사람이 메리이다. 젬이 목요일 밤에 윌과 함께 있었고, 리버풀까지 가는 길의 일부를 함께 걸어갔으니, 윌을 찾으면 알리바이를 증명할 수 있을 것이라는 정확한 판단을 했던 것이다. 주위 사람들은 메리의 그런 생각에 회의적이고, 심지어 좝 레그(Job Legh)까지도 메리에게 너무 거기에 기대를 걸지 말라고 하지만, 메리는 자신의 결심을 막을 수 없다면서 윌을 찾아 떠난다. 메리가 윌을 찾기 위해서는 먼저 기차를 타고 리버풀로 가야 한다. 화자는 당시 기차 여행이 메리에게 쉽지 않은 것이었음을 자세히 설명한다. 난생 처음 맨체스터에서 기차를 타고 혼자 리버풀까지 가는 메리는 사람들 소리, 벨 소리, 기적 소리로 시끄럽고 어수선한 가운데에도, 목적지에서 기차를 내려 윌이 머물고 있다고 생각되는 곳으로 찾아간다. 그런데 윌이 이미 배를 타고 떠났다는 것을 알게 되고, 낙담할 수밖에 없지만, 그의 배를 따라잡을 수 있을지 모른다는 작은 희망에 매달려, 윌이 타고 떠난 배 존 크로퍼(John Cropper)호를 찾아 보트를 탄다. 평생 처음 보트를 타고 "흔들리고 비틀거리면서" 메리는 "거칠고 단단해 보이는 두 남자"와 함께 존 크로퍼호에까지 가서 윌을 찾아낼 뿐 아니라, 위험한 뱃사람의 집에서 자는 것도 마다하지 않고, 심지어는 그의 부인에게 "타락한 여자"로 의심받는 것도 개의치 않음으로써 윌을 법정에 데려오게 되었던 것이다. 개스켈은 윌을 법정에 데리고 오기 위하여 메리가 하는 정신적 육체적 수고와 고생을 자세하게 기록하고 있으며, 이 기록을 통해 메리가 어떻게 도덕적으로 성장해가는지를 잘 보여주고 있다.

젬이 해리를 살해했다는 누명을 쓰고 재판을 받게 되었을 때 메리는, 한때 결혼을 꿈꾸던 해리는 죽었고 그녀가 사랑하는 젬은 살인 누명을 썼으며 그녀가 그토록 사랑하는 아버지는 진짜 범인인 상황에 놓이게 되는데, 이때 그녀는 "도움을 받을 데도 없고 친구도 없는 그녀의 자아에 얼마나 많은 것이 달려 있는지" 절감하게 된다. 그렇지만 그녀의 말과 행위가 자신을 위하는 이기적인 동기가 아니라 어려움에 처한 젬을 구하려는 것일 때 그녀는 더 이상 망설임도 없고 두려움도 없다.

> "그러나 분명 하나님께서 나를 도우실 거야. 내가 옳은 일을 하고 있다는 걸 알 때 나는 두려움을 갖지 않고, 하나님을 신뢰할 거야. 왜냐하면 그렇게 잘못한 나 자신을 위해서가 아니라, 결백하고 선한 사람을 위해 행동하는 거니까." (318)

메리가 하려는 일은 개스켈이 이 책을 통해 외침을 시작하는 목적과 같다. 또한 지금까지 하고 싶은 말도 못했던 메리였지만 남을 위해 일을 시작할 때 더 이상 두려움을 느끼지 않으며, 이 일이 하나님을 믿고 신뢰하는 신앙에 근거하는 것도 개스켈과 같다. 개스켈은 그러한 메리를 마가렛을 통해 재평가한다. 메리가 "다정하고 불완전하고 충동적이고 사랑할 만한" 바로 그 메리로 다시 되었지만, 그뿐 아니라 "더 품위와 자립심과 목적"을 가진 메리로 성숙하게 되었다고 평가하는 것이다. 이처럼 메리의 성장은 여자에게 주어진 관습적 플롯을 넘어서 자신의 삶을 결정하는 것과 연결되어 있으며 이는 공적 말하기와 긴밀한 연관을 가지고 있다.

재판 장면에는 메리에게 요구되는 전통적인 역할과, 메리로 하여금 그것을 뛰어넘어 공적 역할을 성공적으로 수행해내도록 하는 개스켈의 태도가 잘 나타나 있다.[22] 메리는 억울한 누명을 쓴 젬이 무죄임을 말하고

---

22 콜비는 재판을 포함한 구출의 이야기가 산업소설에서 일종의 관례라고 지적하면서, 『메리 바튼』을 디즈레일리(Benjamin Disraeli)의 『시빌(*Sybil*)』과 조지 엘리엇의 『펠릭스 홀트(*Felix Holt*)』와 비교하고 있다. 『시빌』과 『펠릭스 홀트』의 구출 이야기에서 여성들의

자 한다. 사실 메리는 젬이 범인이 아니라는 증거도 가지고 있다. 그러나 이 법정에서 메리에게는 젬이 무죄라고 말할 수 있는 기회조차 주어지지 않는다. 메리가 젬의 알리바이를 증명하기 위해 윌을 찾아다녔음을 아는 변호사조차도 메리에게 그런 기회를 주지 않는다. 여자의 증언은 법정에서 이미 짜여진 각본에 부합하지 않는 한 아무 의미를 갖지 못한다. 크루거의 지적처럼 "재판 장면은 법적 담론이 구조적으로 여자의 차이를 허용할 수 없음을 보여주고 있다(Krueger, 1994: 345).

법적 담론에 의해 규정된 과정에 따라 메리에게 요구되는 역할은 남자들의 눈요깃감으로서의 역할과 살인 사건에 얽힌 삼각관계에 대한 호기심을 만족시켜주는 역할이다. 메리는 재판정에 모인 사람들에게 아버지를 살해한 "비아트리스 첸치(Beatrice Cenci)"를 그린 기도(Guido)의 그림으로 보이거나, 복수심에 가득 찬 카슨 씨의 생각처럼 "파멸적인 헬렌(fatal Helen)"으로 보일 뿐이다. 이러한 이미지들은 모두 남자에게 파멸을 가져오는 여자의 이미지들이다. 이처럼 메리를 "파멸시키는 여자(femme fatale)"의 이미지로밖에 보지 않는 남성 시선을 대표하고 즐기듯 검사는 메리에게 어떤 남자를 더 좋아했느냐고 묻는다. 검사가 바라는 답은 그녀가 해리와 어떻게 놀아났기에 젬을 자극하여 살인까지 하게 했느냐이다. 그러나 메리는 여자로서는 얼굴을 붉히거나 눈물로서나 고백할 수 있는 가슴 속 깊은 곳의 비밀에 대해 이렇게 가볍게 질문하고 대중의 눈요깃감으로 삼으려는 데 대해 강한 의분을 느낀다.

노력은 실패하거나 효과를 별로 발휘하지 못하는데, 이는 남자들의 공적 세계에서 여자들의 노력은 해롭거나 비효과적일 뿐으로 제시되고 있는 것이다. 반면 『메리 바튼』에서 개스켈은 공적/정치적 영역에서 여자에게 위치를 주고 있을 뿐 아니라, 젬의 생명을 메리의 손에 놓음으로써 권력 관계를 뒤집어놓고 있다고 분석했다(Colby, 1995: 41).

> 그래서, 한순간, 메리가 무례한 검사의 눈을 뚫어지게 바라볼 때, 의분의 표정이 메리의 이마를 찌그러뜨렸다. 그러나 그 순간 메리는 저 넘어 뒤쪽에 있는 얼굴에서 손이 내려가는 것을 보았다. 그렇게 강렬한 사랑과 비애가 드러난 얼굴 ― 그녀의 대답을 그토록 애원하듯이 두려워하는 표정. 갑자기 메리는 결심했다. 현재가 모든 것이다. 미래는 … 그것을 생각하는 것은 미치게 하는 것이다. 그러나 그녀는 '지금' 자신의 잘못을 고백하리라. 그러나 '지금' 자신의 사랑조차 고백하리라. 사랑하는 사람이 사람들에게 혐오의 대상이 된 채 그렇게 서 있는 지금, 그녀와 그녀의 자백 사이에 어떤 여성적인 수치도 있을 수 없는 것이다. (390)

메리는 이 순간 "여성적인 수치"를 넘어서서 사적 담론을 가지고 공적 영역으로 과감히 나선다. 사실 처음 증언대에 섰을 때 메리는 마치 꿈속에서처럼 자기에게 주어진 질문에 기계적으로 답하며 현실 감각을 갖지 못했다. 그러나 검사의 말에 의분을 느끼면서 그녀는 수동적인 관찰자의 역할에 저항하여 '말하기' 시작한다. 이 재판에 젬의 목숨이 걸려 있을 뿐 아니라 아버지의 목숨도 걸려 있기에, 메리에게 이 자리는 특히 어려운 자리였다. 그러나 메리는 과감히 자신의 이야기를 시작한다. 젬에 대한 사랑과, 해리를 통해 얻으려고 했던 것이 부와 명예였음을 고백하는 것은 공적인 자리에서 말하기 어려운 가장 은밀한 사적 고백이었다. 그런데 메리는 그 두 가지 사실을 연결하는 것이 '어머니의 부재'이었음을 지적한다. "여자아이에게 어머니가 안 계신 것은 가엾은 상실"이었다고 말함으로써(390) 여자의 삶에서 차지하는 어머니의 중요성에 대한 공적 담론을 만들어낸다.

사실 자녀를 잃은 부모의 슬픔은 『메리 바튼』의 핵심 추동력이다. 엘리자베스 개스켈 자신이 아들을 잃은 슬픔 때문에 이 소설을 쓰게 되었다거나, 혹은 그녀가 가난으로 아이를 잃은 사람의 하소연을 듣고 이 소설을 쓰게 되었다는 이야기는 이 소설 탄생의 동기로 회자된다. 에스더가 병든 딸을 살리기 위해 몸을 팔기 시작했다는 이야기와 존 바튼이 아들을 잃었고 같은 고통을 당하는 대븐포트를 도와주는 에피소드는 모두 궤를 같이하고 있다. 이런 이야기들이 아이를 잃은 부모의 슬픔에 집중되었다면, 여기서 메리의 이야기는 어머니를 잃은 딸의 고통을 이야기하고 있다. 메리가 "고통받는 종"의 모습으로 서술자에 의해 묘사된 그 날 밤, 메리는 꿈 속에서 어머니를 만난다. 오래 전 어머니가 살아 계셨던 행복한 시절에 대해 그동안 잊고 살았지만, 이 고통의 밤에 메리는 어머니가 그녀에게 오는 꿈을 꾸었던 것이다. 문 두드리는 소리에 잠에서 깬 메리는 문을 열고 "오! 엄마! 엄마! 마침내 오셨군요!"라고 외치며 그녀의 팔 안에 안기는데, 그것은 에스더 이모였다. 사실 에스더는 메리가 어머니를 여읜 후 어머니 대신의 역할을 해주었던 인물이기도 했으나 그녀 역시 장교를 따라 집을 떠나고 그 후 "타락한 여자"로 살아감에 따라 메리로서는 또 한 번 어머니를 잃은 셈이 되었던 것이다. 그러나 이제 나타나 중요한 역할을 하게 되는데, 호먼즈(Margaret Homans)는 이에 대해 "여성 간의 관계를 전경에 내세움으로써, 여자들에 의해서는 단지 중재될 뿐인 순수하게 남성들의 드라마로 보였던 것을 복잡하게 만들고 있다"라고 평가했다(Homans, 1986: 234). 이처럼 메리에게 어머니를 잃은 것은 너무나 큰 상실이었지만 그 상실을 제대로 인식하지도 못하고 살아왔는데, 이 고통의 시간 성숙의 시간 속에서 메리는 딸의 삶에 있어서 어머니가 얼마나 중요한지를 깨닫게 된 것이며, 그것을 표현하고 있는 것이다.

기대한 각본과는 전혀 다른 메리의 이야기로 인해 법적 담론은 방향이 바뀌기 시작한다. 메리의 말은 무엇보다 젬으로 하여금 "자존심"을 갖게 하고, "위엄"을 갖게 한다. 여자의 이야기를 중요시하지 않는 법정은 메리의 이야기에서 자기들이 듣고 싶은 것만 듣고 젬의 유죄에 대한 확신을 버리지 않지만, 메리가 가능하게 한 윌의 증언을 통해 젬은 무죄로 석방된다. 법정 증언 후 메리가 광기에 빠진 것에 대해 메리를 다시 침묵의 상태로 되돌려놓은 것이라는 비판이 있다. 그러나 이는 메리가 공적 말하기로 얻은 힘을 과소평가하는 것이다. 메리는 증언 후 광기가 밀려오는 것을 느끼는데, 이때 정신을 놓지 않기 위해 그녀는 "나는 언제나 거짓말쟁이였어. 정말 난 그랬어. 그러나 난 미치지 않았어. 나는 미쳐서는 안 돼"(394)라고 스스로에게 타이른다. 메리는 정숙과 자유 사이의 갈등, 침묵과 말하기 사이의 갈등으로 첨예한 고통을 느끼고 있는 것이다. 그러나 메리는 윌이 도착하는 것을 눈으로 확인할 때까지는 이 갈등으로부터 결코 물러서지 않는다.

비록 자기가 할 일을 다 했을 때 정신을 잃는 것은, 여자의 공적 말하기가 얼마나 위험한 것인가를 직시하고 있었던 작가가 메리를 보호하기 위해 만든 장치라고 할지라도, 광기에서 회복된 메리는 다시 "순진한" 19세기의 전통적인 여자로 돌아가지 않는다. 오히려 살인자인 아버지에 대한 사랑을 회복하며, 그를 돌보고 가정의 모든 책임을 감당함으로써, 콜비의 표현처럼 "그녀는 부모가 되고, 그는 아이가 된다"(Colby, 1995: 44). 병을 앓고 난 메리가 혼자 집으로 돌아가겠다고 주장했을 때 처음에 젬은 반대하지만 결국 그는 "그녀가 최고의 판단자"임을 인정하고(419) 그녀의 생각대로 하게 한다. 메리는 이제 존 바튼과 젬의 보호의 대상이 아니라 바튼의 보호자이며 젬보다 나은 판단자가 된 것이다.

5. 종교와 서술적 권위

재판 장면에서 공적 말하기를 이루어내는 메리의 이야기는 문학 시장에서 공적 담론을 이루어내는 개스켈의 이야기이기도 하다. 쇼어는 "이 소설에 나타난 법정처럼, 문학 시장은 경제적인 이익과 '인격'에 대한 의문과, 미, 정치적 논쟁, 설득 등이 모두 마주치는 곳이며, 법정에서와 똑같이 다양한 담론 양식들이 넘친다. 재판관의 공식적인 언어, 검사의 모욕, 사랑하는 어머니의 가슴에서 나오는 증언, 훈련된 경찰의 사실 위주의 암송, 이 모두가 언어 선택의 시합장을 형성하고 있다"라고 지적하고 있다. 또한 메리가 법정에서 자신의 위치에 대해 수치심과 자부심을 동시에 가졌던 것처럼, 개스켈도 언어와 관점의 선택에 있어서 양면적인 태도를 가졌다고 주장했다(Schor, 1992: 41). 그러나 개스켈의 양면적인 태도는 오히려 에스더와 바튼의 경우에 그들의 말하기가 계속 실패하는 것을 통해 보여주듯이 말하기가 가지는 한계에 대한 작가의 인식에 기인한다고 하겠다. 법정 장면이 메리의 말하기 자체에 의해 메리와 젬에게 승리를 가져다주는 것이 아니라 윌의 증언 때문이었던 것처럼, 개스켈은 자신의 글쓰기가 가진 한계를 잘 인식하고 있었다. 바튼의 죽음으로 인한 카슨 씨의 변화가 산업사회의 문제점을 모두 해결할 수 없음을 잘 인식하고 있었던 것과 같다.

그러나 개스켈은 또한 메리의 말하기가 결국은 젬의 석방을 불러온 것처럼 말하기가 지닌 힘도 또한 인정했다. 개스켈은 1850년에 쓴 편지에서 "내가 『메리 바튼』에서 바랐던 최대한의 것은 그것이 비활동적인 사고와 활기 없는 양심에 자극을 주기를 바라는 것이었다"고 말하고 있다(Gaskell, 1966: 119). 소설 끝에서 메리가 젬에게 하는 말은 말하기가 지닌 힘에 대한 개스켈의 기대를 나타내고 있다.

> "만일 네가 두려워하고 의심한다면 결코 [에스더 이모]를 설득시킬 수 없을 거야"라고 메리는 눈물로 말했다. "네 자신이 희망을 가지고, 이모 속에 있음이 틀림없는 선함을 믿어야 해. 이모한테 있는 선한 부분에다 말해 ― 이모는 아직 그걸 속에 가지고 있어 ― 아, 이모를 집으로 데려와, 그럼 우린 이모를 사랑하고, 이모를 선하게 만들게 될 거야." (463)

말하고 사랑하기를 통해 변화시키기를 희망하는 것 ― 메리가 소설 끝에서 버리지 않고 있는 이 희망은 개스켈이 이 소설 쓰기를 통해 많은 회의에도 불구하고 버리지 않는 희망이다. 개스켈의 회의가 여자로서 문학 시장이라는 공적 영역에서 말하기에 관련된 위험성에 대한 두려움이나, 말하기 자체가 지닌 효과에 대한 회의와 연결되어 있다면, 그녀가 버리지 않는 희망은 그 결과에 상관없이 그녀가 받은 재능을 통해 약자들을 도와야 한다는 강한 기독교 신앙에 기초했다. 좁 레그(Job Legh)가 카슨 씨에게 강자가 약자를 돕는 것이 의무라고 했을 때, 그의 말을 통해 작가가 하고자 하는 말은 노사관계나 부자와 빈자 간의 관계에 있어서의 상호 간의 이해와 협조만을 의미하는 것이 아니다.

> "하나님은 또한 어떤 사람은 약하게 하셨고, 어떤 한 가지 면에서만이 아니라 전체적으로 그렇게 하셨습니다. 한 사람은 육체가 약하고, 다른 사람은 정신이 약하고, 또 어떤 사람은 목적을 꾸준히 추구하는 데 약하고, 네 번째 사람은 옳고 그름을 모르는 등, 혹은 무엇이 옳은지 알아도 그것을 지탱할 힘이 모자란다거나. 이제 내 생각에, 어떤 면에서 하나님이 주신 재능이 강한 사람

은 약한 사람을 돕도록 의도된 것입니다 ….” (457)

하나님으로부터 어떤 면에서 강하게 지음을 받았다면 그것을 통해 약한 자들을 도와야 한다는 신앙은, 개스켈이 공장주와 노동자 사이, 남자와 여자 사이에 존재하는 문제를 푸는 해결책으로 제시하고 있을 뿐 아니라, 그녀로 하여금 작가로서 이 사회를 향한 외침을 가능하게 하는 근거이기도 했다. 그녀가 하나님으로부터 강하게 지음 받은 부분, 즉 글쓰기의 재능을 통해 그녀는 사회적 약자들을 도와야 한다고 믿었고 실행했던 것이다.

그리고 그녀가 도우려고 했던 대상이 첫 작품인 『메리 바튼』에서 노동자들이었고 그들의 고통에 주로 초점이 맞추어져 있었다면, 다음 작품인 『룻』에서는 "타락한 여자"에 더 초점을 맞추게 되었다. 카슨 씨와 같은 일부 노동자들이 19세기의 중요 이데올로기였던 자조(self-help)에 의해 신분상승이 가능했다면, 계급과 성의 이중적인 약자였던 "타락한 여성"들은 서로를 돕는 도움이 없다면 절망적인 삶을 살 수밖에 없었기 때문에, 서로의 도움에 기초한 기독교 공동체에 대한 비전을 가진 개스켈의 종교적 외침이 더욱 필요한 분야였던 것이다. 『메리 바튼』에서 메리의 말하기의 "성공"이 범인에 대한 단서를 제공한 에스더의 도움과, 젬의 무죄를 주장하는 메리를 믿어 준 마가렛의 믿음과, 메리가 타락한 여자일지 모른다는 의심에도 불구하고 그녀의 처지에 동정을 느낀 스터지스 부인(Mrs. Sturgis)의 도움에 기초한 것으로 서술되고 있는데, 이는 여성의 말하기/글쓰기에 여성 공동체/여성 해석 공동체의 힘이 얼마나 중요한지를 역설한 것이라 할 수 있다. 개스켈은 다음 작품에서 더 위험한 작업인 "타락한 여자"에 대한 말하기를 본격적으로 시도하고, 그다음에는 다시 산업소설인 『북과 남(*North and South*)』을 씀으로써 대표적인 사회 문제 소설가로 꼽히는 작가가 된다. 그녀가 걸었던 작가로서의 여정은, 자신이 부여받은 재능을 사용하여 가난한 자와 약한 자를 도와야 한다는 종교적 의무에 근거하여, 첫 작품인 『메리 바튼』을 통해 계급 중심 · 남성 중심 사회에 대해 비판하는 '외침'의 의의를 확인함으로써 서술적 권위를 획득했기에 가능했다고 하겠다.

엘리자베스 개스켈
(Elizabeth Cleghorn Gaskell, 1810–1865)

엘리자베스 개스켈은 아버지 윌리엄 스티븐슨(William Stevenson)과 어머니 엘리자베스 홀랜드(Elizabeth Holland) 사이에서 여덟 자녀 중 막내로 1810년 9월 29일에 태어났다. 윌리엄 스티븐슨은 한때 랭커셔(Lancashire) 페일즈워스(Failsworth)에서 유니테리언 목사였지만, 목사직을 그만두고, 1806년 인도 총독의 비서가 되어 인도에 가려는 목적을 가지고 런던으로 왔다. 이 계획은 실현되지 않아 대신 그는 재무성 문서관이 되었고, 엘리자베스는 런던에서 태어났다. 엘리자베스가 한 살 때 어머니가 돌아가시자, 아버지는 막내딸을 너츠포드(Knutsford)에 사는 이모 해나 럼(Hannah Lumb)에게로 보냈다. 너츠포드는 대가족들이 근처에 살던 살기 좋은 시골 도시였고, 엘리자베스는 줄곧 이곳의 이모의 집에서 자랐는데, 후에 너츠포드는 개스켈의 작품 『크랜포드(*Cranford*)』의 배경이 되었다.

여자아이도 좋은 교육을 받아야 한다고 생각한 유니테리언의 사고에 따라 엘리자베스는 집에서도 좋은 교육을 받았을 뿐 아니라, 1821년부터 1826년까지 좋은 기숙학교인 바이얼리 자매들(Miss Byerlys)의 학교에 다녔고, 거기에서 인문, 고전, 예의범절을 배웠다. 이모는 고전 책을 읽도록 주었고, 아버지도 그녀의 공부와 글쓰기를 격려했다. 해군이었던 오빠 존은 현대 책을 그녀에게 보내주었을 뿐 아니라 바다에서의 생활과 해외에서의 경험을 적어서 그녀에게 보내주었다. 이러한 교육을 통해 엘리자베스는 일찍부터 성경과 고전은 물론 몇 가지 언어를 배웠다.

엘리자베스는 아름답고 친절하고 배려심이 많고 침착한 성격이었다. 그러나 재산도 없었고 집도 없이 이모 집에 얹혀살고 있었다. 아버지는 1814년 캐서린

톰슨(Catherine Thomson)과 재혼하여 아들과 딸을 낳았다. 1828년에 동인도회사로 가던 오빠 존이 실종되자, 엘리자베스는 런던으로 돌아와 1829년 아버지가 돌아가실 때까지 아픈 아버지를 간호했다. 그 후 맨체스터를 여행하던 그녀는 크로스 스트리트 유니테리언 교회(Cross Street Unitarian Chapel)의 부목사였던 윌리엄 개스켈을 만나 1832년 결혼했다. 맨체스터에 정착한 엘리자베스는 남편을 도와, 가난한 사람들을 보살피고 주일학교 선생으로 학생들에게 성경은 물론 읽기와 쓰기를 가르쳤다. 1834년에는 딸 매리언(Marianne)을, 1837년에는 마가렛 에밀리(Margaret Emily)를, 1842년에는 플로렌스(Florence)를 낳았다. 1845년에는 엘리자베스의 유일한 아들 윌리엄이 태어난 지 9개월 만에 성홍열로 죽었다. 이미 몇 편의 단편소설을 출판한 적이 있었던 엘리자베스에게 남편은 아들을 잃은 슬픔을 잊을 수 있게 소설을 써볼 것을 제안했다. 1846년에 그녀는 4번째 딸인 줄리아(Julia)를 낳았고, 그녀는 4명의 딸을 기르는 어머니가 되었다.

당시 맨체스터는 문화적으로 지적으로 중심지였을 뿐 아니라, 산업화의 선두에서 있었다. 그런데 갑작스러운 산업화로 많은 공장들이 생기자 이는 한편으로 많은 부를 창출했지만, 다른 한편으로는 가난한 사람들의 수를 급증시켰고 그들의 고통을 가중시켰다. 후에 칼 마르크스(Karl Marx)와 함께 『공산주의 선언문(*The Communist Manifesto*)』(1848)을 출판한 독일 사상가 엥겔스(Friedrich Engels)는 1845년에 『1844년 영국 노동 계층의 상황(*The Condition of the Working Class in England in 1844*)』을 출판하여, 맨체스터 노동자들의 고통을 자세히 보여주었다. 엘리자베스 개스켈은 엥겔스보다도 더 많이 맨체스터 노동자들의 고통을 목격했다. 목사의 아내로서 그녀는 수없이 가난한 자와 고통 받는 자들을 방문하여 위로했고, 그러한 경험을 통해 1837년에 『가난한 사람들의 스케치』라고 명명된 시리즈를 쓰기 시작했다. 그리고 이제 소설을 쓰기 시작했을 때, 엘리자베스는 바로 그 노동자들의 고통과 열악한 환경과 상황을 그린 『메리 바튼: 맨체스터 생활에 관한 이야기(*Mary Barton: A Tale of Man-chester Life*)』를 쓰게 되었던 것이다.

1848년에 『메리 바튼』을 출판할 때, 엘리자베스 개스켈은 무명씨로 출판했다. 그러나 작품이 크게 성공하여 독자들의 관심을 끌게 되고 내용에 대한 토론이 활발해지면서, 작가가 누구인지 밝혀지고 말았다. 영국 북부의 산업지대에서 고통 받는 노동자들의 상황과 그들의 고통에 대한 깊은 공감이 담긴 이 소설은 영국의 양심을 찔렀지만, 다른 한편 양심적으로 산업화에 참여하고 있다고 자부하던 공장주들은 엘리자베스 개스켈이 지나치게 노동자들의 편에 서서 자신들을 비난했다고 분개했다. 이 소설이 보여준 사회적 리얼리즘과 재미있는 플롯은 찰스 디킨즈의 관심을 끌었고, 그는 자신이 편집하는 잡지들 『늘 쓰는 말들(*Household Words*)』과 『일년 내내(*All the Year Round*)』에 그녀의 작품을 실을 것을 요청했다. 엘리자베스 개스켈은 이 잡지들에 많은 작품들을 실으면서 인기 있는 작가가 되었다.

엘리자베스 개스켈이 1853년에 출판한 두 번째 소설 『룻(Ruth)』은 결혼하지 않고 아이를 낳아 기르는 노동계층 여성에 관한 이야기로서, 또 다른 산업소설을 기대했던 많은 독자들에게 충격을 주었다. 더구나 혼외 자식을 낳은 룻을 덕스러운 여자로 그린 것은 많은 비판을 초래했다. 그러나 일단 순결을 잃으면 창녀가 되는 것 외에 길이 없었던 "타락한 여성"이야말로 당시 사회에서 가장 고통을 당하는 사람들이었고, 개스켈이 이 "영국의 상황"을 다룬 사회 문제 소설을 두 번째 소설로 쓴 것은 매우 자연스러운 일이었다.

그 후 개스켈은 1854년에서 1855년에 걸쳐 또 하나의 산업소설 『북과 남(*North and South*)』을 출판하여 대성공을 거두었다. 이 소설은 산업화된 영국의 북부 밀턴(Milton)이라는 가상의 산업 도시를 배경으로 하고 있다. 농업 중심인 조용한 남부를 떠날 수밖에 없는 상황이 된 여주인공 마가렛 헤일(Margaret Hale)은 밀턴에서 산업혁명이 가져온 현실 속에 고용주와 노동자들이 파업으로 맞붙는 모습을 목도하게 된다. 마가렛은 가난한 자들의 편에서 면직 공장주인 존 손턴(John Thornton)의 노동자들에 대한 잘못된 태도를 비판한다. 소설은 마가렛이 노사 간의 복잡한 관계를 점점 이해하고 공장주들에게도 좋은 영향력을 미치는 모습을 묘사한다. 남부의 옛 전원사회인 헬스톤(Helstone)과 북부의 산업사회 밀턴을 대비시킨 이 소설은 북부와 남부를 대변하는 남녀 주인공의 갈등과

화해를 통해 "두 국가"로 갈라진 영국 사회의 문제를 기독교적 관점에서 분석하고 문제점을 해결하려는 노력을 보여주고 있다.

또한 개스켈의 대표작으로 『샬롯 브론테의 생애(*The Life of Charlotte Brontë*)』(1857)가 있다. 개스켈은 1850년에 샬롯 브론테를 만났다. 개스켈의 따뜻함은 브론테의 수줍음을 녹였고, 두 사람은 상당히 가까워져서 남의 집을 잘 가지 않던 브론테는 개스켈의 집을 방문했고, 또 개스켈을 초청하여 개스켈도 브론테를 방문했다. 브론테가 사망한 지 3개월이 지난 후, 그녀의 아버지 패트릭 브론테 목사는 개스켈에게 그녀의 전기를 써달라고 부탁했다. 개스켈은 브론테의 강한 신앙과 고통에 굴하지 않는 강인함 그리고 강렬한 천재성에 끌렸고, 재능 있는 6명의 자녀들이 모두 일찍 사망한 브론테가의 이야기에 소설가로서 강하게 끌렸다. 특히 개스켈은 이 전기를 통해, 브론테가 지녔던 여성으로서의 미덕과 상상력 풍부한 천재성 사이에 있었던 갈등과, 그 두 가지가 불편하게 공존했던 상황을 자세히 다루었다. 브론테의 편지와 출판된 글들을 모았을 뿐 아니라 브론테가 알던 사람들을 방문하거나 편지를 나누어, 그들의 목소리를 기록의 일부로 만들었다. 이 책은 빅토리아 조의 가장 대표적 전기로서, 샬롯 브론테의 명성을 회복시키고 브론테 신화가 재생산되는 데 크게 기여했다.

개스켈의 네 번째 소설은 1863년에 출판된 『실비아의 연인들(*Sylvia's Lovers*)』로서, 다소 멜로드라마틱하며 개스켈의 소설 중 가장 덜 알려진 작품이다. 그녀의 마지막 소설인 『아내와 딸들: 일상의 이야기(*Wives and Daughters: An Everyday Story*)』는 1830년대 영국의 시골 마을에 살고 있는 홀아비 의사의 외동딸인 몰리 깁슨(Molly Gibson)을 중심으로, 깁슨가와 햄리(Hamley)가의 이야기를 다루고 있는데, 제인 오스틴에 버금간다는 평을 받을 정도로 시골 마을의 두 집안 이야기를 잘 묘사하고 있다. 사실 개스켈은 이 소설을 1864년부터 『콘힐 잡지(*Cornhill Magazine*)』에 연재하기 시작했는데, 소설의 마지막 회를 쓰지 못한 채, 1865년 11월 12일에 심장마비로 갑자기 사망했다. 남자 주인공 로저 햄리(Roger Hamley)의 청혼이 남아 있었지만 실현되지 못한 채 작가의 사망으로 소설이 멈춘 미완성 상태로 1866년에 단행본으로 출판되었다.

George Eliot

제5장

조지 엘리엇의 『애덤 비드』:
여설교자를 통해 세운 미학

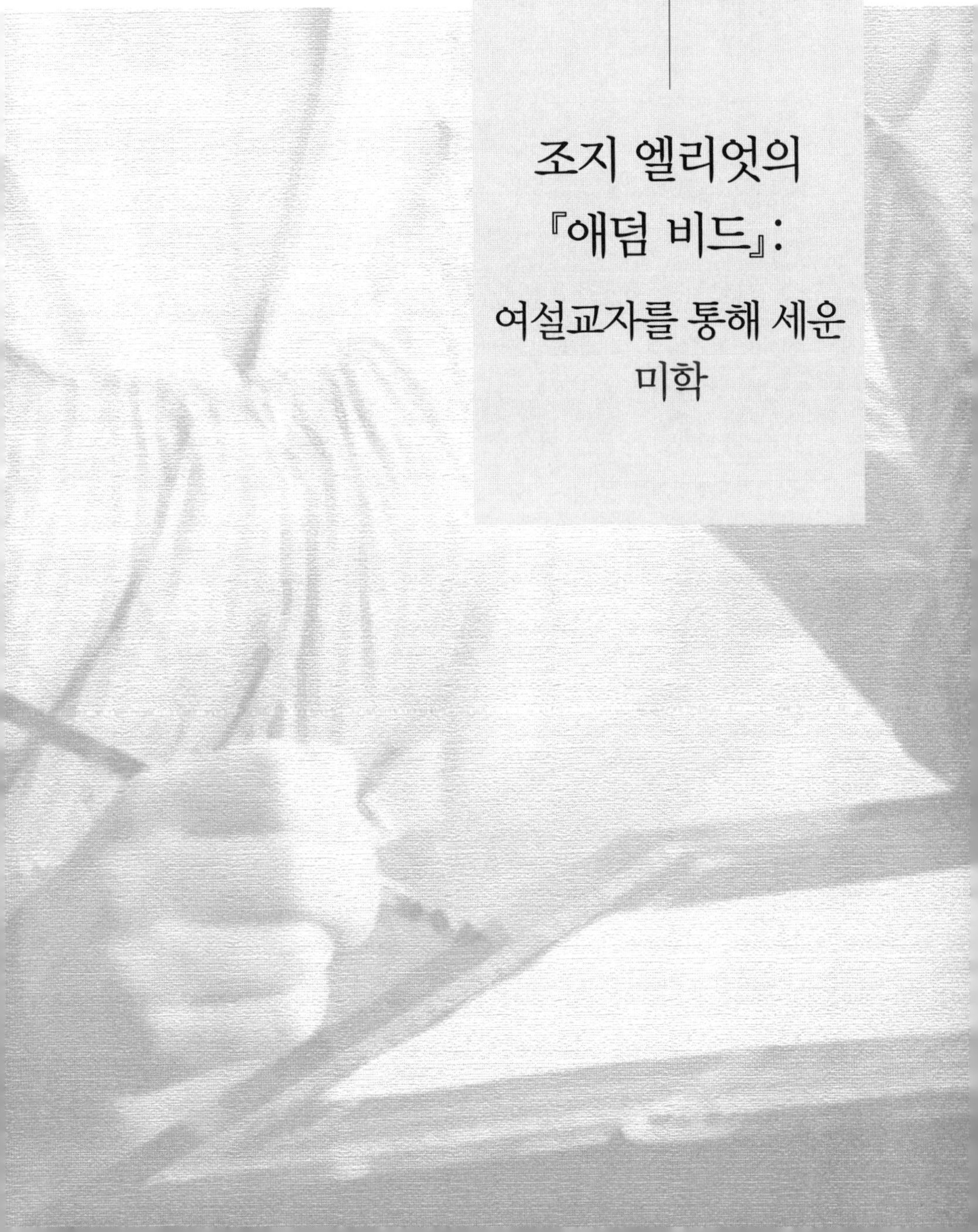

테레사의 열정적이고 이상적인 본성은 서사시적 삶을 필요로 했다. … 그녀의 불꽃은 … 따분함을 결코 정당화시키지 않을 어떤 목표, 자아에 대한 절망을 자아를 넘어서는 삶에 대한 열광적 의식과 조화시킬 목표를 향하여 높이 날아올랐다. 그녀는 종교계의 개혁에서 자신의 서사시를 발견했다.

300년 전에 살았던 그 스페인 여성은 그런 종류의 마지막 사람이 아니었다. 널리 공명을 불러일으키는 행동을 끊임없이 펼치는 서사시적 삶을 발견하지 못하고, 아마도 어떤 영적 위대함이 기회의 빈약함과 잘못 연결된 결과 단지 실수 많은 삶을 살았을 뿐인, 아마도 신성한 시인을 만나지 못하고 아무도 애도해주지 않은 채 망각 속으로 가라앉아버린 비극적 실패의 삶을 산 많은 테레사가 태어났다. 그들은 어스레한 불빛과 뒤엉킨 상황 속에서 생각과 행동을 고결하게 일치시키려고 노력했지만, 결국 일반의 눈에 그들의 고투는 단순히 모순과 일정치 않음으로 보일 뿐이었다. 왜냐하면 이들 '늦게 태어난 테레사들'은, 열정적으로 자발적인 영혼을 위해 지식의 기능을 수행할 수 있는 통일성 있는 사회적 믿음과 질서의 도움을 받지 못했기 때문이다.[1]

1 George Eliot, *Middlemarch: A Study of Provincial Life*, 1871-2, Ed. W. J. Harvey, Middlesex: Penguin Books, 1965, 25; 필자 강조.

1. 소설가로의 전환

조지 엘리엇(George Eliot)은 소설을 쓰기 전에 이미 기사와 비평적 · 철학적 글을 출판하고 번역서를 출판하는 등 저자로서 번역가로서 활발한 활동을 하고 있었다. 1845년부터 급진적인 신문 『코벤트리 헤럴드(*Coventry Herald*)』에 글을 싣기 시작한 이래, 1851년부터 1854년까지는 『웨스트민스터 리뷰(*Westminster Review*)』의 편집자로 활약했고, 1855년 이후에는 급진적인 주간 잡지 『선도자(*Leader*)』에도 글을 실었다. 번역가로서의 활약도 컸는데 1844-46년에는 스트라우스(David Friedrich Strauss)의 『예수의 생애, 비판적 검토(*The Life of Jesus, Critically Examined*)』를 번역 출판했고, 1854-55에는 포이에르바하(Ludwig Feuerbach)의 『기독교의 본질(*Essence of Christianity*)』을 번역 출판했으며, 1854-56년에는 스피노자(Baruch Spinoza)의 『윤리학(*Ethics*)』을 번역했다.

주요 잡지의 편집자로 기사와 논평을 쓰는 논객으로, 주요 저서의 번역가로 활약하던 조지 엘리엇이 소설을 쓰기 시작한 것은 1856년부터였다. 1858년에 『목사 생활의 정경(*Scenes of Clerical Life*)』이라는 제목으로 첫 단편집을 내게 되는데, 이때부터 본명 메리 앤 에번즈(Mary Anne[혹은 Ann] Evans)는 1851년부터 사용하기 시작했던 매리언 에번즈(Marian Evans)라는 이름을 조지 엘리엇(George Eliot)이라는 필명으로 바꾸어 사용하기 시작했다. 소설가로서의 이름을 남성 이름으로 바꾼 것이며, 이제까지의 활동과는 선을 긋고 소설가로서의 새로운 삶을 시작한 것이다. 그녀의 첫 번째 장편소설인 『애덤 비드(*Adam Bede*)』는 1859년에 출판되었으며 출판되자마자 베스트셀러가 되었다.

이처럼 핵심적인 철학계 · 사상계에 속해 있던 조지 엘리엇이 왜 소설을 쓰게 되었을까? 그녀의 오랜 꿈이었다고도 하고, 실질적인 남편이었던 조지 헨리 루이스(George Henry Lewes)의 권장이었다고도 하지만, 그녀의 철학적 · 사상적 배경을 살펴보건대 그녀의 소설은 그녀의 철학과 윤리학의 핵심인 "공감(sympathy)"을 전달하기 위해서는 소설이 필요하다고 보았기 때문이었다고 볼 수 있다. 조지 엘리엇의 철학에 대해 연구한 게이튼즈(Moira Gatens)는 엘리엇이 다른 사람들을 위해 공감을 느끼는 기질을 만들어내는 것은 상상력이라고 보고, 소설을 통해 바로 이러한 기질이 도덕적 지식으로 발전해가는 것을 실현시키고자 했다고 한다. 따라서 조지 엘리엇의 소설은 "다른 양식을 통해 철학을 하려는 시도"였다고 주장한다(Gatens, 2009: 74). 앵거(Suzy Anger)는 엘리엇의 사고가 "분석철학의 문제들, 즉 인식론, 윤리학, 마음의 철학, 형이상학, 언어 철학, 미학"을 넘나들고 있음을 지적하면서(Anger, 2001: 76), 그녀의 도덕의 근본적 원칙이 공감에 관한 것임을 지적한다. 즉 도덕성이라는 것은 다른 사람의 마음 상태를 상상하는 능력으로부터 자라나기 때문에, 공감할 수 있는 능력을 도덕적인 사람의 필수 조건으로 보았다는 것이다(Anger, 2001: 80). 그런데 공감이라는 것은 다른 사람에 대해 갖는 것이므로, 공감을 가지려면 어떠한 상황에서 어떤 사람이 어떤 사람에게 가지게 되는 것인가라는 상황(context)이 필요하며, 엘리엇은 이것을 표현할 수 있는 방법을 소설을 통해 찾았다고 할 수 있다. 엘리엇은 실제 현실에서 사람들의 세세한 상황을 알아야 공감이 가능하다고 보았고, 그러한 실제적인 상황을 세세히 그리는 리얼리즘 소설을 통해 그녀의 윤리학 · 철학을 실현시킬 수 있다고 생각했다. 이 지점에서 그녀의 윤리학(ethics)과 미학(aesthetics)이 만나고 있는데, 1859년 7월 5일의 다음 편지에는 이 점이 잘 드러나 있다.

만일 예술이 사람의 공감을 확장시키지 않는다면, 그것은 도덕적으로 아무것도 하지 않는 것이다. 나는 '의견'이 인간의 영혼 사이에서 초라한 접합제라는 가슴 아픈 경험을 했다. 그리고 내 글을 통해 만들어내기를 열렬히 원하는 유일한 효과는 그것을 읽는 사람들이 다른 사람들, 즉 허우적거리며 잘못을 저지르는 인간들이라는 주요 사실 외에는 모든 면에서 자신과 다른 사람들의 고통과 기쁨을 '상상'할 수 있고 '느낄' 수 있게 되는 것이다.[2]

엘리엇에 따르면 도덕성은 의견 즉 철학적 논의에서 발전하는 것이 아니라 자기와는 전혀 다른 사람의 마음의 상태를 상상할 수 있어야 가능하기 때문에, 공감을 가질 수 있는 능력은 도덕적 행위의 필수 조건이다. 그런데 다른 사람의 마음의 상태를 상상하고 이해할 수 있게 하려면 다른 사람의 마음을 보여주는 것이 중요하므로, 예술과 소설의 중요성이 대두하게 된다. 따라서 엘리엇에게 있어서 윤리와 미학은 긴밀히 연결되어 있었다.

그런데 그녀의 윤리학의 근원은 기독교적 윤리였다. 조지 엘리엇과 기독교 하면 그녀가 23세에 교회에 가기를 거부했다는 일화가 곧 떠오르고 그래서 그녀가 기독교를 버렸다고 쉽게 생각할 수 있다. 엘리엇을 "종교적 무신론자"라거나(Adams, 1996: 69), "인간성 종교(religion of humanity)"를 가졌다거나(Clapp-Itnyre, 1998: 47), "기독교 신앙은 없이 기독교 도덕성을 유지"했다고 보는(Jacobs, 2000: 53) 평가들은 엘리엇이 가졌던 기독교에 대한 고민들을 부정적 입장에서 진단한 것들이다. 그러나 엘리엇이

2 Gordon S. Haight, *The George Eliot Letters*, 9 vols, New Haven: Yale University Press, 1954, III, 111. 본 장에서 앞으로 이 책에서의 인용은 괄호 안에 *Letters*로 표기하고 권수와 쪽수만 표시한다.

종교에 관해 다양한 서적을 꾸준히 읽으며 평생 고민한 것은 그녀의 종교적 관점에 대해 좀 더 깊은 연구가 필요함을 보여주고 있다. 엘리엇은 종교적인 믿음과 관련된 책들을 많이 읽었는데 특히 기독교와 유대교의 역사에 관한 책들과 인본주의, 세속주의, 결정론, 실증주의, 신학적 운동 등에 관한 다양한 철학과 신학 서적을 읽었다.

뿐만 아니라, 엘리엇이 기독교에 대하여 평생 동안 진지하게 성찰한 것을 여러 소설에서 표현하고 있다는 점에서 그녀의 종교에 대한 연구의 필요성이 증가한다. 첫 단편집인 『목사 생활의 정경』으로부터 마지막 소설인 『대니얼 데론다(*Daniel Deronda*)』까지 종교적 성찰을 다루고 있으며, 특히 첫 소설인 『애덤 비드』는 그녀가 평생 고민했던 이 문제를 정면으로 다루고 있는 작품이다. 이 첫 소설 속에는 엘리엇의 기독교에 대한 고민과 작가가 되는 것의 고민이 함께 진지하게 다루어져 있을 뿐 아니라 서로 밀접하게 뒤엉켜 있음을 볼 수 있다. 엘리엇의 사상에 미친 많은 영향 중에서 가장 무시되고 있는 것이 기독교의 영향이라고 지적한 스톨파(Jennifer M. Stolpa)는 "『애덤 비드』가 엘리엇이 기독교의 원리들과 텍스트들에 대해 어떻게 말하고 상호작용하기를 계속하고 있는지를 보여주는 예"라고 지적했다(Stolpa, 2002: 33). 허지슨(Peter C. Hodgson)도 엘리엇의 첫 소설들과 마지막 소설에서 종교는 핵심 주제이고, 다른 모든 작품들에서도 종교가 중요한 역할을 하고 있음을 지적하면서, "근대 문학에서 드물게 종교적인 인물, 역할, 믿음, 실행들이 이해와 공감을 가지고 다루어졌다"고 분석했다(Hodgson, 2000: 1).

그런데 『애덤 비드』에 처음부터 끝까지 명백히 드러나 있는 작가로서의 비전과 기독교적 비전의 관계는 깊이 있는 연구가 진행된 것이 거의 없다. 본 장은 엘리엇이 첫 장편소설을 쓰는 소설가로서의 소명감과 자신의 철학과 미학을 다이나 모리스(Dinah Morris)를 통해 제시하고 있음을 보여주고자 한다. 그녀는 엘리엇이 창조한 여성 인물 중 공적인 목소리를 내는 거의 유일한 인물이라고 할 수 있다. 엘리엇은 다이나 모리스라는 가장 아름다운 여성 목회자의 모습을 창조하고 그녀를 통해 자신이 추구하는 이상적인 작가의 비전을 제시하고 있다. 다이나 모리스 속에서 조지 엘리엇의 종교와 미학은 하나로 만나고 기독교적 가치는 심미적 가치와 연결되고 있다.

2. 조지 엘리엇과 복음주의

조지 엘리엇이 열렬한 복음주의자인 마리아 루이스(Maria Lewis)를 만난 것은 기숙학교인 월링턴 부인의 학교(Mrs. Wallington's School)에서였다. 엘리엇은 이 학교를 9살부터 다녔는데, 아일랜드 출신의 기숙학교 선생님이었던 마리아 루이스의 영향을 받아 15세(1834년)에 복음주의자가 되었으며, 10년 넘게 그녀와 편지를 주고받으며 종교적인 생각을 함께 나누었다. 이 시기에 엘리엇은 성경을 공부하고 종교 서적을 집중적으로 읽으면서 성경과 교회의 역사에 관해 많은 지식을 획득했다. 엘리엇이 이 시기에 썼던 편지들은 성경과 교리의 외적인 부분에만 초점을 맞춘 것이 아니라 내적인 영적 진리에 초점을 맞춘 심오한 복음주의적 경건을 표현하고 있을 뿐 아니라, "비평적이고 문학적인 눈을 가지고 텍스트의 시적이고 비유적인 특징을 평가하면서" 성경 텍스트를 읽었음을 보여준다(Hodgson, 2000: 2).

이 시기에 엘리엇에게 또 하나의 중요한 영향력을 끼친 것은 숙모인 엘리자베스 에번즈(Elizabeth Evans)였다. 엘리엇은 17세에 어머니가 돌아가신 후 그리프(Griff)의 집에 돌아와 아버지와 오빠 아이작(Isaac)을 뒷바라지하는 안주인의 역할을 하고 있었다. 숙부인 새뮤얼 에번즈(Samuel Evans)의 아내로 더비셔(Derbyshire)에 살고 있던 엘리자베스 에번즈는 1839년 초에 그리프를 방문했다. 대표적인 감리교 평신도 여설교자의 하나였던 엘리자베스 에번즈는 따뜻하고 너그러운 마음을 가진 사람이었으며 그러한 숙모를 만난 것은 당시 복음주의자로서 "엄격하고, 금욕적인 엄한 관점"을 가지고 있던 엘리엇에게 사고의 전환을 가져오는 계기를 마련해주었다(Hughes, 2001: 29-30). 엘리엇이 가졌던 금욕적 복음주의는 "용서를 하지 않는, 저주를 의식하는 형태의 종교"였다고 표현되는데(Ashton, 1997: 25), 엘리자베스와의 만남을 통해 따뜻하고 열정적인 복음주의를 만나게 된 것이다. 엘리엇은 엘리자베스와 신앙에 관련된 매일의 경험을 나누며 많은 대화를 나누었는데, 『애덤 비드』의 소재가 된 아기를 살해한 미혼모의 이야기도 엘리자베스가 직접 경험했던 이야기를 엘리엇에게 들려준 것이었다.

엘리엇은 1841년에 코벤트리(Coventry) 근교로 이사를 가서 지적이고 따뜻한 헤넬(Hennell) 집안의 사람들과 친해지면서 더욱 더 금욕적 복음주의에 회의를 가지게 되었고 그들의 자유주의 유니테리언교에 빠져들어 점점 자신의 신앙에 의문을 갖게 되었다. 1842년 2월에 엘리엇은 교회에 가기를 거부했고, 그녀가 "성전(Holy War)"이라고 부른 종교적 갈등을 아버지와 겪게 된다. 1842년 2월 28일에 아버지 로버트 에번즈(Robert Evans)에게 쓴 편지에서 엘리엇은, 예수 자신의 가르침은 경탄하며 소중히 여기지만, 그의 삶의 사실로부터 쌓아올렸고 유대교의 개념에서 가져온 "교리의 시스템(the system of doctrines)"은 "하나님에게 가장 불명예스럽고, 개인과 사회의 행복에 끼치는 영향력에 있어서 가장 유해하다"라고 비판하고 있다(*Letters*, I, 128). 그러나 엘리엇은 아버지와의 갈등을 괴로워하며 타협점을 찾아, 한 달 후(3월 31일) 자신의 "성급함"을 뉘우치고, 자기의 의견을 유지해도 된다는 조건 하에 다시 교회를 가기 시작함으로써 이 작은 "성전"을 끝냈다.[3]

엘리엇이 느꼈던 복음주의에 대한 비판이 가장 잘 나타나 있는 글로 1855년 10월에 『웨스트민스터 리뷰』에 발표한 「복음주의의 가르침: 커밍 박사(Evangelical Teaching: Dr Cumming)」를 들 수 있다. 당시 복음주의 설교자로 큰 인기를 누리며 많은 설교문을 출판했던 존 커밍 박사에 대해 엘리엇은 그의 "교리적 기독교(dogmatic Christianity)"의 속성을 세 가지로 정리하여 비판했다. "말에 있어서 신중하지 못함," "진정한 사랑의 부재," 그리고 "뒤틀린 도덕적 판단"에 대해서였다. 이와 같은 커밍 박사의 왜곡된 교리에 대한 신랄한 비판의 핵심은 다음 말에 집약되어 있다.

> 그의 기독교 정신에는 신비에 기대는 것이 조금도 없다—종교적인 환희나, 하나님에 대한 기쁨이나, 성부와의 영혼의 교류에 대해 아무 암시도 없다. 그는 … 구원을 경험으로서가 아니라 기획으로 생각한다. 그는 착한 행실을 신앙을 정당화하는 표식이라고 주장하고, 하나님의 영광을 위해 성취해야 하는 노동이라고 주장할 뿐이지, 신성한 사랑으로 가득 찬 영혼에서 자발적이고 필연적으로 흘러나오는 것으로는 거의 표현하지 않는다.[4]

---

3 1842년 3월 31일, 피어즈(Abijah Hill Pears)에게 보낸 편지(*Letters*, I, 134) 참조. 호지슨의 연구에 따르면, 엘리엇은 아버지와의 "성전"을 끝낸 후, 자기 나름의 종교적 믿음을 유지했고, 국교를 떠난 적이 없으며, 유니테리언들과 계속해서 관계를 가졌으며, 다양한 교파의 예배에 참석했다(Hodgson, 2000: 4).

4 George Eliot, "Evangelical Teaching: Dr Cumming," *George Eliot: Selected Essays,*

엘리엇은 커밍 박사의 신학이 하나님을 기뻐하고 영적으로 교통함이 없는 것에 대해, 구원을 경험으로써가 아니라 하나의 기획으로 보는 것에 대해, 선한 일을 해도 신성한 사랑으로 가득 찬 영혼에서 자발적으로 흘러나와서 하는 것이 아니라 신앙의 정당함을 증명하는 표식으로 해야 한다는 점에 대해 비판하고 있다. 한마디로 엘리엇이 비판하고 있는 "교리적 기독교"는 하나님과의 교제를 통한 환희의 부재와, 사랑으로 가득 찬 영혼의 결핍이다.

엘리엇이 스트라우스와 포이에르바하에 심취했던 것에 대해 그녀가 기독교 신앙은 잃었지만 기독교에 뿌리를 둔 도덕적 가치들은 소중히 했기 때문에, "어떻게 우리가 이러한 가치들을 자연 안에 위치시키고 신이 없는 가운데 그 가치들을 존중할 수 있을 것인가" 하는 질문에 대한 답을 찾아간 과정으로 간주하는 경우가 많다(Gatens, 2009: 73). 그러나 엘리엇이 스트라우스를 번역하면서 심한 고통을 느꼈다는 사실은, 스트라우스 번역 작업을 "영혼을 둔화시키는 노동"이라고 말하고, 그녀가 겪는 두통을 복음서 저자들을 "비방"하는 것에 대해 하늘로부터 그녀의 영혼에 보내진 "빈약함(leanness)"이라고 해석한 데에 잘 나타나 있다(Qualls, 2001: 122). 엘리엇의 전기를 쓴 고든 하이트(Gordon Haight)는, 엘리엇이 성육신과 십자가를 해부하는 스트라우스를 번역하면서 고통을 겪었으며, 그 고통을 이겨내는 힘을 덴마크 조각가 토왈젠(Bertel Thorwaldsen)의 "부활 예수(Risen Christ)"라는 20인치 높이의 얼굴상과, 프랑스 종교화가 들라로슈(Hippolyte Paul Delaroche)의 "예수"라는 판화를 바라보는 데에서 얻었다는 이야기를 기록하고 있다(Haight, 1968: 58).

Poems and Other Writings, Eds. A. S. Byatt and Nicholas Warren, Middlesex: Penguin Books, 1990, 41.

퀄즈(Barry Qualls)는 엘리엇이 이렇게 괴로와하면서도 스트라우스 번역을 계속했던 것에 대해, 스트라우스가 그 당시 그녀에게 나름의 신앙을 가능하게 하는 길들을 제공했기 때문이라고 본다(Qualls, 2001: 122). 스트라우스는 비록 그것을 아이러니의 대상으로 삼기는 했지만 기본적으로 성경을 비유적으로 읽는 고대 기독교의 방식 즉 예표론적인 구조(typological structures)를 되살렸는데, 이는 엘리엇이 가졌던 복음주의 전통이 그녀에게 가르쳤던 것과 같은 방식이었던 것이다. 또한 엘리엇은 스트라우스가 신앙 공동체에 초점을 맞추고 이 공동체에 대해 글을 쓰는 방법에 주목했는데 이것은 엘리엇이 공동체에 대해 관심을 가지고 글을 쓰는 데에 도움을 주었다(Qualls, 2001: 122).

포이에르바하가 『기독교의 본질』을 통해 주장하고 있는 것은 신은 완전하고 무한한 인간성의 투사체라는 것이다. 신이 인간의 창조물이라는 포이에르바하의 주장은 엘리엇의 신앙에 영향을 미친 것이 사실이지만 그렇다고 엘리엇이 신을 떠나가지는 않았다. 이에 대해 그레고(Grego)는, 엘리엇은 신이 인간으로부터 온 것이기에 그 가치를 오히려 더 소중히 생각했다면서, 현대 독자들이 그녀를 가장 용서하기 힘들어하는 부분이 이것이라고 주장한다(Grego, 2007: 125). 그러나 포이에르바하에게 엘리엇이 끌렸던 중요한 이유의 하나는 그의 신학이 사랑을 특히 강조하고 있는 데에서 찾을 수 있다. 그는 "성육신의 본질적인 사상"은 "사랑"이라고 보았으며, 심지어 우리의 구원자는 신이라기보다 사랑이라고 주장했다. 그는 "신으로서의 신이 아니라, 신성과 인간성 사이의 차이를 초월하는 사랑이 우리를 구원했다"라고 주장하고 있다.[5] 이처럼 포이에르바하

5 Ludwig Feuerbach, *The Essence of Christianity*, 1841, Trans. George Eliot, 1854, London: Harper & Row, 1957, 53. 이 책에서 인용하는 『기독교의 본질』은 포이에르바

는 성육신과 십자가를 통한 예수의 사랑을 가장 고귀한 사랑으로 보았을 뿐만 아니라, 예수의 사랑을 "여성적 감성"이라고 보았고, 삼위일체 중 예수를 통해 여성적 원리가 드러났다고 보았다. 또한 하나님의 사랑에 대한 믿음은 "여성적 원리를 신성한 것으로 믿는 믿음이다"라고 주장하고 있다(Feuerbach, 1957: 71-72). 포이에르바하의 신학에 있어서 가장 핵심에 사랑이 있으며, 더구나 그 사랑을 여성적 원리로 해석한 것은 엘리엇에게 중요한 영향을 끼쳤다고 할 수 있다.

엘리엇은 신앙적 회의에 빠졌을 때 철학에 심취하기도 했는데, 가장 중요한 영향을 끼친 사람으로 콩트(Auguste Comte)와 스피노자가 있다. 그러나 엘리엇과 철학의 관계를 연구한 앵거도 지적했듯이, 엘리엇의 사상은 어떤 기준이 되는 철학적 관점의 범주로 명확히 정의할 수가 없으며, 체계적이라거나 일관적이라고 할 수 없다(Anger, 2001: 80-81). 도덕적 판단을 내리는 방법으로서의 직관과 공감이 강조되어 있는 것이 그녀의 철학의 가장 중요한 정신이며, 도덕적 판단을 위해서뿐만 아니라 지식을 위해서도 공감과 감성이 핵심적이라고 보았다(Anger, 2001: 82). 엘리엇의 인식론은 도덕성이 지식을 얻기 위한 필요조건이라는 믿음에 근거하고 있다. 공감하는 성질이 주관적 편견을 피할 수 있게 해주며 다른 관점에서 볼 수 있게 해주어 공명정대함을 얻을 수 있게 해준다는 것이다(Anger, 2001: 86).

이상에서 엘리엇은 어린 시절 열렬한 복음주의자로 살다가 이에 대한 회의에 빠지면서 철학과 독일 고등 비평을 섭렵하며 답을 찾고자 애쓴 것을 볼 수 있다.[6] 1847년 2월 18일에 쓴 다음 편지는, 엘리엇이 회의에

하가 1841년 출판한 것을 조지 엘리엇이 번역한 1854년 번역본을 1957년에 재출판한 것이다.

6 "고등 비평(higher criticism)"은 "역사 비평(historical criticism)"이라고도 불리는데, 성경

빠졌던 자신의 상황을 슬픔에 가득 찬 놀람을 겪는 어린 아이의 상황에 비유하고 있는 것을 보여준다.

> 나는 별들은 하늘 궁전의 포장도로이며, 별들 위에 친절하지만 거룩하신 하나님이 앉아 계시다고 즐겁게 생각하던 아이가 … 그 마음에 그러한 긴장을 견뎌낼 만한 실체를 갖추기도 전에, 하늘은 실제가 아니며, 별들은 세상들이며, 태양들도 많고 많기 때문에 태양조차도 신의 거처가 될 수 없다는 말을 잔인하게 듣게 되었을 때, 그 아이가 겪을 슬픔에 찬 놀람을 상상한다. 이러한 생각들은, 아이에게 '하나님에 관한 더 고결한 개념'을 형성하게 도와주는 대신, 아이의 마음속에 무신론을 이입시킬 것이다 … 반면에 아이가 전에 하나님에 대해 가졌던 생각은 그 아이의 지적 조건에 완벽하게 적응시킨 것이었고, 가장 계몽된 철학자가 자신에게 구성했던 어떤 것 못지않게 완벽하게 완전한 선, 완전한 지혜, 완전한 권세의 화신으로 그 아이에게 구성된 것이었다. (*Letters*, I, 230-31; 필자 강조)

이 편지는 엘리엇이 회의에 빠졌던 자신의 상황을 자성적으로 바라보며 신앙적 회의에서 점차 벗어나기 시작했음을 보여주는 글이다. 엘리엇은 전에 그 아이에게 설명된 것은 천진난만한 아이가 하나님을 이해할

을 신화의 모음집인 역사적 문서로 다시 읽어야 한다고 믿었던 성경학자들의 활동을 의미한다. 에라스무스와 스피노자가 이런 방식으로 성경을 분석하기 시작한 최초의 사람들이라고 할 수 있다. 19세기 중반에 스트라우스와 포이에르바하를 포함하는 다음 세대의 학자들은, 성경에 관계된 사건들을 확인하기 위하여 구약 시대와 기독교 시대의 중동의 역사적인 기록물들을 분석했다(Anger, 78 참조). 성경에 대한 "고등(higher)" 비평이라는 용어는 성경에 대한 "lower" 비평과 대조되는 뜻에서 사용되었는데, 우리말로 "본문 비평"으로 번역되는 "lower criticism"은 성경에 대한 언어학적 · 원문 비평을 의미하고, 고등 비평은 역사적 · 해석적 비평을 의미한다(Altick, 1973: 219).

수 있는 지적 수준에 맞게 조정된 것이었는데, 그 설명이 거짓이었다고 생각하고 "하나님에 관한 더 고결한 개념"을 형성해가지 못했었음을 안타깝게 생각하고 있음을 보여준다.

이 편지로부터 12년 후인 1859년 12월 6일에 쓴 편지에서 엘리엇은 지난 "10년간의 경험"이 자신의 "내적 자아(inward self)"에 가져온 변화를 설명하고 있다. 이제 더 이상 신앙에 대하여 "반감"을 가지고 있지 않다고 말하면서, 비록 "일련의 교리들을 신조로 받아들이고, 보이지 않는 자에 대해 초인간적인 계시를 받아들이는 교리적인 기독교로" 돌아간 것은 아니지만, "모든 시대의 진지한 기독교인들의 내적인 삶에 심오한 관심"을 가지고 있다고 말하고 있다(*Letters* III, 231). 그녀가 겪은 순진한 믿음의 상실이라는 충격이 약 10년 정도에 걸쳐 점점 사라진 후, 그녀는 하나님에 관해 더 수준 높은 개념을 형성해가는 단계로 성장해갔던 것이다.

이 장의 맨 앞에 인용된 구절은 『미들마치(*Middlemarch*)』의 서문에서 온 것이다. 이 서문에서 조지 엘리엇은 아빌라의 성녀 테레사(St. Teresa of Avila)를 종교적 제도를 개혁한 "서사시적 삶(epic life)"을 산 인물로 묘사하고 있는데, 이는 조지 엘리엇이 "모든 시대의 진지한 기독교인들의 내적인 삶에 심오한 관심"을 가지고 높이 평가하고 있음을 보여주는 한 예로 볼 수 있다. 성녀 테레사는 1515년 스페인에서 태어났는데, 카르멜파의 수녀가 되었지만 당시 수녀원에 퍼져 있던 세속적인 삶의 방식에 빠지기도 하고, 기도에 대한 회의로 몇 년 동안이나 기도를 하지 않는 등, 여러 가지 내적 갈등을 18년간 경험한 인물이다. 그러나 43세에 그녀는 명상적인 생활의 기본, 즉 "기도에 헌신하는 가난하고 단순한 삶(a simple life of poverty devoted to prayer)"으로 돌아가는 새로운 수녀원을 설립하기로 결심한다. 그녀에게 영적인 삶이란 규칙이 아니라 사랑의 태도였으며, 가난을 주장했지만 구걸이 아니라 일을 믿었고, 고백 성사와 고행이 아니라 하나님에 대한 복종을 믿었다. 잘못한 것이 있다면, 자신을 벌하는 것이 아니라, 변화해야 한다고 강조했다. 이러한 수녀원 개혁은 당시에 종교재판에 넘겨질 위험을 감수해야 할 만큼 격렬한 비판을 받았다. 51세부터 그녀는 이 개혁운동을 널리 전파하기 시작했는데, 많은 비난에도 불구하고 스페인과 유럽 전역에 커다란 영향력을 끼치고 1582년 67세로 사망했으며, 1622년 성인으로 추앙되었다.[7]

이와 같은 성녀 테레사의 삶을 살펴보면, 조지 엘리엇이 그녀를 기독교의 기본 정신으로 돌아가려고 노력했고 그 큰 일을 이루어낸 신앙의 선배로 보고 있는 이유를 알 수 있다. 또한 16세기에 태어난 테레사가 종교계를 개혁하는 성인이 될 수 있었던 반면에, 엘리엇의 당대에 태어난 "늦게 태어난 테레사들(later-born Theresas)"은 영적 위대함이 현실 속에서 실현될 기회가 없고, 사람들도 인정해주지 않기 때문에, 성녀 테레사와 같은 열정을 가지고 있으면서도 그 열정을 실현할 방법을 찾지 못한다고 아쉬움을 표시하며, 그들을 백조를 만나지 못한 "미운 오리새끼"에 비유하고 있다. 엘리엇은 자신이 쓴 작품 속의 여주인공들뿐만 아니라, 자기 자신도 "늦게 태어난 테레사"의 하나로 보고 있다고도 할 수 있는데, 그녀가 추구한 종교계의 개혁은 무엇이었을까? 이에 대해 분석한 신학자 호지슨은, "조지 엘리엇은 복음주의와 인간성 종교를 지나 그것을 넘어 새로운 어떤 것을 찾으려고 했다"면서, 그녀가 추구한 종교는 "비난과 위로가 없는 진실된 종교(truthful religion), 인간의 감정과 필요와 행위에 방향을 맞춘 실질적인 종교(practical religion), 실제 밑에 있는 신비에

7 아빌라의 성녀 테레사의 생애에 대한 자세한 설명은 "St, Teresa of Avila," Catholic Online, http://www.catholic.org/saints/saint.php?saint_id=208 참조.

맞추어진 영적 종교(spiritual religion), 그리고 동정적이고 고통받는 무소부재한 하나님(sympathetic, suffering, [omni]present God)이라는 개념에 열려 있는 종교"였다고 설명한다(Hodgson, 2000: 13).[8]

1859년은 다윈(Charles Darwin)의 『종의 기원(*On the Origin of Species*)』이 출판된 해이기도 한데, 엘리엇은 『종의 기원』을 읽고 쓴 1859년 12월 5일 편지에서 "그래서 세상은 한걸음 한걸음 용감한 분명함과 정직함을 향하여 진척되고 있다!"라고 그의 "발전 이론"이 다른 이론보다 뛰어남을 칭찬하지만, 곧이어 "그러나 나에게 발전 이론과 사물들이 어떻게 존재하게 되었는가 하는 과정에 대한 다른 모든 설명들은 그 과정 아래 놓인 신비와 비교하면 희미한 인상을 줄 뿐이다"라고 밝히고 있다(*Letters*, III, 227). 이 편지는 『애덤 비드』를 출판한 지 몇 달 되지 않았을 때 쓰인 것이다. 다윈의 진화론은 성경에 나타나는 우주론을 문자 그대로 받아들이는 것을 부정하게 만드는 도전장을 내밀었고, 당시 영국의 많은 사람들이 이로 인해 회의에 빠지기도 했다.[9] 그러나 신학적으로 성숙한 엘리엇은 자연과학이 종교적 질문이나 도덕적 질문을 해결한다고 보지 않았다. 자연과학은 경험적인 학문으로서 경험할 수 있는 것에 대해서는 답할 수 있지만, 무엇이 옳은지 그른지와 같은 도덕적 문제나 세상의 근원은 무엇인지와 같은 종교적 질문에 대해서는 답할 수 없다고 보았던 것

---

8 호지슨은 엘리엇이 추구했던 신앙을 "미래의 종교(a Future Religion)"였다고 정의하며 그 특징을 이와 같이 네 가지로 종합했다. 각 특징에 대한 자세한 설명은 Hodgson, 2000: 16-25 참조.

9 앨틱에 따르면, 당시 새로운 과학이 내포하는 반종교적 함의에 대해 가장 취약했던 교파가 복음주의 저교회파였던 반면에, 좀 더 잘 대응할 수 있었던 교파는 광교회파였다. 17세기 자유주의파(Latitudinarian)를 19세기에 물려받았다고 할 수 있는 광교회파는 온건한 회의주의를 내포하고 있었고, 첨예하게 정의된 신조나 규정된 형식에는 무관심했다(Altick, 1973: 207).

이다. 엘리엇의 관심은 전자에 있지 않고 후자에 있었으며, 소설을 쓰는 것을 통하여 그 답을 추구해나갔음을 그녀의 첫 소설 『애덤 비드』는 보여주고 있다.

3. 조지 엘리엇의 리얼리즘론

조지 엘리엇이 소설가로서의 경력을 시작하기 2주 전 1856년 10월에 『웨스트민스터 리뷰』에 출판한 「숙녀 소설가의 어리석은 소설들(Silly Novels by Lady Novelists)」은 그녀가 여성 작가가 어떠해야 한다고 생각하는지에 대한 단초를 제공하고 있다. 여성 작가의 소설들을 "마음과 모자 부류," "하얀 목도리 부류," "현대 골동품 부류" 등으로 명명하며 비판한 이 글에서, 엘리엇이 가장 냉철하게 집중적으로 비판한 소설은 "예언자적 부류(*oracular species*)"이다. 그녀는 "작가의 종교적, 철학적, 도덕적 이론들을 상술하기 위하여 쓰여진 소설"을 예언자적 부류라고 명명하면서, "어리석은 소설 중 가장 불쌍한 소설"이 예언자적 부류의 소설이라고 비판하고 있다.[10]

예언자적 부류에 대한 비판은 위대한 작기들과의 대조를 통해 신랄하게 전개되고 있다. 위대한 작가들은 조심성 있게 소설 속에 자신의 경험을 쏟아 붓고 사람과 사물을 있는 그대로 보여주는 것이 충분한 임무라고 생각했는데, 반면에 예언자적 부류는 그러한 능력을 발휘하지 못했다고

10 George Eliot, "Silly Novels by Lady Novelists," *George Eliot: Selected Essays, Poems and Other Writings*, Eds. A. S. Byatt and Nicholas Warren, Middlesex: Penguin Books, 1990, 148.

개탄하면서, 좋은 가문의 신사 숙녀들의 사랑 이야기를 통해 기독교에 대한 특정한 관점을 구축해나간다고 비판했다. 그 기독교적 관점이란 "작은 대문자들로 된 한 문장으로 압축되거나, 아니면 330쪽에 걸쳐 별의 무리로 흩뿌려진 관점"이라고 꼬집었다(Eliot, 1990: 149). 엘리엇이 가장 참을 수 없었던 것은, 자신이 쓰고자 하는 "종교적, 철학적, 도덕적" 소설들을 쓰는 "예언자적 부류"의 소설들이었으며, 그들의 기독교적 관점이 너무 형편없이 편협하거나 혹은 지나치게 과장되어 있다는 점이었다.

또한 엘리엇은 그 여성 작가들이 "실제의 삶과 동료 인간"을 묘사하는 능력이 "하나님과 다른 세계에 대한 자신감 넘치는 웅변"과 반비례한다고 꼬집는다. 그 소설들이 사실적이지 못한 것에 대해, 예언자적 부류가 "보이지 않는 것에 대한 참된 생각을 보여주려고 선택하는 방법이 보이는 것에 대한 완전히 그릇된 그림"이라고 비판하고 있다(Eliot, 1990: 148). 여기에서 엘리엇의 사실주의에 대한 생각과 그것이 종교적, 철학적, 도덕적인 것들과 가지는 관계에 대한 생각이 잘 나타나 있다. 엘리엇에게 사실주의는 무엇보다 보이는 것들을 제대로 표현하는 것이었는데, 보이는 것을 제대로 표현할 때 보이지 않는 세계도 제대로 전달할 수 있다고 보았던 것이다.[11] "어리석은 소설들"에 대한 신랄한 비판은 이제 소설을 쓰기 시작함으로써 자신의 철학과 신학을 소설을 통해 표현하고자 계획하고 있는 엘리엇이 자신의 미학을 어떻게 설정하고 있는지를 역으로 추론

11 조지 엘리엇의 리얼리즘론이 복음주의에 크게 빚진 것이라고 주장한 제이에 따르면, 복음주의자들은 도덕적인 선의 문학적 예들이 가지는 힘에 대해 과소평가하지 않았다고 한다. 그러나 그것들이 기독교 생활에 지침을 제공할 수 있으려면, 그것들이 묘사하는 상황과 사람들이 반드시 사실적으로 제시되어 따라할 수 있는 것이어야 했다. 복음주의자들이 리얼리즘을 옹호한 것은 미학적 배경보다는 도덕적 배경에 기초한 것이었다(Jay, 1979: 217).

해볼 수 있게 한다.

"어리석은 소설들"을 신랄하게 풍자한 엘리엇은 곧 세 편의 이야기를 발표하여 이를 묶어 『목사 생활의 정경』을 출판했고, 그리고 쓴 그녀의 첫 번째 장편소설이 『애덤 비드』이다. 이 글들에는 작가로서 자신의 길을 시작하는 엘리엇의 고민이 많이 스며 있다. 지금까지 그녀는 급진적인 사고를 가진 독자들을 대상으로 기사와 논평을 써왔고, 급진적인 글들을 번역해왔다. 그러나 이제 그녀는 일반 독자들을 대상으로 소설을 쓰기 시작했으며, 조지 루이스(George Lewis)와 법이 허용하지 않는 혼인관계에 있는 상태에서, 철학적 · 종교적 · 도덕적 메시지가 강한 소설을 쓰려고 한다. 이러한 상황을 타개하기 위하여 그녀가 택한 초보적인 전략은 남성 필명을 사용한 것과 루이스를 통해 출판업자를 접촉하여 저자가 "목회자 부류"인 것 같은 인상을 풍기며 글을 출판한 것이었다. 그러나 첫 단편모음이었던 『목사 생활의 정경』에서 성직자들은 모두 남성이고, 여성들은 교구민으로만 등장시켰던 것과 달리, 첫 소설인 『애덤 비드』에서는 여성 설교자이고 목회자인 다이나 모리스를 등장시키고, 그녀를 통해 이상적 여성 작가에 대한 비전을 그려보는 과감한 시도를 하고 있다.

『애덤 비드』를 통해 소설가로서의 본격적인 경력을 시작하는 조지 엘리엇은 종교와 직업 그리고 소명(vocation)의 의미를 첫 번째 장부터 진지하게 고찰한다. 제1장은 1799년 6월 18일 조나단 버지(Jonathan Burge)의 작업장에서 일하고 있는 다섯 명의 목수를 그리고 있는데 그들의 대화를 통해 소명에 관한 논의가 본격적으로 다루어진다. 애덤은 다른 세 명의 목수들과 달리 그리고 동생인 셋(Seth) 보다도 더 일의 중요성을 강조한다. 이들에게 여설교자인 다이나의 설교를 들으러 가자고 권하는 셋에게 다른 목수들은 조롱적으로 반응하지만 애덤은 열심히 일하는 것의 종교적 중요성을 주장한다.

"… 모든 사물과 시간 속에 — 일요일뿐만 아니라 주중에도 — 하나님의 영이 있으며, 위대한 일과 창작들 속에, 계산과 기계 속에도 하나님의 영이 있다. 그리고 하나님은 우리의 영혼은 물론 우리의 머리와 우리의 손을 도와주신다. 그리고 어떤 사람이 근무 시간 외에 일을 좀 하여 — 아내가 빵집에 가는 수고를 덜어주기 위해 오븐을 만들어주거나, 자기 정원의 땅을 긁어 구멍을 내서 감자 한 개 대신 둘을 자라게 만든다면, 그는 더 많은 선행을 하는 것이며, 설교자를 따라 가서 기도하고 신음하는 것만큼이나 하나님에게 가까이 가는 것이다."[12]

애덤은 말로만 그렇게 주장하는 것이 아니다. 6시를 알리는 교회 종소리가 치자 다른 네 명은 모두 일하던 도구를 바로 내려놓고 작업장을 떠나지만 애덤만은 "시계 종소리가 치기 시작하자마자, 마치 일에서는 아무 즐거움을 느끼지 못하는 것처럼 도구를 던져버리는 사람들을 더 이상 참고 볼 수 없다"(55)고 비판한다. 그는 일부 설교자들이 사람은 평생 눈을 감고 자기 내부만 들여다봐야 한다고 하는 것에 대해 비판하면서, 성경에도 하나님이 장막을 짓는 노동자 속에 자신의 영을 넣어주어 조각도 하고 물건들도 만들게 하지 않았느냐고 주장한다(53). 애덤이 종교적인 셋에게 이런 주장을 하는 것은 그가 기독교 신앙을 인정하되 다른 관점에서 이야기하고 있음을 알 수 있다. 너무 종교적인 열정에만 빠져 있는 것을 "지나치게 영적"이라고 비판하되, 성경이 가르치고 있는 것은 종교

12 George Eliot, *Adam Bede*, 1859, Ed. Stephen Gill, Penguin Books, 1980, 53-54. 본 장에서 앞으로 이 책에서의 인용은 본문에서 괄호 안에 쪽수만 표시한다.

적인 열심과 세상의 일을 열심히 하는 것을 이분법적으로 나누는 것이 아니라는 주장이다. 그는 일의 개념이 신에게서 온 것으로 보며 전통적인 일뿐만 아니라 과학이나 기술 속에도 신의 뜻이 있다고 본다. 특히 아내를 위하여 오븐을 만들거나 땅을 파서 감자를 심어주는 것을 설교자를 따라다니는 것보다 낫다고 하는 주장에 대해 매저허리(John Mazaheri)는 밀(John Stuart Mill)과 같이 "기본적으로 공리주의"라고 평가하고 있다(67). 그러나 사실 애덤의 주장은 루터(Martin Luther)의 주장과 다르지 않은 것이다. 루터는 하나님을 섬기는 것이 단지 교회 제단, 찬양, 독서, 희생 같은 것하고만 관련이 있어야 한다는 생각은 "가장 나쁜 악마의 속임수"라고 지적하면서, 악마는 하나님을 섬기는 것이 교회 안에서 행해지는 일에서만 가능하다는 편협한 개념으로 사람들을 타락시켰다고 개탄한다. 그는 "교회에서뿐 아니라, 집, 부엌, 작업장, 들에서도," 즉 "전 세상이 하나님을 섬기는 일로 가득 찰 수 있다"고 주장했다(Stevens, 1999: 77에서 재인용).

『애덤 비드』가 종교와 일, 소명의 의미에 대한 애덤과 셋의 논쟁으로 시작하고 있는 것은 조지 엘리엇이 소설가가 되는 것의 종교적 의미를 고민하고 있으며, 소설 쓰기를 소명의 관점에서 살펴보고 애덤의 일을 통해 그것의 중요성을 논하고 있는 것이라 할 수 있다. 이 논쟁에서 작가의 일에 대한 개념은 루터의 주장과 다르지 않은 애덤의 생각을 지지한다. 짐(Sandy Jim)은 동료인 애덤의 말을 듣고 "내가 오랫동안 들었던 설교 중 최고"라고 평가하고 있는데(54), 사실 애덤의 말은 작가에 의해 일에 대한 의미있고 중요한 일종의 설교로 제시된다고 할 수 있겠다. 애덤의 "설교"가 가지는 중요한 의미는, 그것을 통해 엘리엇이 자신의 소설 쓰기를 소명의 개념으로 표현하고 있는 것이며, 첫 장부터 애덤의 일을 통해 자신의 소명의 중요성을 논하고 있다는 점이다.

엘리엇은 소명감을 가지고 쓰는 이 소설의 첫 문장을 다음과 같이 시작한다.

> 이집트 마술사는 우연한 방문자에게 거울에 떨어트리는 잉크 한 방울로 먼 과거에 도달하는 비전을 보여줍니다. 독자여, 이것이 내가 여러분에게 하려는 것입니다. 나의 펜 끝에 있는 이 잉크 방울로 나는 여러분을 헤이스롭 마을의 목수이며 건축업자인 조나단 버지 씨의 널찍한 작업장을 서기 1799년 6월 18일에 보이는 그대로 보여줄 것입니다. (49)

엘리엇은 거울에 잉크 한 방울을 떨어트림으로 과거 먼 곳의 광경들을 보여주는 "이집트 마술사"로 자신을 비유함으로써 "예언자적 부류"의 하나로 자신을 줄 세운다. 이런 신비적인 서두는, 그것이 지니는 종교적 면모와, 소설가로서의 자신의 일을 신비로운 일로 설정하고 있는 면에서 의미있다. 그러나 동시에 "예언자적 부류"에 대해 비판했던 엘리엇은 환상적이고 신화적인 과거의 세계로부터 물질적인 역사(1799년) 속의 실질적인 장소(목수의 작업장)로 대상을 바꾸어 사실주의 소설가가 되고자 한다. 보울비(Bowlby)가 지적했듯이 "마술과 리얼리즘의 비범한 결합"을 통해 역사적인 비전을 제시하고자 하는 것이다(Bowlby, 2010: 16).

엘리엇은 자신의 리얼리즘에 관한 미학을 제17장 "이야기가 잠시 멈추는 장"에서 자세히 설명하고 있다. 제16장에서 아서(Arthur Donnithorne)는 교구목사인 어윈(Rev. Adolphus Irwine)에게 헤티(Hetty Sorrel)에게 끌리는 마음을 털어놓고 그 유혹을 이겨보고자 아침 식사 시간에 찾아가지만, 어윈 목사에게 고백할 분위기가 형성되지 않아 상담을 못하게 되며 따라서 어윈 목사는 그를 구해줄 기회를 갖지 못한다. 이에 대해 작가는 어윈을 이렇게 훌륭하지 못한 목사로 그리는 자신에게 비난이 쏟아질 것을 상정하며, 자신의 사실주의론을 변호하는 형식으로 진행된다. 자신이 만일 있지도 앞으로 일어나지도 않을 것들을 표현해낼 수 있는 "똑똑한 소설가(a clever novelist)"였다면[13] 어윈 목사가 아서에게 마치 설교문을 읽는 것 같은 아름다운 말들을 하게 할 수 있었을 것이라고 풍자적으로 말하는 화자는, 다음과 같이 자신을 옹호한다.

> 그러나 여러분은 내가 그렇게 고상한 소명을 가지지 못했다는 것과, 사람들과 사물들을 내 마음의 거울 속에 비친 그대로 충실하게 이야기하는 것 이상을 열망하지 않는다는 것을 오래 전에 분명히 알아챘을 것입니다. 그 거울은 분명 불완전합니다. 윤곽들이 때로는 깨지고, 거기 비친 것은 희미하거나 혼란스러울 것입니다. 그러나 나는 마치 증인석에서 선서하고 내 경험을 서술하는 것처럼, 거기 비친 것이 무엇인지를 내가 할 수 있는 한 가장 정확하게 여러분에게 말해야 할 의무가 있음을 느낍니다. (221)

이 구절에는 엘리엇의 핵심적인 미학이 집약되어 나타나고 있다. 무엇보다 먼저, 자신의 마음속에 비친 것을 "충실하게 이야기하겠다"는 것이다. 이는 "숙녀 소설가의 어리석은 소설들"에 대한 비판이 "있을 법 하지 않음"에 집중되어 있었던 것과 맥을 같이한다. 엘리엇은 그들이 그린 상류층의 귀족과 귀족 부인도 있을 법 하지 않고, 문학가도, 상인도, 농군

13 여기에서 엘리엇은 화자의 입을 빌려 자신이 "똑똑한 소설가(a clever novelist)"가 못 된다고 풍자적으로 말하고 있는데, 이는 다분히 "숙녀 소설가의 어리석은 소설들"에 대한 비판을 내포하고 있다.

도 있을 법 하지 않다고 비판했으며, 또한 이런 보고 들을 수 있는 것뿐 아니라 볼 수도 들을 수도 없는 것도 "똑같이 불충실하게" 재현했다고 비판했었다(Eliot, 1990: 142). 여기에서 충실함은 가장 강조되고 있는 리얼리즘의 덕목이다.

두 번째로, 엘리엇은 마음이라는 거울에 비친 것을 정적으로 그리는 것에서 더 나아가, 법적 용어를 사용하여, 진실만을 말하기로 "선서한 증인"처럼, "자신의 경험을 서술"하는 '증인'으로 자신을 설정하고 있다. 작가의 미학이 거울이라는 수동적이고 정적인 도구에 관련된 것으로 부터, 재판에서의 선서와 증언이라는 현장에 관한 것으로 이동함으로써, 작가가 증언하는 것이 미래에 실질적인 결과를 가져올 수 있는 역동성과 책임성을 부여받는다. 즉 거울에 비치는 것을 그리는 것만으로 사실주의 작가의 일이라고 보지 않고, 증인의 증언이 재판에 영향을 미치고 관계된 사람들의 삶에 영향을 미치는 것처럼 작가가 하고 있는 서술이 독자의 삶에 영향을 끼친다고 보는 것이다. 증인으로 살아가는 것은 기독교인의 삶과 연결되어 있다. "성령이 너희에게 내리시면, 너희는 권능을 받고, 예루살렘과 온 유대와 사마리아에서, 그리고 마침내 땅 끝에까지, 나의 증인이 될 것이다"(「사도행전」 1: 8)는 예수가 제자들에게 한 마지막 말이다. 그것은 예수의 삶의 증인이 됨으로써 그 증언을 들은 사람들의 삶을 변화시키라는 말이기도 하다. 엘리엇은 소설의 중요한 역할을 독자들의 마음과 삶을 변화시키는 교육에 두고 있음을 볼 수 있다.

세 번째로, 그렇다면 어떻게 해야 올바른 증인이 될 수 있을까? 이것을 논의하기 위해서는 먼저 리얼리즘론을 설명하는 제17장의 구조를 살펴볼 필요가 있다. 엘리엇이 자신의 리얼리즘 미학을 설명하는 이 장은 어윈 목사를 그런 부족한 목사로 그리고 있는 자신의 입장을 강하게 옹호하는 것으로 시작하고 있으며, 그의 종교와 설교와 삶을 옹호하는 것으로 끝나고 있다. 현재 시점에서 이제 나이가 많이 든 애덤 비드의 입을 통해 어윈 목사의 후임이었던 라이드 목사(Rev. Ryde)와 비교되면서, 어윈은 설교를 잘하는 목사는 아니었지만, "자기가 말한 것에 따라 행동하는" 사람이었고(227), 농부들, 늙은 여자들, 노동자들에게도 상류층 사람에게 하듯이 똑같이 행동했으며, 많은 사람들에게 사랑과 존경을 받았다고 한다. 반면 라이드 목사는 교리에 대해 설교를 많이 했지만, 삶은 거기에 따라 살지 못했고 사람들은 실망하여 그를 떠났다. 애덤은 종교는 "교리와 개념만이 아닌 그 어떤 것"이라고 하는데(227), 커밍 박사의 "교리적 기독교"를 강하게 비판했던 엘리엇의 메아리처럼 느껴지는 애덤의 말을 통해 신학적 논쟁에 종지부가 찍힌다.

> "나는 17살 소년이었을 때, 비국교도 목사들을 쫓아다니곤 해서, 젊은 시절 교리에 대해 많이 들었으며, 아르미니우스파들과 칼빈주의파들에 대해 많이 고민했다. … 이 본문이 의미하는 것은 무엇이고 저 본문이 의미하는 것은 무엇인지, 사람들이 모두 하나님의 은혜로 구원을 받는지, 아니면 자신의 의지로 구원을 향해 조금이라도 가까이 가는 것인지, 재어보고 체로 쳐보는 것은 결코 진정한 종교의 일부가 아님을 깨닫기 시작했다. … 그리고 나는, 내가 결코 이해할 수 없는 것에 대하여 시끄러운 소리를 내는 것이 아니라, 내 영혼이 하나님 일의 신비 앞에 겸손한 것이 더 나음을 발견했다. 그리고 그것들은 결국 초라하고 어리석은 질문들이다. 왜냐하면 우리의 안이건 밖이건 하나님으로부터 오는 것 외에 무엇이 있단 말인가?" (228)

애덤은 신학적 논쟁에 대해 "내가 결코 이해할 수 없는 것에 대하여 시끄러운 소리를 내는 것"이라고 비판하고, "내 영혼이 하나님 일의 신비 앞에(before the mysteries o' God's dealings) 겸손한 것이 더 나음을 발견했다"고 단언하고 있다.

이처럼 소설가가 올바른 증언을 해야 한다는 엘리엇의 미학은 삶과 엉켜 있는 것으로 제시되고 있다. 말하고 주장하는 것이 아니라 말과 행동이 일치해야 한다는 것이다. 화자는 종교와 수학이 같다면서, 사람이 난롯가에 앉아 파이프를 피면서 머릿속으로 문제를 풀 수는 있지만, 기계나 빌딩을 만들려면 의지를 갖고 결심을 하고 자신의 편안함 외에 다른 것을 사랑해야만 한다고 설명한다(226). 이것은 바로 글을 쓰는 작가 자신에 대한 이야기로서, 이 생각은 "성육신적 문학(incarnational literature)"의 개념과 닿아 있다. 노리스(Kathleen Norris)는 「말씀이 육신이 되었다(A Word Made Flesh)」라는 글을 통해, "incarnation"이 모든 작가가 안고 있는 책무였다고 주장한 바 있다. "성육신" 혹은 "육화," "구체화"라고 번역할 수 있는 이 단어를 통해, 기독교의 성육신의 개념이 작가가 작품을 쓸 때의 중요한 원칙인 "말하지 말고 보여주어라"라는 과제와 연결되어 있음을 분석했다(Norris, 2009: 305). 오어(Marilyn Orr) 또한 성육신의 미학이 엘리엇에게 매우 중요했음을 지적한다. 소설의 형식에 대한 그녀의 고민은 항상 자신의 생각을 어떻게 육화시킬 것인가 하는 고민이었으며 예수의 성육신에 관련된 신앙과 깊이 뒤엉켜 있었다고 한다(Orr, 2009: 457). 엘리엇이 진정한 기독교인은 믿음을 사랑의 형태로 행동에 옮겨야 한다고 확신했던 것이나, 공감을 가지고 다른 사람을 이해하고 함께 고통을 나누는 것을 도덕적이고 인간적인 삶의 근거로 보는 것은 모두 그녀의 성육신에 대한 이해가 작품을 통해 나타난 것이라고 할 수 있다.

마지막으로, 엘리엇의 리얼리즘론은 작가의 '소명'과 연결되어 있음에 주목할 필요가 있다. 화자는 자신이 어윈 목사를 사실과 다르게 이상적인 목사로 그리는 "그렇게 고상한 소명을 가지지 못했다"라고 말하고 있다. 여기서 물론 "그렇게 고상한"은 비꼬는 말인데, 그런 고상한 소명이 아니라 엘리엇이 가지고 있는 진정한 소명은 무엇인가? "내 마음의 거울 속에 비친 그대로 충실하게 이야기하는 것"을 대안으로 제시하고 있는데, 문제는 마음의 거울이 "불완전하거나," "윤곽이 깨지거나," "희미하거나," "혼란스럽거나" 할 수 있다고 표현되어, 작가의 마음에 어떻게 반영되는가 하는 근본적인 문제를 지적하고 있다. 무엇보다 작가의 마음에 먼저 올바로 비쳐져야 리얼리즘은 가능하다는 것이다. 그렇다면 어떻게 해야 올바로 마음의 거울에 비치게 할 수 있을까?

엘리엇은 네델란드 회화를 "진실성이라는 소중한 특성(precious quality of truthfulness)"이 나타나 있는 흔치 않은 작품으로 제시하고 있다(223). 가정 내 단조로운 생활 모습들, 돌항아리 같은 싼 물건들을 만지고 있는 늙은 여인의 모습, 외모가 뛰어나지 않은 신랑 신부와 친지들이 함께 한 시골마을의 결혼식 그림들을 높이 평가하면서, 그들의 아름다움은 "비율의 비밀"에 있지 않고, "깊은 인간의 공감이라는 비밀"에 있다고 한다(224). 그러므로 "나는 나를 비천한 시민들과 연결시킬 공감의 기질(a fibre of sympathy)을 가져야만 한다"고 공감의 중요성을 자신의 리얼리즘론의 핵심으로 제시하고 있다(225). 이처럼 엘리엇은 독자들에게뿐 아니라 작가로서 먼저 자기 자신에게 공감의 마음을 가질 것을 요구하고 있다. 그리고 그것을 작가의 소명과 연결시키고 있는 것이다.

엘리엇은 『애덤 비드』에서 바로 그러한 삶을 "성육신"적으로 살고 있는 인물을 보여주고 있으니 바로 다이나 모리스이다. 그런데 제17장에서 엘리엇은 리얼리즘론을 어윈 목사의 종교와 삶과 연결지어 설명하고 있을 뿐, 다이나의 종교와 삶과는 연결짓고 있지 않다. 다이나와의 연결은 엘리엇에게 말로 할 수 있는 것이 아니라, 더 중요한 것이며 숨겨져 있는 전략이다. 첫 소설을 남성 필명으로 쓰며 남성 화자의 목소리를 내고 있고, 남성 인물을 주인공으로 하여 작품명도 『애덤 비드』로 정한 엘리엇에게 다이나는 이 소설을 통하여 "말하지 않고 보여주기"를 통해 "육화" 시키려고 하는 것의 핵심이다.

4. 다이나 모리스를 통해 제시되는 작가상

다이나의 첫 등장은 설교자로서의 모습이다. 여성 설교자의 모습은 첫 장부터 애덤과 함께 일하는 목수들을 통해 조롱의 대상이 되고 있으며, 애덤도 그들과 크게 다르지 않은 생각을 가지고 있다. 또한 여성 설교자에 대한 불신은 여자가 설교자라는 사실에 호기심이 발동하여 몰려든 구경꾼들에게도 널리 퍼져 있을 뿐 아니라, 이곳을 지나가던 "낯선 사람(stranger)"을 통해서도 전달된다.

그러나 그녀의 설교가 시작되자 분위기는 달라지기 시작한다. 그녀가 설교를 하게 된 것은 예수를 만나고 내적 변화를 경험하면서 자신이 예수의 복음을 전하도록 부름 받았음을 알게 되면서부터였다고 한다. 예수를 만난 경험을 한 뒤 그녀가 해야 할 유일한 일은 자신이 경험한 것을 전하는 것이었다. 책을 보며 하는 것이 아니고, 자기 앞에 모인 사람들에게 직접 말했던, 단순하면서도 순수하고 진실된 다이나의 설교의 권위는 예수를 만난 것에 대한 개인적인 반응으로 제시된다. "그녀는 다른 사람들이 설교하는 것을 들어서 그에 따라 설교하는 것이 아니라, 자신의 단순한 신앙의 영감 아래, 자신의 감정에서 직접적으로 말했다”(72). 그녀의 설교는 예수가 “가난한 사람들에게 기쁜 소식을 전하기 위하여 왔다고 말씀하셨음”을 이야기하며 시작한다(68). 이것은 “주의 영이 내게 내리셨다. 주께서 내게 기름을 부으셔서, 가난한 사람들에게 기쁜 소식을 전하게 하셨다”는 누가복음서 4장 18절에 대한 언급으로서, 다이나 설교의 핵심이다.

다이나는 예수가 이 땅에 정말로 내려왔으며, 그의 생애 대부분을 가난한 사람들을 위하여 일하셨고, 십자가 상에서 극한의 고통을 당하시면서도 자기를 못박는 사람들이 자신이 하는 일이 무엇인지 모른다고 오히려 그들의 용서를 간구하셨고, 부활하여 승천하시고 다시 이 땅에 오셔서 우리 가운데 계신 것까지, 예수의 생애를 한 시간 동안 설교한다. 그런데 그 설교의 핵심은 예수가 가난한 사람에게 기쁜 소식을 전하러 오셨고, 가난한 사람과 함께 고통 받으셨을 뿐 아니라, 지금도 우리 가운데 계시며 우리 옆에 계시다는 것이며, 그래서 다이나는 “그의 상처 입은 몸과 그의 사랑의 얼굴을 본다”(74)라고 말한다. 그리고 “나는 여러분처럼 가난합니다. 나는 내 손으로 벌어먹어야 합니다. 그러나 어떤 귀족이나 숙녀도 나만큼 행복할 수 없습니다. 만일 그들이 그들의 영혼 속에 하나님의 사랑을 가지고 있지 않다면”(76)이라고 결론 내린다. 소설이 시작되자마자 제2장에서 이처럼 강렬한 여설교자의 설교가 제시된 것은,『애덤 비드』를 읽는 독자들에게 잊지 못할 인상을 남긴다. 이 인상 깊은 감리교 복음주의 설교는 물론 실제 감리교 여설교자들에게 빚진 바도 있겠지만, 엘리엇은 이것이 어떤 설교자의 설교를 따온 것이 아니라, “내 마음 속에 강렬히 떠오르는 대로, 뜨거운 눈물로” 써내려간 것이었다고 말한 바 있다(Hodgson, 2000: 52에서 재인용). 엘리엇 자신의 예수의 생애에 대한 해석이 절절이 녹아 있기에 더욱 강렬한 인상을 주고 있는 것이다.

스미스(Allen Smith)는 다이나 설교의 동기가 회심을 통해 예수를 만나는 경험을 했고 그 후 예수의 복음을 설교하도록 부름받았음을 발견한데서 왔음을 지적하면서, 다이나의 설교의 권위는 마가복음서에 기록된 예수의 권위를 반향하고 있다고 주장했다. 즉 「마가복음서」에 따르면, 예수가 가버나움에 들어가서 안식일에 회당에 들어가 가르치셨을 때, "사람들은 그의 가르치심에 놀랐다. 예수께서 율법학자들과는 달리 권위 있게 가르치셨기 때문이다"라고 기록되어 있다(「마가복음서」 1: 21-22). 스미스는, 다이나가 율법학자들과는 달리 '권위'를 가지고 가르치신 예수와 마찬가지로, "단순한 신앙(simple faith)"이라고 표현된 '권위'를 가지고 설교하고 있음을 지적하면서, 엘리엇이 마가복음서와의 "상호텍스트성"을 사용하여 다이나가 설교자로서 힘과 권위를 가지도록 했다고 분석했다(Smith, 2007: 178).

이처럼 엘리엇은 다이나의 설교가 가지는 권위는 예수와의 만남으로부터 오는 것이지, 성별에 따라 오는 것이 아님을 강력하게 보여준다. 그렇지만 엘리엇은 다이나의 설교가 가진 사회적 힘은 개인적인 체험에서 온 것일 뿐 아니라, 역사적으로 여성에게 설교를 허용했던 웨슬리의 감리교 전통에서 온 것임을 분명히 인식하고 있다. 웨슬리의 부흥운동의 근간인 복음주의는 성경이 하나님에 의해 영감을 받아 쓰인 것이라고 믿었으며, 각 개인은 하나님의 말씀인 성경을 열심히 읽고 그에 따라 복음을 전파하는 것을 매우 중요하게 생각했다. 이에 근거해 복음주의 여성들은 성경을 읽고 그에 따라 살고자 했고, 성경을 자신의 삶에 적용해보았을 때 하나님의 뜻에 순종하는 것이 세상의 권위와 마찰을 일으키는 것을 발견했고, 세상의 권위에 복종하지 않고 성경적인 세상을 만들고자 발언을 하기 시작하여 설교자가 되었다. 메리 보산킷(1739-1816)이나 새라 크로스비(1729-1804)는 대표적인 감리교 여성 설교자들이었으며, 다이나의 모델이 된 엘리엇의 숙모 엘리자베스 에번즈 또한 감리교 여성 설교자였다.

엘리엇이 감리교 여성 설교자의 전통에 기대어 다이나를 창조한 이유의 하나는 그 전통이 여성 작가가 되고자 하는 그녀에게 중요한 언어적이고 수사학적인 힘을 제공하기 때문이다. 크루거는 여설교자 다이나가 "어리석은 소설들"과 "복음주의의 가르침," 『목사 생활의 정경』에서 제시된 "문학적 도덕적 권위의 문제에 대한 해답"이라고 주장한 바 있다(Krueger, 1992: 252). 그러나 크루거는 엘리엇이 다이나의 힘에 동조하지 않고 다이나와 풍자적 거리를 유지하고 있다고 비판한다. 다이나의 설교는 마을 사람들의 마음에 불을 붙이지 못하고, 단지 베시(Bessy Cranage)의 마음을 뒤흔들 뿐이며, 다이나는 마치 행동지침서를 쓴 여성 작가들을 닮아 있을 뿐이라는 것이다. 특히 크루거는 "낯선 남자"의 예를 들어 엘리엇은 여성의 열정적인 발언이 남성 청자를 "매혹시키기는" 하지만 그의 생각을 바꾸어놓지는 못하는 것으로 그렸다고 비판한다(Krueger, 1992: 255-60).

그러나 여기서 "낯선 남자"의 경우를 좀 더 자세히 살펴보면, 크루거가 해석하고 있는 것보다 더 많은 의미가 내포되어 있는 것을 발견하게 된다. 크루거가 지적한 낯선 남자는 이 지방을 우연히 지나다가 감리교 여설교자의 설교 장면을 목격하게 되는 사람이다. 그는 처음에 다이나가 자기가 생각한 감리교도들과 달라서 놀라지만(66), 그녀가 설교자로서 적합하다고는 생각하지 않는다. 그가 처음 다이나를 보고 하는 생각과 그것에 대한 화자의 평이 다음과 같이 묘사되어 있다.

"예쁜 여자군"이라고 낯선 사람은 자신에게 말했다. "그렇지만 자연은 그녀를 설교자로 뜻하지는 않은 것이 확실해."

그는 아마도 자연이 연극적인 특성을 가지고 있고 예술과 심리학을 촉진시키려는 사려깊은 생각을 가지고 인물들을 "구성"하여 그들에 관해 실수가 있을 수 없다고 생각하는 사람들 중의 하나인 것 같았다. (67)

그런데 다이나의 설교가 시작되자 이 낯선 사람은 "자기의 의지와는 반대로" 다이나의 "달콤하고 높은 음색"에 매료되어 그 자리에 계속 있게 되고, 그녀가 거친 청중들의 주의를 집중시키는 것에 놀라며, 그들의 죄에 대하여, 신에 대한 불복종에 대하여, 예수의 희생과 구원에 대하여, 설교하고 회개를 촉구하는 한 시간 이상 계속되는 설교를 끝까지 듣는다. 그렇지만 결국 그는 그녀의 설교를 마치 "연극의 전개"를 보는 듯이 본 후, 그의 말을 돌려 자기 가던 길을 가버린다(76). 말하는 사람의 감정이 내적으로 어떻게 진행되는지 "내적 드라마"에 매료되기는 했으나(76), 그 자신 다이나의 설교가 목표하는 내적 변화를 경험하지는 않는다. 그는 감리교에 대한 편견, 여성에 대한 편견들을 완전히 극복하지 못한 채 그 자리를 뜨고 마는 것이다.

이 낯선 남자는 작가인 엘리엇에게 관심은 가지나, 그리고 그녀의 작품이 훌륭함을 감지하지만, 여러 가지 편견으로 그녀의 작품에 몰입하지 않고, "제법인데" 하면서 바라보는 많은 남성 독자들과 남성 비평가들을 상정한다. 그리고 낯선 남자 앞에 무방비로 노출된 다이나는 남성 문학의 세계 앞에 무방비로 노출된 작가 자신을 상정한다. 그러므로 엘리엇은 이 장면에서 다이나와 거리를 두고 있다기보다, 자신이 여성 작가의 이상적인 모습으로 그리고 있는 다이나에게 보이는 가부장적 비평가에 대한 비판이 나타나 있으며, 그들을 끌어들일 수 있는 작품 창작에 대한

고민을 드러내고 있는 부분이라고 볼 수 있는 것이다.[14]

그리고 그 고민은 다이나를 단순히 설교자로만 그리지 않는 것으로 이어지고 있다. 다이나는 설교를 하는 것뿐 아니라 사람들을 돌보는 일을 하는 것이 자신이 해야 할 일이라고 주장한다. 셋의 청혼을 받은 다이나는 자신은 결혼보다 "목사의 직무(ministry)"로 부름 받았다고, 즉 목사의 직무가 자신의 소명(vocation 혹은 calling)임을 다음과 같이 설명한다.

> 하나님은 나를 다른 사람들을 '돌보라(minister)'고 '부르셨어요.' 나 자신의 기쁨과 슬픔을 가지지 말고, 기뻐하는 사람들과 함께 기뻐하고, 우는 사람들과 함께 울라고요. 그의 말씀을 전하라고 나를 '부르셨고', 위대하게 나의 일을 지배하고 계세요. … 거기[스노우필드]에 있는 어린 양떼를 도와주고 위로하고 힘을 돋아주는 일이 내게 주어졌어요 …. (79; 필자 강조)

"minister"라는 말은 "섬기다," "돌보다"라는 뜻도 있지만 동시에 "목사 혹은 성직자로 일하다"라는 뜻도 있다. 이 두 가지는 사실 거의 같은 뜻이다. 다이나가 여기에서 주장하는 것은 하나님이 자신에게 사람들을 돌보고 말씀을 전하는 일을 하라고 '부르셨다'는 것이다. 그런데 이 두 가지 일은 바로 목사의 일이다. 바꾸어 말하면 다이나는 자신이 목회자로 부름 받았으므로 그 일을 해야지 개인적인 희로애락을 가질 수 없고 결혼을 할 수도 없다고 주장하는 것이다. 이모인 포이저 부인(Mrs. Poyser)이 다이나의 활동에 대해 반대하는 것은 다이나가 설교를 한다는 것 자

14 이 낯선 남자는 작품 끝에서 헤티의 감옥을 찾아 온 다이나에게 감옥 문을 열어주는 역할을 하는 치안판사로 등장한다. 이 장면에서 그는 음울하고 말도 거부하는 헤티와 캄캄한 감옥 안에 밤새 있겠다는 다이나의 계획에 놀라움을 표시하면서도, "나는 당신이 가슴을 열 열쇠를 가지고 있음을 압니다"라면서 감옥 안에 머물기를 허락해준다(492).

체보다, 돌아다니며 설교하고 자신을 위해서 한 푼도 남기지 않고 버는 돈을 모두 남들을 위해 쓰는 것을 걱정하는 것이다(122). 즉 다이나가 스노우필드로 돌아가서 목회 일을 하려고 하는 것을 반대하는 것이며, 목회자의 일이 다이나로 하여금 아내, 어머니, 딸, 혹은 조카의 역할을 하지 못하게 하는 점에 대해 반대하는 것이다.

여기에서 엘리엇이 다이나를 통해 여성과 설교의 문제 정도가 아니라, 목사라는 직업 혹은 소명을 여자가 가질 권한이 있느냐의 문제를 다루고 있음을 볼 수 있다. 다이나가 하고 있는 목회자적인 일, 즉 병든 사람, 가난한 사람을 돌보는 일은 여성들이 어머니로서, 아내로서, 딸로서의 의무를 다 하면서 추가적으로 하는 자선의 일종으로는 인정되었고 권장되었다. 또한 여성들이 하는 이러한 돌보는 일들은 목사의 책임 하에 감독을 받았다. 그러나 다이나는 "아내와 어머니"라는 여성의 역할 대신에 독립적이고 자신의 모든 시간을 다 바치는 목회자의 소명으로 부름 받았다고 주장하고 있다(79). 스톨파는 19세기 중반에 영국 국교회 내에서 여성들의 활동, 예를 들어 부인회의 출현, 여 집사의 복위, 성경 공부나 구역 방문에 있어서의 여성의 일 등이 늘어났고 이것이 성직자들로 하여금 여성의 "자연스러운" 돌봄 행위와 목사의 직무 사이의 구분에 관련된 문제들과 씨름하게 했음을 지적했다(Stolpa, 2002: 31). 그러나 당시에 기독교 목회 활동에 여성들의 참여가 점점 높아지고 있었음에도 불구하고, 여성들에게 목회자가 될 기회는 제공되지 않았으며, 콩트의 인간성 종교와 같이 기독교의 위치를 대체할 것으로 떠오른 시스템들도 권위 있는 공적 역할이나 지도력을 여성에게 허용하지 않았다.[15] 그러므로 다이나가 하나님

15 여성이 개신교 교회의 성직자로 임명되는 것이 허락된 것은 20세기 후반부에 이르러서이고, 개신교에서도 교단에 따라 아직도 허용되지 않는 교단도 있다. 영국 국교에서는

으로부터 독립적인 전임사역자로 부름을 받았다고 엘리엇이 표현하고 있는 것은 기존 교회의 권위, 특히 기존의 교회가 가지고 있는 성역할에 대한 견해에 도전하는 것이었다. 더 나아가 다이나의 목회자로서의 소명을 통해 엘리엇이 주장하는 것은 문학을 통해 공적인 목소리를 내며 독자들의 '내적인 삶'에 중요한 영향력을 미치는 여성 작가의 소명과 관련된 것이다.

다이나의 목회가 그려진 첫 장면은 애덤과 셋의 어머니인 리즈베스(Lizbeth)를 찾아간 장면이다. 애덤과 셋의 아버지 매티어스 비드(Matthias Bede)가 지난 밤 자기 집에서 멀지 않은 윌로우 브룩(Willow Brook)에 빠져 죽었다는 소식을 듣자마자 다이나는 그들의 불쌍한 어머니를 생각하며, "내가 가서 그녀에게 도움을 줄 수 있는지 봐야 한다"라고 말한다(137). 다이나는 하룻밤 사이에 남편을 잃고 슬픔에 빠져 불평을 늘어놓고 있는 리즈베스에게 찾아가 "하나님의 인도"에 의지하여 "명민하고 준비된 공감"에서 우러나오는 기지를 발휘하여 그녀의 슬픔을 덜어준다(156). 다이나는 하나님이 자기를 보내신 것은 리즈베스의 슬픔을 "가볍게 하라"고 해서가 아니라, "함께 슬퍼하라고" 보내셨다고 한다(155). 설교를 통해 가난한 사람과 고통받는 사람과 함께 하셨던 예수의 생애를 전했던 다이나는 그런 예수의 삶을 따라가고 있다. 삽사기 남편을 잃고 그 큰 슬픔을 불평으로 늘어놓고 있는 리즈베스를 애덤과 셋은 위로하려고 해도 할 수 없었지만, 다이나가 그 일을 해낼 수 있었던 것은, 그녀가 어려서부터 병든 사람들과 슬픈 사람들 사이에서, 가난과 무지로 마음이 딱딱해지고 오그라든 사람들 사이에서 경험한 것을 통해, 그들이 어떻게 해

1990년대가 되어서야 허용되었고, 로마 가톨릭에서는 아직도 성직자로 임명되는 것이 허락되지 않고 있다(Stolpa, 2002: 44 참조).

야 위로 받을 수 있고 영적인 위로와 경고의 말을 기꺼이 받아들일 수 있는 마음의 상태가 되는지를 잘 알고 있었기 때문이었다. 다음날 아침 다이나는 일찍 일어나 부엌을 깨끗이 치우고 창문과 문을 열어 타임과 들장미의 향기가 들어오게 하고 따뜻한 포리지와 따뜻하게 구운 귀리케이크로 아침 밥상을 차린다. 다이나의 목회는 슬픔과 고통에 빠져 어쩔 줄 몰라하는 리즈베스와 두 아들의 마음과 몸을 모두 보살피는 것이었으며, 여성이기에 할 수 있는 아름다운 목회의 모습으로 제시되어 있다.

다이나와 대조되고 있는 인물은, 매티어스 비드의 죽음 소식을 들었을 때 "오, 끔찍해!"라고 말한 것이 전부였던 헤티이다. 제15장 "두 침실"은 두 여자의 대조로 유명하다. 거울을 보며 자신의 미모에 심취해서 아서와의 달콤한 미래를 꿈꾸는 헤티와, 내일 이곳을 떠나 스노우필드로 돌아갈 생각에 혼자 기도하다 헤티의 방에서 뭔가가 떨어지는 소리를 듣고 헤티에 대한 걱정에 빠지는 다이나의 모습은 헤티와 다이나를 대조시키는 효과적인 장면이다. 다이나의 상상력과 공감력은 헤티가 죄와 슬픔의 가시 덤불에 빠져 긁히고 피흘리며 눈물로 구원을 찾아 헤매지만 찾지 못하는 모습을 보여준다. 이에 다이나는 곧 달려가 헤티에게 "부드러운 경고"의 말을 해주고 싶지만, 지금 그렇게 하는 것이 올바른 행동인지 망설인다(203). 그래서 성경을 열어 신의 뜻을 찾으려 노력하며, 그것을 느낀 후에는 더 이상 망설이지 않고 조용히 헤티의 방을 두드린다. 다이나는 헤티가 빠질 비극적 상황을 예견하게 되었기에, 그녀에게 "만일 네가 어려움에 처하여, 항상 너를 동정하고 사랑해줄 친구가 필요하거든 스노우필드에 있는 다이나 모리스라는 친구가 있다는 것을 말해주고 싶었어"라면서, 자신을 찾아오거나, 자신을 부른다면, 오늘 밤을 잊지 않겠으며, 지금 한 말들을 잊지 않겠다고 약속한다(205).

헤티가 방문을 열었을 때 두 여인의 모습은 극단적인 대조법을 통해 제시된다.

> 그 두 인물은 얼마나 이상한 대조를 만들어내고 있는가! 별빛과 달빛이 뒤섞여 충분히 잘 보였다. 헤티는 상상 속 [아서와의] 드라마로 인해 뺨이 달아오르고 눈빛이 반짝였으며, 아름다운 목과 팔이 그대로 드러나 있었고, 머리카락은 목까지 곱슬곱슬 엉키며 늘어져 있었고, 귀에는 싸구려 귀걸이가 걸려 있었다. 그녀의 긴 하얀 드레스로 온 몸이 덮힌 다이나는, 가라앉힌 감정으로 가득한 창백한 얼굴이었으며, 마치 더 숭고한 비밀과 더 숭고한 사랑으로 충전된 영혼이 다시 돌아와 들어간 사랑스러운 시체와 같았다. (204)

이처럼 헤티와 다이나의 모습이 대조되고 있는 것은 그들의 행동 양상 때문이기도 하지만, 더욱 심각하게 그 대조를 독자들로 하여금 느끼게 하는 것은 화자의 서술 양식이다. 『애덤 비드』 출판 후에 엘리엇이 여성임이 밝혀지면서 『플로강의 물방앗간(*The Mill on the Floss*)』부터는 화자의 남성성이 약화되지만, 『애덤 비드』에서 엘리엇은 분명히 화자를 남성으로 상정하고 있다. "두 침실" 장에서 화자는 "아, 헤티처럼 예쁜 신부를 쟁취하는 남자는 얼마나 대단한 상을 타는 것인가! 결혼식 아침 식사에 와서 그녀가 하얀 레이스와 오렌지 꽃들로 장식된 드레스를 입고 그의 팔에 매달려 있는 것을 보는 사람들은 얼마나 그를 질투할 것인가!"(197)로 시작하여 헤티의 외모를 그녀의 속마음과 혼동하는 남자들을 비꼬고 있다. 그는 계속해서 비아냥거리는 어조로 헤티에 대해 매우 비판적인 태도를 견지하고 있으며, 이것은 "두 침실" 장에서뿐 아니라 화자가 이 소설 전반에 걸쳐 헤티에게 보이는 태도이기도 하다. "두 침실" 장에서 헤티는 큰 귀걸이를 하고 검은 스카프를 매고 거울을 보며 자신의 미모에 심취해 나르시시즘에 빠져 있는 모습이다. 화자는 남자들이 (애덤도 아서도) 헤티의 "길고 검은 속눈썹"을 "영혼의 깊이"를 보여주는 것이라고 생각하며, "속눈썹과 도덕 사이에 상관관계"가 있다고 생각한다고 꼬집는다(199).

이 방에서의 헤티의 모습은 가족들에게서 인정이나 사랑을 받지 못하는 상태에서 자신의 욕망을 투사하는 판타지에 빠져 있는 것에 불과할 수 있지만, 화자는 "미의 '사랑스런 사기' 아래 감춰진 도덕적 결함"을 알아보는 것은 여자의 눈이라고 지적하며(200), 헤티를 가장 비판하는 포이저 부인의 말을 인용해 헤티를 정의한다. 포이저 부인은 헤티를 "교구 안에 있는 모든 사람이 죽어간다 해도 해가 비치면 담 위를 뽐내고 걸으며 꼬리를 활짝 펴보일 공작새보다 조금도 낫지 못하다"고 보고 있는데 이 말을 그대로 인용하는 것이다(201). 마르크(Nancy Anne Marck)는, 이 소설이 전달하려는 사회적 메세지가 헤티의 이야기에 달려 있다면서, 주인공 애덤이 이기주의를 점차 벗어나는 중심 스토리에 대비되는 부차적인 스토리로 헤티를 "구제받지 못할 이기주의자"로 설정한 것이라고 지적한다(Marck, 2003: 448). 화자는 이기주의의 위험성에 대한 사회적 메세지를 전달하기 위하여 헤티를 구제받지 못할 이기주의자로 묘사해야만 했다는 것이다(Marck, 2003: 451).

그러나 사실 헤티의 타락은 화자의 태도가 상정하고 있듯이 헤티에게만 책임이 있는 것은 아니다. 콜벳(Mary Jean Corbett)이 지적하고 있듯이, 엘리엇이 헤티의 여아 살해를 롬셔(Loamshire) 사회에 대한 범죄로 제시하고 있는 것이 사실이기는 하지만, 그 범죄의 책임은 범죄자에게만 있는 것이 아니라 헤티의 물질주의와 아서의 특권의식을 배태한 그 사회 자체에도 있는 것으로 보여주고 있다(Corbett, 1988: 293). 헤티를 길러준 포이저가(家)는 농장을 운영하느라 바쁘고 이 사회 안에서 자신들의 체면을 차리는 것을 신경 쓸 뿐 진정한 종교를 가진다거나 어려운 사람을 돌보는 법이 없다. 헤티의 외할아버지인 마틴 포이저(old Martin Poyser)는 헤티의 어머니가 소렐(Sorrel)과의 결혼으로 재산을 날린 것을 서운하게 생각하고 다른 손자들보다 헤티에게 차갑게 대하며, 외숙모인 포이저 부인은 헤티의 부모를 좋지 않게 생각하고 탓하며 그런 부모를 닮았다고 헤티를 비난하곤 할 뿐 아니라 자신의 아이들을 돌보게 함으로써 헤티의 힘든 노동을 가중시킨다. 헤티는 이 사회가 외모를 중시하는 것을 느끼고 항상 남성의 눈을 의식하며 아서와의 미래를 꿈꾸지만, 아서를 포함한 이 사회 사람들은 아무도 헤티와 아서 사이에 있는 계급의 벽이 극복될 수 있는 것이라고 생각하지 않는다. 헤티의 꿈은 이 사회의 물질적인 사고와 외모 중시의 산물이지만, 이 사회가 가진 계급 중심 사고는 결국 헤티가 영아 살해라는 극단적인 범죄를 저지르게 하고 마는 것이다.

이처럼 롬셔 사회 전체가 헤티를 외면하고, 이를 묘사하는 화자까지도 헤티에게 거리를 두는 상황에서 그녀에게 따뜻하게 다가가는 유일한 사람은 다이나이다. 임신하여 배가 불러오자 자기를 버리고 떠난 아서를 찾아 나섰던 헤티는 뜻밖에 조산을 하게 되고 절망에 빠져 아기를 살해한다. 아기 살해 혐의로 붙잡혀 온 헤티는 자신의 범죄를 전면 부인하고 교수형을 선고받은 상황에서 감옥에 갇혀 모든 사람에게 마음을 닫고 있는 상태인데, 헤티를 감옥으로 찾아간 다이나는 함께 있으려고 왔다고, 마지막 순간까지 너의 언니가 되겠다고 말한다. 깊은 절망에 빠진 헤티를 찾아 와, 캄캄한 감옥 속에서 헤티의 아픔을 함께 아파하고 함께 울며, 헤티를 위해 진심으로 기도하는 다이나의 모습은 이 소설에서 가장 아름다운 장면이다. “그녀의 심장 속에서 뛰고 있는, 그리고 이 무력한 자를 기꺼이 돕고자 하는 신성한 동정심(the Divine pity)”으로 다이나는 헤티에게 다가간다(494). 교수형의 공포에 떨고 있는 헤티에게 이 감옥 속에 그녀 가까이 함께 계시는 하나님에 대해 말하며, “지금 우리와 함께 계시고, 모든 것을 아시는 그 분”은 죽음이 우리를 갈라놓을 그때에도 “너와 함께 계실 것”이라고 삶과 죽음을 넘어 계시는 “하나님의 현존”을 이야기해준다(495). 다이나가 헤티를 위해 드리는 기도는 하나님이 계시지 않는 깜깜한 어둠에 들어가서 버림받은 자의 울부짖음을 뱉어냈던 예수, 즉 십자가 상의 예수에게 향한다.

> “당신은 모든 슬픔의 깊이를 아십니다. 당신은 하나님이 계시지 않는 검은 어두움에 들어가셨었으며, 버림받은 자의 울부짖음을 외쳤었습니다. 주여, 오셔서, 당신의 고통과 탄원의 열매를 거두소서. 가장 끝까지 구원할 힘이 있으신 당신의 손을 펴사, 이 길 잃은 자를 건져주소서. … 당신을 부정했던 사람에게 향해 주셨던 사랑과 슬픔의 얼굴로 그녀를 보아주시고, 그녀의 딱딱해진 가슴을 녹여주소서.” (496)

가장 낮아졌었고 “모든 슬픔의 깊이”를 아는 예수의 사랑과 공감에 호소하여, 손을 뻗어 이 길 잃은 자를 구원해주십사 기도하는 것이다.

이에 헤티는 이제까지 누구에게도 말할 수 없었던 것을 이야기하기 시작한다. 지금까지 말하기를 거부했던 영아 살해에 대해, “내가 말할게,” “더 이상 숨기지 않을게,” “내가 했어, 다이나”라고 처음으로 고백하며, 왜 그런 일을 저지르게 되었는지 그때 어떤 생각을 했었는지 등을 처음으로 털어놓는다(497). 헤티가 아기를 살해하는 장면은 전지적 화자의 관점에서 서술되지 않은 부분이었으며, 단지 법정에서 존 올딩(John Olding)이라는 목격자에 의해서만 서술되었었다(479-480). 화자는 헤티가 임신한 채 아서를 찾아갔으나 만나지 못하고 가진 돈도 모두 없어진 후 절망 속에 거지 꼴을 하고 헤매는 모습을 보여주는 데까지만 기록하고 관점을 애덤 쪽으로 바꾸어버렸었다. 화자가 서술의 대상을 애덤으로 바꾸기 직전, 즉 헤티의 모습을 마지막으로 서술하는 부분은 다음과 같다.

> 동그란 어린아이 같은 얼굴에, 사랑 없는 절망적인 딱딱한 영혼이 거기에서 밖을 내다보고 있는, 좁은 마음과 편협한 생각을 가지고, 자신의 슬픔 외에는 어떤 슬픔에도 여지를 주지 않고, 그 슬픔을 더욱 강렬한 쓰라림으로 맛보고 있는, 방황하는 불쌍한 헤티여! 눈은 자기 앞의 길에 텅 빈 듯 고정시키고, 배고픔이 몰려와 마을이 가까이 있기를 바라게 될 때까지 어디로 가는지 생각도 관심도 가지지 않고, 지친 발걸음으로 걸어가거나 짐마차에 앉아 가는 것을 보았을 때, 내 가슴은 그녀를 위해 피를 흘렸다.
>
> 그 끝은 무엇일까? …
>
> 그런 비참함의 시작자가 되는 것으로부터 하나님이 당신과 나를 지켜주시길! (435)

자신의 슬픔 외에는 아무것도 생각하지 못하며 육체적 배고픔 외에는 아무것도 느끼지 못하는 상태로 추락한 헤티의 모습은 남성 화자에게 불쌍히 여기는 대상이기는 하지만 더 이상 이해될 수 없었을 뿐 아니라 더 이상 서술될 수도 없었던 것으로 제시되는 것이다.

그러나 다이나는 헤티의 마음 속에 있는 고통을 고백을 통해 표현하도록 '목소리'를 주고, 마음의 감옥에서 해방시켜준다.[16] 헤티의 목소리를 통해, 화자의 관점으로는 독자들에게 전달되지 않았던 헤티의 고통과 내면의 갈등이 처음으로 독자들에게 생생하게 전달된다. 아서를 찾아 윈저로 갔으나 그가 거기에 없어서 어찌할 바 몰랐던 일, 집으로 돌아가면 모두들 자기를 비웃을 것 같아 돌아갈 수 없었던 것, 스토니튼 쪽으로 가다 갑자기 아기를 조산하게 되자 그때 아기를 없애면 집에 돌아갈 수 있겠다는 생각이 떠올라 한 나무 밑에 작은 무덤 같은 구멍을 발견하고 아기를 거기 묻고 풀과 나무토막들로 덮었던 것, 누군가 와서 데려가면 살 수 있지 않을까 하여 완전히 덮을 수 없었던 것, 그 아기가 계속 울었고 밤새 그 소리를 떨칠 수 없어 자기를 본 목격자가 있는 것을 알면서도 다음 날 아침 일찍 거기로 다시 갔던 것, 가보니 아기가 없어져 공포로 돌처럼 굳어버렸던 것, 거기서 체포되었으나 지금도 계속해서 아기 울음 소리가 들리고 숲 속의 그 장소가 보이는 것, 그 아픈 이야기들을 독자들은 헤티 자신의 입을 통해 듣게 된다. 헤티의 말을 통해 전달되는 고통과 슬픔을 통해 물질주의와 계급주의가 지배하는 롬셔 사회에서 여자와 아이들이 얼마나 큰 위험에 노출되어 있는지 드러난다.

여성으로서 감리교 설교자이며 목회자인 다이나는 영국 사회 안에서 "반체제 인물"이라고 할 수 있다(Ogden, 1996: 594). 감리교 평신도 목회자로서 다이나는 공적으로 말하는 사람이며, 공적인 돌봄을 행하는 사람이었으며, 이는 영국 국교 내에서는 여성에게 허용될 수 없는 능동적인 역할이었다. 이 점에서 다이나는 당시 영국 교회의 가부장적 독점에 저항

16 크루거는 여기에서 죄는 감금이나 무력함과 동일시되고, 고백(confession)은 「재닛의 회개(Janet's Repentance)」에서와 마찬가지로 해방과 동일시되고 있음을 지적한다. 헤티가 더 이상 숨기지 않고 말하겠다고 하면서 고백을 시작했을 때, 그것은 후회하는 여자로 격하되는 모습보다는, 자신의 마음을 말할 수 있는 용기를 갖게 되는 모습으로 제시되고 있는 것이다(Krueger, 1992: 254).

하는 정치적인 인물이라고도 할 수 있는데, 그러한 역할이 가장 구체적으로 표현되는 장면이 바로 옥중에 갇힌 헤티에게 '신성한 동정심'을 통해 한 마음이 되어 목소리를 주는 것이었다. 다이나를 통해 목소리를 갖게 된 헤티는 그녀의 내면의 의식을 드러내게 되고, 이를 통해 롬셔 사회로 대변되는 영국 사회가 가진 계급 중심, 물질 중심, 남성 중심 가치 체계의 잔인성이 폭로된다. 독자들은 화자의 시각으로는 헤티를 제대로 이해하고 서술할 수 없었음을 알게 되고, 화자가 전달하는 메시지와 헤티가 고백한 경험 사이에서 새로운 의미를 찾아내게 되며, 다이나는 바로 그것을 가능하게 하는 역할을 하고 있음을 깨닫게 된다.

첫 소설을 쓰고 있는 조지 엘리엇은 아직 자신의 목소리를 완전히 구현하기에는 너무 조심스러웠기 때문에 남성 화자의 목소리를 통해 말하고 있다. 그런데 작가로서 사람들의 진정한 삶과 고통을 작품을 통해 전달하고자 했던 엘리엇에게 남성 화자의 목소리는 충분하지 않았다. 다이나는 이 소설에 등장하는 하나의 인물이지만, 엘리엇은 이 인물의 신성한 사랑과 공감을 통해 자신이 말하고 싶은 것을 전달하고 있다. 뿐만 아니라 엘리엇은 이기주의를 버리고 사랑과 공감을 가지고 살라고 하는 것을 단순히 등장인물에게 그리고 독자에게 요구한 것이 아니다. 오히려 작가인 자신에게 사랑과 공감을 가지고 인간 내면에 깊이 감춰진 '내적 삶'을 알아내고 전달하기를 요구했으며, 첫 소설인 『애덤 비드』에서 그것을 해내는 다이나라는 인물을 통해 자신의 종교, 윤리, 미학이 만나는 이상적인 작가의 모습을 그려 보이고 있다.

5. 종교와 미학

소설 끝에서 다이나 모리스가 감리교 설교자로서 목회자로서 가부장적인 사회에 맞서는 공적인 인물로서의 모습이 사라진다고 비판하는 사람들이 많다. 옥든(Daryl Ogden)은 다이나가 새라 엘리스가 말한 "이상적인 가정의 여성(ideal domestic woman)"으로 변하고 만다고 실망감을 표시한다(Ogden, 1996: 594). 크루거도 엘리엇이 다이나 모리스를 통해 설교의 선구자들을 얼싸안은 것은 단지 그들을 쫓아내기 위함이었다고 비판했다(Krueger, 1992: 251). 그러나 엘리엇이 다이나가 애덤과 결혼하여 아내와 어머니가 되는 것으로 그리는 것은 결코 그것을 이상적으로 그린 것이라고 볼 수 없으며, 오히려 그것을 통해 다이나 같은 여성에게도 가정의 여성이 되기만을 요구하는 사회에 대한 비판을 표현하는 것으로 보아야 한다. 남편이 돌아오기를 기다리다 산울타리 너머에 애덤의 모자와 어깨를 알아보는 다이나에게 셋은, 자기 엄마가 항상 애덤이 언제 돌아오나 기다리다 제일 먼저 알아보곤 했다고 말하는데(582), 이것을 통해 다이나가 리즈베스와 동일한 삶을 살게 되지 않을까 하는 우려가 크게 느껴지고, 독자들은 거기에 저항감을 느끼게 된다. 리즈베스의 삶이 얼마나 종속적인 것이었는지 기억하고 있는 독자들에게 엘리엇은 의도적으로 셋의 말을 통해 다이나의 삶이 그렇게 축소되어버릴지 모르는 것에 저항감을 느끼게 하는 것이다.

실제로 감리교는 1803년에 여성이 설교하는 것을 금지시켰고, 다이나는 작품 속에서 그 결정을 따르는 것으로 설정되어 있다. 셋은 다이나가 감리교를 떠나 여성 설교를 금하지 않는 단체로 옮겼어야 한다고 주장한다. 그러나 애덤은 자질이 부족한 여성 설교자들 때문에 그러한 금지법이 나왔고 다이나는 거기에 순종하는 모범을 보이기로 결정한 것이라고 다이나의 결정을 옹호한다(583). 여기에서 엘리엇은 자질이 부족한 여설교자들에게 설교를 금지시킨 것에 동의를 표현함으로써 어리석은 소설들을 쓴 숙녀 작가에 대한 비판을 이어가고 있지만, 동시에 다이나처럼 훌륭한 설교자를 여성이라고 해서 무조건 더 이상 설교하지 못하게 한 것에 대해 강한 반발을 느끼게 하고 있다.

그러나 엘리엇은 여성의 설교를 금지시킨 감리교의 결정에 대해 아쉬움을 느끼게 함과 동시에, 그렇다고 다이나가 모든 공적인 목소리와 임무를 잃은 것이 아님을 강하게 암시하고 있다. 애덤 자신이 다이나가 공적 설교는 그만두었지만 그렇다고 "다른 종류의 가르침마저 금지된 것은 아님"을 지적한다(583). 전에 어윈 목사에게 다이나가 스노우필드에서 자신이 하고 있는 일을 설명할 때, 그녀는 "클래스에서 말한다(speak in class)"라고 했었다(135). 스톨파에 따르면, 당시 "클래스(class)"란 남녀 불문하고 사람들의 모임을 의미했고, 거기에서 말을 한다는 것은 때로는 많은 사람 앞에서 공적 기도, 간증, 강연을 한다는 것을 의미했다(Stolpa, 2002: 38). 또한 다이나가 결혼 전에 하던 중요한 일은 아픈 사람들을 위해 기도하고, 일단의 사람들과 그들의 집에서 함께 성경 읽고 기도하는 것이었으며, 특히 "작은 집에서의 설교(cottage preaching)"를 하는 것이었다(136). 이런 일들은 작품 초반부에 공공장소인 그린(Green)에서 많은 사람을 앞에 두고 설교하던 다이나를 기억하는 독자들에게 다소 사소한 일을 하는 것으로 보일 수 있다.

그러나 애덤은 다이나에게 청혼할 때, 지금과 마찬가지로 아픈 사람들을 돌볼 수도 있고, "사람들 사이 어디든 당신이 가고 싶은 곳에 가서 그들을 가르치게 해주겠다"고 약속했었으며(554), 그 약속대로 여전히 다이나는 "그들의 집에서 사람들에게 말을 좀 하고 있음"을 볼 수 있다(583). 비록 사람들의 집을 방문하여 작은 집에서 설교하는 것이 설교할 수 있는 대상의 숫자를 제한하고 있어 아쉽기는 하지만, 1803년 이후에도 감리교 여성이 작은 규모에서 계속 설교하고 신학적인 의견도 개진 할 수 있었던 역사적 사실을 상기시키며, 다이나가 그것을 포기하지 않았음을 시사하고 있다. 사실 감리교에서 "방문(visiting)"은 그냥 하는 임시적인 활동이 아니라, 영혼 구원과 관련된 매우 중요한 일이었으며, 이런 목회를 하도록 부름 받은 개인은 소수였다고 한다(Brown, 1983: 67-68). 더구나 다이나의 목회자로서의 성공이 그린에서의 대중 대상 설교에 있지 않고 오히려 헤티가 갇힌 감옥을 "방문"했었던 일에 있었던 점을 상기한다면, 소설 끝에서 다이나가 목회자로서의 모습을 상실했다고 보는 것은 피상적 판단이라고 할 수 있다.

다이나가 작품 속에서, 소설가로서의 활동 초기에 엘리엇이 그려본 종교와 미학이 만난 이상적인 "작가"의 모습을 제시하고 있다면, 엘리엇 자신은 소설가로서의 활동 후기에 다이나와 같이 마치 "목회자"의 역할을 하며 살았다. 하이트는 『조지 엘리엇 전기(*George Eliot: A Biography*)』에서, 엘리엇의 소설을 읽고 그녀의 경배자가 되어 도움과 조언을 구하는 편지를 보냈던 많은 사람과 이에 답해 엘리엇이 편지를 통해 그들에게 많은 위로와 도움을 주었던 것을 보여주고 있다. 그리고 그들이 엘리엇의 집인 프라이어리(Priory)를 마치 예배를 드리는 듯이 찾아와 "심장과 마음 속 깊이에 있는 모든 것을 숨김없이 그녀에게 말하고, 가장 친절하고 공감적으로 받아들여지는 것"에서 기쁨을 누렸던 일들을 기록하고 있다(Haight, 1968: 452). 엘리엇은 이들 가난한 노동자와 여성들에게 "위대한 선생님"(Haight, 1968: 451), "영적인 어머니"(Haight, 1968: 452), 혹은

"마돈나"(Haight, 1968: 494)라고 불렀다. 다이나를 통해 작가로서의 이상을 표현한 엘리엇의 비전이 현실 속에서도 이루어진 것이라고 할 수 있다. 그녀의 작품이 기뻐하는 사람들과 함께 기뻐하고 슬퍼하는 사람들과 함께 슬퍼하는 역할을 했을 뿐 아니라, 사람들은 엘리엇에게 사랑과 공감을 받고 싶어 했고, 엘리엇은 그것을 삶 속에서 다이나처럼 실행하며 살았던 것이다.

조지 엘리엇
(George Eliot, 1819–1880)

조지 엘리엇이라는 필명으로 널리 알려져 있는 메리 앤 에번즈(Mary Anne[혹은 Ann] Evans)는 1819년 11월 22일 영국 워릭셔(Warwickshire)의 너니턴(Nuneaton)에서 아버지 로버트 에번즈(Robert Evans)와 어머니 크리스티아나 피어슨(Christiana Pearson) 사이에서 셋째 아이로 태어났다. 크리시(Chrissey)로 알려진 언니 크리스티아나와 오빠 아이작이 있었고, 아래로 1821년에 태어나 얼마 되지 않아 죽은 쌍둥이 형제가 있었다. 아버지 로버트 에번즈는 아버리 홀 영지(Arbury Hall Estate)의 관리인이었으며, 메리 앤은 그 영지 내에서 태어났다.

로버트는 예쁘지는 않았지만 똑똑했던 메리 앤에게 당시 보통 여자 아이들에게 시키던 교육보다 많은 교육을 시켰다. 5살부터 9살까지는 애틀보러(Attleborough)에 있는 미스 래텀의 학교(Miss Latham's School)에, 9살부터 13살까지는 너니턴에 있는 월링톤 부인의 학교(Mrs. Wallington's School)에, 13살부터 16살까지는 코벤트리(Coventry)에 있는 미스 프랭클린의 학교(Miss Franklin's School)에 보냈다. 매리 앤이 복음주의자인 마리아 루이스(Maria Lewis) 선생님을 만난 것은 월링톤 부인의 학교에서였다. 1836년에 어머니가 돌아가시자 학교를 그만두고 집으로 돌아온 메리 앤은 아버지와 오빠 아이작을 뒷바라지하는 집안일을 도맡아 했다. 메리 앤은 더 이상 공식적인 교육을 받지는 못했지만, 아버지가 일하던 아버리 홀의 서재에서 독학을 하며 많은 학식을 쌓을 수 있었고, 그리스어, 이탈리아어, 독일어와 음악을 공부하며, 루이스 선생님과 자주 편지를 주고받았다. 아이작이 결혼한 후에는 아버지와 함께 그리프(Griff)를 떠나 코벤트리(Coventry)로 이사를 갔다.

코벤트리에서 메리 앤은 『필연성의 철학(*The Philosophy of Necessity*)』의 저

자인 찰스 브레이(Charles Bray)와, 그의 아내이며 『기독교의 근원에 관한 연구(*An Inquiry concerning the Origins of Christianity*)』를 쓴 찰스 헤넬(Charles Christian Hennell)의 누이인 캐롤라인 브레이(Caroline Bray)를 만나며 그들의 자유주의 유니테리언교에 큰 영향을 받게 되고, 전통적인 기독교에 대해 회의를 품게 된다. 에번즈 집안은 저교회파 국교 집안이었으나, 당시 영국 중부 지방은 비국교도의 수가 증가하던 시기였고, 자유주의 신학에 영향을 받은 메리 앤은 아버지와의 종교적 갈등을 겪게 된다. 이 시기에 메리 앤은 스트라우스(David Friedrich Strauss)의 『예수의 생애(*The Life of Jesus*)』를 번역하여 1846년에 출판했으며, 신앙적인 내적 갈등이 깊어졌다.

1849년 아버지가 돌아가신 후, 장례를 마친 5일 만에 메리 앤은 브레이 집안 사람들과 스위스로 여행을 떠난다. 그러나 혼자 제네바에 남아 많은 책을 읽으며 아름다운 스위스의 시골길을 걸어 다니는 등 자신만의 생활을 즐기다 1850년에 돌아왔다. 작가가 되고자 하는 마음을 가지고 런던으로 이사한 후 존 채프먼(John Chapman)의 집에 머물렀는데, 채프먼은 메리 앤의 스트라우스 번역을 출판해주었던 인물이었다. 이때 마침 채프먼은 『웨스트민스터 리뷰』를 사들인 때였고, 메리 앤은 이 잡지의 보조 편집인이 되었다. 1851년부터 메리 앤은 매리언 에반즈(Marian Evans)라는 이름을 쓰기 시작했고, 작가들과 연락하고 교정을 보고 철학 서적이나 종교 서적에 대한 논평을 쓰는 등 이 잡지를 위하여 1854년까지 열심히 일했다. 비록 채프먼이 편집인이라는 직함을 가지고 있었지만, 실제로 『웨스트민스터 리뷰』를 영국의 내표적인 평론지로 만든 것은 매리언이었다고 할 수 있다. 당시 여성 작가는 많았지만 여성이 평론지에 논평을 쓰거나 편집인으로 일하는 경우는 거의 없었기 때문에 매우 특이한 경우였다고 할 수 있다.

이 시기에 매리언은 복잡한 애정 관계에 얽혀 있었던 것으로 알려져 있다. 당시 채프먼은 아내와 정부를 함께 데리고 살고 있었는데, 그들의 집에서 함께 살던 매리언은 이들의 질시의 대상이 되었으며, 또한 허버트 스펜서(Herbert Spencer)와의 관계도 있었다. 이런 복잡한 상황은 매리언이 조지 루이스(George Henry Lewes)를 만나면서 바뀌게 되었다. 비평가이고 철학자였던 조지 루이스와 만나기 시작한 매리언은 1854년 조지 루이스가 유부남임에도 불구하고 그와 동거를 감행하고 스스로 결혼한 것으로 간주하기로 결정했다. 사실 조지 루이스 부부는 세 명의 자녀를 낳았지만, 그의 부인은 그 외에도 헌트(Thornton Leigh Hunt)와의 사이에 네 명의 자녀를 낳았고, 이들 부부는 별거 중이었다. 그런데 조지 루이스는 아내가 낳은 자녀들의 출생증명서에 아버지로 이름을 올렸었기 때문에 그 후 아내와 법적으로 이혼을 할 수가 없는 상태가 되어 있었다.

매리언은 이러한 조지 루이스와 비결혼 상태의 아내로 독일로 떠났고 이 일로 매리언은 아이작 오빠뿐 아니라 런던 사회의 맹렬한 비난을 받아야만 했다. 대륙에서의 생활을 끝내고 영국으로 돌아왔을 때 매리언은 자신을 "매리언 루이스"로 불렀지만, 많은 여성들은 매리언을 방문하기를 거부했고 매리언은 사회에서 소외된 생활을 해야만 했다. 루이스와 매리언이 독일 바이마르와 베를린을 함께 간 것은 연구의 목적도 겸하고 있었다. 독일로 가기 전에 매리언은 포이에르바하의 『기독교의 본질』을 번역하고 있었으며(1854년 출판), 유럽에 가서도 스피노자의 『윤리학』 번역을 계속하여 1856년에 완성했고(사후 출판), 논평도 계속 썼다.

매리언이 소설가가 되어 좋은 작품을 활발히 쓰는 데에 조지 루이스는 적지 않은 영향을 미쳤을 것으로 추측된다. 무엇보다 루이스는 다재다능한 사람으로, 생리학자, 전기 작가, 소설가, 평론가, 편집인이었으며, 『철학의 전기적 역사(*Biographical History of Philosophy*)』(1854-1856)의 작가였고, 『숙녀 소설가(*The Lady Novelists*)』(1858)에 글을 싣기도 했다. 그녀로 하여금 단편소설을 쓰라고 권하여 『블랙우드』에 출판하도록 한 사람도 루이스였으며, 이때 루이스는 여자가 썼다고 하면 무시를 당할 것이라는 생각에 저자가 목회자 부류인 듯한 인상을 주며 출판사에 글들을 싣도록 했다. 엘리엇은 「에이머스 바튼 목사의 슬픈 운명(The Sad Fortunes of the Reverend Amos Barton)」이라는 단편을 1857년에 『블랙우드』에 실어 좋은 반응을 얻었다. 그 후 「길필 씨의 사랑 이야기(Mr Gilfil's Love-Story)」와 「재닛의 회개(Janet's Repentance)」를 출판했고, 이 세 단편을 묶어 『목사 생활의 정경(*Scenes of Clerical Life*)』이라는 제목의 책을 1858년에 출판했다. 이때 매리언은 조지 엘리엇이라는 남성 필명을 사용하기 시작했다. 조지 엘리엇이라는 이름은 조지 루이스의 이름을 따오고 있어서 그에 대한 존경의 표시를 담고 있다고 추측된다. 엘리엇에게는 조지 루이스와의 관계가 소설을 쓰는 데 있어서 불안감을 완화시켜주고 용기와 안정감을 주는 꼭 필요한 관계였다고 알려져 있다.

엘리엇이 소설을 쓰던 당시는 많은 여성 작가들이 자신의 이름으로 책을 출판하고 있었는데, 왜 엘리엇은 남성 필명을 사용했을까? 엘리엇은 여성 작가들이 가벼운 로맨스를 쓴다는 고정관념을 피하고 싶어서였다고 한다. 또한 편집인과 비평가로 널리 활동을 하고 있었기 때문에 그와 별도로 자기의 소설이 평가받기를 원했다고도 한다. 또 다른 이유로는 자신의 사적인 생활이 공적인 감시의 대상이 되고 유부남인 조지 루이스와의 관계가 스캔들이 되는 것을 막고 싶어서였을 것이다. 그러나 조지 엘리엇의 첫 번째 소설인『애덤 비드』가 1859년에 출판되어 커다란 성공을 거두자, 세간의 관심은 이 작가가 누구인가 하는 데 쏠렸고, 그녀는 자신을 밝힐 수밖에 없는 상황이 되었다. 이에 그녀의 사생활이 드러나게 되었고, 이는 많은 독자들에게 커다란 충격을 주었으며, 이로 인해 그녀는 영국 사회에서 거부를 당하게 되어 오랫동안 격리된 생활을 해야만 했다. 엘리엇이 사회에서 다시 받아들여지게 된 것은, 1877년 이 부부가 빅토리아 여왕의 딸이었던 루이스 공주(Princess Louis)에게 소개되어 인정받으면서였다. 빅토리아 여왕 자신도 조지 엘리엇의 모든 소설을 읽은 열렬한 독자였다고 하며,『애덤 비드』에 큰 감명을 받아 화가 에드워드 코볼드(Edward Henry Corbould)를 시켜 그 소설의 장면들을 그리게 할 정도였다고 한다.

『애덤 비드』의 출판으로 디킨즈나 새커리와 같은 주요 작가로 인정받기 시작한 조지 엘리엇은 1860년에는 자전적 요소가 많은 소설인『플로스 강의 물방앗간(*The Mill on the Floss*)』을 출판했다. 상상력과 호기심이 많은 여주인공 매기 털리버(Maggie Tulliver)는 "지나치게 똑똑한 여자는 꼬리가 긴 양보다 나을 게 없다 — 그것에 대해 더 나은 값을 받을 게 없다"라는 말을 들으며 어려서부터 무시를 받는다. 아버지와 오빠인 톰에게 인정과 사랑을 받기를 갈망하지만, 귀

엽고 예쁜 루시 딘(Lucy Dean)과 늘 비교당할 뿐이다. 매기가 겪는 갈등, 즉 지적 자극에 대한 갈망과 금욕적인 의무감 사이의 갈등은, 엘리엇 자신이 어려서부터 경험한 사회와의 갈등과 자아 분열의 상황을 반영하고 있다. 엘리엇은 그 후에도 『사일러스 마너(*Silas Marner*)』를 1861년에 출판했고, 1863년에는 『로몰라(*Romola*)』, 1866년에는 『펠릭스 홀트(*Felix Holt*)』를 출판하면서 작가의 명성을 이어갔다.

1871년부터 1872년에 걸쳐 출판한 『미들마치(*Middlemarch*)』는 엘리엇이 다루는 사회의 다양한 모습을 가장 잘 보여주는 작품이라고 할 수 있을 것이다. 이 작품의 부제는 "지방의 삶에 대한 연구(A Study of Provincial Life)"로 되어 있는데, 시대적 배경은 1830년대이며 귀족 계층 지주와 목사들, 중산 계층 의사와 은행원, 노동 계층 말장수와 식료품 장수 등 모든 계층의 다양한 사람들이 등장하며 그들이 서로 어떻게 연관되어 살아가고 있는지 보여준다. 화자는 이 "그물망" 혹은 "미로"를 때로는 현미경을 통해 때로는 망원경을 통해 관찰하듯 자세히 "연구"한다. 그 속에서 사람들은 거울 앞에 촛불을 놓았을 때 수많은 동심원이 그려지듯, 각자 자기가 중심이 되어 살고 있는데, 화자는 공감의 마음과 어조를 가지고 그들을 그리며, 평범한 삶의 의미를 탐색한다. 여주인공 도로시아 브룩(Dorothea Brooke)의 삶은 그중의 하나로서, 선한 일을 하고자 하는 열망으로 가득하지만 여러 가지 제약으로 인해 실제로는 아무것도 이루지 못하고 마는 것을 보여준다. 도로시아는 "늦게 태어난 테레사들" 중의 하나로 백조를 만나지 못한 미운 오리새끼에 비유되지만, 화자는 주위 사람들에게 그녀의 존재 자체가 의미 있는 것이었다면서, 세상에 선함이 자라나고 있는 것은 "역사적이지 못한 행동들(unhistoric acts)"의 덕이라고 평가해준다.

엘리엇의 마지막 소설은 1874년부터 1876년까지 쓴 『대니얼 데론다(*Daniel Deronda*)』였다. 엘리엇이 이 소설을 마칠 즈음, 조지 루이스는 건강이 나빠지기 시작하여, 2년 후인 1878년 11월 30일 사망했다. 엘리엇은 그 후 2년간 루이스의 마지막 글인 『삶과 마음(*Life and Mind*)』을 출판하기 위하여 편집했는데, 이 시기에 크로스(John Walter Cross)라는 스코틀랜드 중매인과 가까이 지내며 위로를 받았다. 1880년 5월 16일 엘리엇은 크로스와 결혼하여 모두를 놀라게 했다. 그는 그녀보다 20살 이상 어렸는데, 이 결혼으로 조지 엘리엇은 이름을 메리 앤 크로스(Mary Anne Cross)로 바꾸었다. 마침내 법적인 결혼을 하게 되자, 루이스와 동거 후 엘리엇과의 관계를 끊었던 아이작 오빠는 비로소 그녀를 인정하고 축하를 해주었다. 이 부부는 첼시(Chelsea)에 새 집을 구해 이사했지만, 엘리엇은 편도선염에 걸리고 이것이 몇 년간 앓던 신장병과 연결되면서 1880년 12월 22일에 사망했다. 결혼한 지 7달 만이었다.

Charlotte Brontë
Emily Brontë
Elizabeth Gaskell
George Eliot

제6장

"그리스도 안에 뿌리를 박다":

19세기 여성문학에 대한 종교적 비평

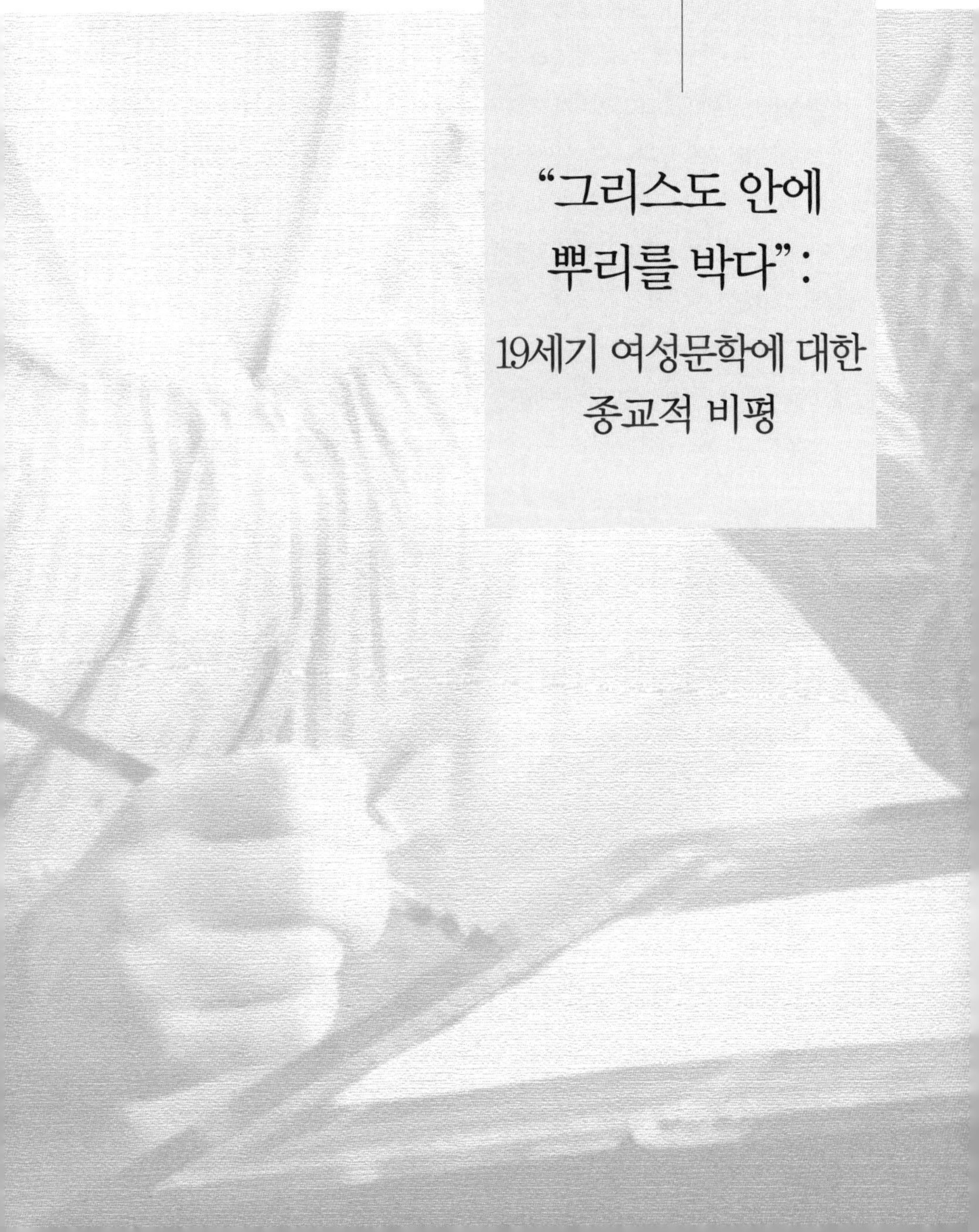

"나는 여자들은 변덕스럽고 고집스러운 사람들이라고 생각하며, 바울이 디모데에게 보낸 첫 편지, 즉 디모데전서 2장에 전달된 교리에 대해 커다란 존경심을 가지고 있습니다."

"무슨 교리지요, 조?" [셜리가 물었다]

"여자는 조용히, 아주 순종하면서 배우십시오. 나는, 여자가 가르치거나, 남자를 지배하는 것을 허락하지 않습니다. 여자는 조용해야 합니다. 사실 아담이 먼저 지음을 받고, 그다음에 하와가 지음을 받았습니다."

"그것이 사업과 무슨 관계가 있다는 말이지요?" 셜리가 불쑥 끼어들었다. …

"헬스톤 양, 바울의 그러한 말들에 대해 당신의 해석은 무엇입니까?" [조가 물었다]

"어! 나는—나는 그 부분을 이렇게 설명합니다. 바울은 특수한 상황 하에서, 특정한 기독교 신도들을 위해 그 장을 썼습니다. 게다가, 감히 말하건대, 내가 그리스어 원어를 읽을 수만 있다면, 그 말 중 많은 것이 잘못 해석되었고, 어쩌면 완전히 잘못 이해되었음을 발견하게 될 것입니다. 약간의 창의력을 발휘하면 그 구절에 완전한 반전을 가져오는 것도 가능하리라고 믿어 의심치 않습니다. 즉 이렇게 바뀌는 것이지요. '여자로 하여금 반대를 하기에 적합하다고 생각될 때마다 말하게 하십시오'—'필요한 만큼 많은 권위를 사용하고 가르치는 것이 여자에게 허용되었습니다. 한편 남자는 잠자코 있는 것이 최상입니다' 등등."[1]

---

1 Charlotte Brontë, *Shirley*, 1849, Eds. Herbert Rosengarten and Margaret Smith. Oxford, UK: Oxford University Press, 1979, 328-330. 본 장에서 앞으로 이 책에서의 인용은 본문에서 괄호 안에 쪽수만 표시한다.

오늘날 21세기 포스트모더니즘 상황에서 종교는 세속화된 현대의 소외된 타자로서 다시 돌아오고 있다. 지난 수십 년간 문학 비평은 "종교가 그들의 다양한 활동에 선행했을 가능성을 조용히 거부하는 데에 은밀하게 연합한 다양한 이론적 운동"에 지배당해온 것이 사실이다(Hopps & Stabler, 2006: 1). 그러나 오늘날 문화와 비평 담론에서 종교의 "회귀"는 널리 인정되고 있으며, 비록 이러한 변화가 종교적 근본주의의 재기와 동시에 일어나고 있는 것에 대해 불편해하는 평자들이 있기는 하지만, 문화와 비평에 있어서 종교의 위치를 둘러싼 관심은 새롭게 증가하고 있다(Marsden, 2014: 2).

그러나 문학 비평 중에서도 페미니즘 비평은 종교에 대해 "조용히 거부"한 정도가 아니라 매우 공격적으로 비판해온 것이 지난 수십 년간의 상황이었다. 예를 들어, 길버트와 구바는 문학 여성은 독자건 작가건 간에 유일한 하나님 아버지를 모든 것의 유일한 창조자로 정의하는 가부장적 원인론에 의해 혼란스러워지고 겁을 먹게 되었으며, 그러한 우주적 저자가 모든 지상의 저자들에게 유일한 합법적 모델일 것이라고 두려워하게 되었다고 한다. 여성혐오의 긴 전통을 종합한 밀턴의 창조 신화를 통해 전달된 가부장적 시론에 의해 여성 작가들은 불안감을 갖게 되었고, 그러한 작가들로는 17세기 마거릿 캐번디시(Margaret Cavendish)로부터 20세기 버지니아 울프에 이르기까지 거의 모든 여성 작가들이 포함되어 있다고 주장한다(Gilbert & Gubar, 1979: 188-189). 즉 여성 작가들로 하여금 작가가 될 수 있을지 불안감을 가지게 만든 장본인을 밀턴이라고, 그리고 밀턴에 의해 표현된 유일한 창조주 하나님 아버지의 탓이라고 비판하는 것이다.

이처럼 여성주의 비평가들이 여성 작가들에 대한 재평가를 시작하면서, 19세기 여성 작가들이 기독교에 억압당했으며 그들의 작품 활동은 그러한 기독교에 대한 거부였다고 미리 가정하고 분석하기 시작한 것은, 19세기 여성 작가들이 기독교와 가졌던 복합적이고 다층적인 관계를 제대로 평가할 수 있는 길을 방해했다. 20세기 후반 세속화되고 "계몽된" 여성주의 비평가들에게, 19세기 여성 작가들의 종교적 뿌리는 보이기가 어려웠던 것이다. 그러나 영국의 19세기가 종교의 시대였다는 점, 즉 기독교의 가치가 모든 영국인의 삶에 절대적인 영향을 끼치고 있었을 뿐 아니라 기독교를 통해 사회를 변화시키고 인간의 삶을 변화시키려고 하던 시대였다는 것을 직시하고 19세기 여성 작가들이 기독교 신앙에 기초하여 사회를 향한 목소리를 내려고 했다는 점을 제대로 인식하지 않는다면, 그들의 작품에 대한 이해는 충분한 것이 되기 어렵다. 예를 들어 "종교적 문학 비평"의 필요성을 강조한 클라크에 의하면, 실재의 성질을 세속적으로 이해하는 것에 기초한 해석학은 빅토리아조 문학에서도 똑같은 이해가 지배적이었을 것이라고, 적어도 "뛰어난" 문학에서는 그랬을 것이라고 가정하는 경향이 있다. 이러한 해석학은 종교적 인유의 몰이해와 종교를 창조성, 이질성, 형이상학적 통찰력의 근원으로 제대로 이해하지 못함으로써 19세기 작품에 대한 잘못된 해석을 초래하는 경우가 많다 (Clarke, 2009: 217). 마즈든 또한, 종교를 전수된 진리의 고정체로 보는 개념에 의존하는 비평은 이러한 여성 작가들이 기독교를 거부하고 반감을 가졌다고 보게 되지만, 이러한 비평은 기독교의 전통이 꾸준히 자신의 텍스트와 해석학을 다시 읽고 통찰력을 가지고 재생산하는 것에 의해 움직이는 것임을 간과함으로써 초래된 결과에 불과함을 지적한다(Marsden, 2014: 19).

이 책에서 살펴본 19세기 여성 작가들은, "기독교 안에 존재하는 여성의 영적 동등성을 지지하는 강하고 지속적인 전통"(Ranft, 1998: x)을 단지 영적인 영역에서만 아니라 사회 속에서 적용하고 실천하기 위하여 그들의 글 쓰는 재능을 사용했다. 이 작가들은 기독교의 다양한 교파와 관계를 맺고 있었지만, 소속된 교파나 교리에 얽매이지 않고, "그리스도 안에 뿌리를 박고"(「골로새서」 2: 7), 기독교의 기본 정신과 핵심적인 가치로 돌아가려 했고, 그것을 종교개혁적으로 되살리려 했다. 특히 여성으로서 그리스도의 기본 가르침과 다르게 적용되는 제도화된 가부장적 기독교의 사상과 실행을 비판하고 여성주의적 관점을 제시했다. 이 여성 작가들에게 이것을 가능하게 한 것은 18세기 말에 시작되어 19세기 내내 영국 사회에 큰 영향을 끼친 기독교의 부흥운동인 복음주의의 역할이 컸다. 이 시기에 영국 국교와 비국교 모두에게 가장 중요한 영성이었던 복음주의는 하나님을 매일의 일상 속에 경험하는 것을 강조했고 매일의 일상에 영적 중요성을 부여했는데, 이는 그동안 가치 없다고 무시되었던 여성의 일상적 활동에 영적 중요성을 부여하고, 여성들로 하여금 사회의 가치와 위계질서에 대한 도전을 가능하게 했던 것이다.

그러므로 이 책은 제1장에서 19세기 영국의 복음주의와 여성 작가의 복합적 관계를 살펴보았다. 복음주의의 역사와 내용을 고찰하고, 이것이 영국 여성의 삶에 끼친 영향을 분석했다. 종교는 당시 여성의 삶에 영향을 준 가장 중요한 문화적 힘이었다. 그 영향력이 가장 두드러졌던 것이 분리 영역과 가정성 예찬을 통해서였는데, 이 책에서는 분리 영역과 가정성 예찬이 여성에게 미친 영향의 이중적 의미에 주목했다. 즉 분리 영역과 가정성 예찬이 여성에게 가했던 억압과 함께, 오히려 역설적으로 분리 영역과 가정성 예찬이 가정 안에 "갇힌" 여자들에게 세속적인 세상을 초월하는 종교적 권위를 부여함으로써 그때까지 남자들의 영역으로만 간주되던 일들, 즉 종교가 다룰 수 있는 사회적 정치적 문화적 문제들을 다루는 공적인 목소리를 내는 것을 가능하게 해주었던 점을 살펴보았다.

또한 복음주의 운동이 하나님과의 직접적인 관계를 중시한 것이 여성 작가들에게 지닌 의의를 살펴보았다. 즉 복음주의가 되살린 각 개인의 성경 해석 전통이 여성들에게도 하나님과 인간 사이의 중재자를 거부하고 직접적으로 하나님에게 다가가는 길을 열어줌으로써, 여성 작가들은 작품을 통해 자신의 신학적 해석을 전달하기도 하고, 예언자 전통에 합류하기도 하고, 기존의 가부장적 문화에 도전하여 담대히 당시의 여성의 삶, 영국 사회, 인간 사회에 대해 비판하고 새로운 비전을 제시할 수도 있었다. 이 세상에서의 일을 중시하는 복음주의 사고는 글 쓰는 재능을 부여받은 여성 작가들에게 글쓰기를 거룩한 임무로 삼게 했음도 고찰했다.

샬롯 브론테의 『제인 에어』를 영적 성장의 면에서 다룬 제2장에서는, 먼저 샬롯 브론테와 영국 국교의 관계를 살펴보았다. 당시 국교는 저교회파, 고교회파, 광교회파로 분류할 수 있는데, 샬롯 브론테의 아버지 패트릭 브론테는 복음주의 저교회파의 목사였을 뿐 아니라, 그의 교구 하워스는 18세기에 대표적인 복음주의자들이 설교했던 곳이었고, 하워스 교구가 있던 웨스트 라이딩 지역은 복음주의가 꽃피었던 중심지의 하나이기도 했다. 샬롯 브론테는 복음주의가 여성에게 열어주었던 가능성, 즉 성경을 가진 사람은 누구나 (즉, 여자도) 내재하시는 성령의 인도를 따라 진리에 도달할 수 있는 영적 권위를 가졌다는 사고와, 그럼에도 불구하고 여성들을 여전히 남성 혹은 남편과의 관계 속에서만 존재하는 종속적 존재로 보고 하나의 개인으로 제대로 인정하지 않은 한계 사이에서, 『제인 에어』를 통해 한 개인으로서의 여성의 영성의 문제를 제시했다.

제인 에어라는 고아 소녀의 성장을 그린 이 소설에서, 제인의 영적 성장은 핵심 내용의 하나이다. 자기희생과 포기가 여성 성장의 핵심이라고 생각했던 당시 사회 속에서 여성 성장의 핵심을 정신적 성장 정도가 아니라, 영적 성장의 문제로 다룬 것은 매우 획기적인 것이며, 이는 기독교 실존주의와 맞닿아 있다고 할 수 있다. 그러므로 이 장에서 제인 에어의 성장을 기독교 실존주의의 효시로 꼽히는 키에르케고어의 단독자 개념과 비교해보기 위하여 "실존의 세 단계," 즉 심미적, 윤리적, 종교적 실존의 의미를 살펴보았으며, 종교적 실존이 다시 윤리적-종교적 실존과 역설적-종교적 실존으로 세분화되는 의의와 함께 하나님 앞에 홀로 서는 단독자의 이웃 사랑의 의미를 살펴보았으며, 제인 에어의 영적 성장이 놀라우리만치 키에르케고어의 단독자의 모습과 유사함을 분석했다. 뿐만 아니라 현대가 다수 다중에 휘둘리는 것을 비판하고 기독교도 다수 다중에 휘둘리고 있다고 비판하면서 이러한 세태와 반대되는 단독자의 비전을 제시한 키에르케고어의 신학과, 당시 사회가 기독교를 주장하면서 실제로는 진정한 기독교적 가치들과 그리스도의 가르침을 상실한 영국 사회를 비판한 샬롯 브론테의 신학이 매우 유사함을 고찰했다. 키에르케고어가 신학적으로 제시한 이상적 단독자의 모습은 샬롯 브론테가 문학을 통해 창조한 영적으로 고양된 개인으로서의 여성, 제인 에어를 통해 구현되고 있다고 해도 과언이 아니다.

에밀리 브론테의 『폭풍의 언덕』에 나타난 기독교의 핵심 가치들을 서술기법을 중심으로 살펴본 제3장에서는 먼저 에밀리 브론테와 감리교의 관계를 살펴보았다. 자기의 신앙은 하나님과 자신만이 안다고 했다고 해서 에밀리 브론테의 종교에 대해 알 수 없다고 주장하는 평자들도 있지만, 에밀리 브론테에게 나타난 '열정'은 종교적 열정이라는 기독교 영성의 전통, 특히 감리교의 열정과 깊은 관계를 가지고 있다. 엄밀히 말해 에밀리 브론테가 감리교도였다고는 할 수 없지만, 브론테 자매들의 어머니 마리아 브랜웰 브론테는 신실한 감리교도였고, 마리아가 일찍 죽은 후 브론테 자매들을 길러준 이모 엘리자베스 브랜웰 역시 감리교도였다. 1730년대 후반 존 웨슬리와 찰스 웨슬리 형제는 영적 수면상태와 나태한 이신론(理神論)에 빠져 있던 영국 국교에 대한 개혁을 시작했으며, 감성을 억압하지 않고 개인의 영혼에 대한 관심을 기울이는 것을 특징으로 하는 부흥 운동을 시작했는데, 이것이 바로 복음주의 운동의 시작이었다. 노동 계층에 특히 호소력이 컸던 이 국교 내 개혁운동은 존 웨슬리가 죽은 몇 년 후인 1795년에 국교에서 정식으로 분리되어 감리교라는 비국교를 형성하게 되었지만, 복음주의 저교회파 국교도인 패트릭 브론테와 그의 자녀들에게 많은 영향을 미쳤다.

『폭풍의 언덕』은 독특한 서술기법에 대해 높은 평가를 받아왔는데, 이 장은 에밀리 브론테가 믿을 수 없는 두 화자 수법을 통해 성경적 세계관과 가치를 어떻게 표현해내고 있는지를 분석했다. 액자서술을 맡고 있는 런던 신사 록우드가 꾸는 세 가지 꿈은 남성 중심적이고 계급 중심적인 록우드와 그가 속한 영국 사회에 대한 비판의 틀을 제시하고 있는데, 특히 두 번째 꿈은 자비와 용서의 문제를 다루고 있으며 기독교의 핵심인 '죄와 은혜'의 문제로 연결되고 있다. 또 다른 화자인 넬리 딘은 이 지역 토박이로서 믿을 만한 화자일 것 같지만, 사실 히스클리프와 캐서린에 관한 그녀의 서술은 자기중심적이고 독선적이며 타자에 대한 이해 부족을 드러낸다. 그녀의 태도는 자기의 원수라고 할 수 있는 히스클리프를 아무런 조건 없이 사랑하는 헤어튼과 대비된다. 작가는 록우드와 넬리 딘이라는 두 화자의 믿을 수 없음이 가치관의 문제 때문에 발생하고 있음을 보여주고 있으며, 이를 통해 율법과 죄와 은혜와 용서에 관한 기독교의 핵심 사상을 독특한 서술기법을 통해 열린 상태로 제시하고 있다.

엘리자베스 개스켈의 『메리 바튼』을 고통받는 자들을 위한 선지자적인 외침으로 분석한 제4장은 먼저 엘리자베스 개스켈과 유니테리언교의 관계를 살펴보았다. 개스켈이 아내로서 어머니로서 산업소설이라는 남성 장르를 쓰게 된 배경은 그녀의 종교와 긴밀하게 연결되어 있다. 유니테리언교는 삼위일체를 인정하지 않고 하나님의 유일성을 주장하기 때문에 정통 기독교에서는 무시를 당했지만, 복음주의 전통과는 관련성이 많다. 유니테리언은 18세기 개신교 비국교와 계몽주의에서 나왔다고 할 수 있는데, 예수의 신성을 믿지는 않았지만 예수의 가르침과 행적을 따르는 것을 매우 강조하여 윤리와 선행을 중시했다. 하나님의 심판보다는 하나님의 사랑을 강조했고, 성경 해석의 자유를 강조하여 이를 위한 좋은 교육의 필요성을 강조했다. 유니테리언 집안에서 태어나 유니테리언 목사와 결혼한 개스켈은, 이 전통 안에서 좋은 교육을 받았고, 자선을 몸소 실행했으며, 가난한 자와 고통 받는 자들을 돌보며 했던 경험은 그녀가 산업소설을 쓰는 데 중요한 배경이 되었다.

개스켈의 『메리 바튼』에는 산업소설을 첫 소설로 쓰는 여성 작가로서의 불안감과, 소외받고 고통 받는 자들을 위하여 "말을 해야만 한다"는 개스켈의 종교적 사명감이 동시에 나타나 있다. 에스더를 통해서는 "타락한 여자"를 가부장적이고 계급 중심적인 영국 사회의 철저한 피해자로 그리고, 그러한 영국 사회에 대한 신랄한 비판을 가하고 있다. 존 바튼을 통해서는 기아의 1840년대에 극빈 노동자들이 당하는 고난을 상세히 묘사하고, 차티스트 운동의 실패에서 오는 고통을 기술한다. 이에 대해 화자는 기독교 국가인 영국에서 부자와 빈자가 두 개의 세계로 분리되어 살아가고 있는 것에 대하여 "부자와 나사로"의 비유를 들어 비판하고 있다. 메리 바튼의 이야기를 통해서는 메리의 성장을 "말하기"의 발전과 연결시키고 있는데, 누명을 쓴 젬을 구하는 재판 장면은 메리가 여성적인 수치를 넘어 사적 담론을 가지고 공적 영역으로 과감히 나서는 것을 보여주고 있다. 이 세 인물의 "말하기"의 힘과 한계는 모두 개스켈이 글쓰기 혹은 "외침"을 통해 이루고자 하는 것의 가능성과 한계와 맞닿아 있다. 중산층 여성으로서, 그리고 공장주가 많은 교구의 목사의 아내로서, 개스켈은 문학 시장이라는 공적 영역에서 말하기에 관련된 위험성에 대한 두려움과 함께 말하기가 지닌 효과에 대해 고민했지만, 그녀가 버리지 않은 희망은 그 결과에 상관없이 그녀가 받은 재능을 통해 약자들을 도와야 한다는 강한 기독교 신앙에 기초했다.

조지 엘리엇이 첫 소설인 『애덤 비드』를 통해 어떠한 미학을 세워나갔는지를 분석한 제5장은 먼저 엘리엇과 복음주의의 관계를 살펴보았다. 엘리엇을 흔히 신앙을 버린 작가라고 하지만, 사실 엘리엇은 복음주의의 영향을 크게 받은 국교도였을 뿐 아니라, 기독교에 대해 꾸준히 연구하며 평생 동안 다양하고 복합적인 관계를 맺었던 작가였다. 어릴 적에는 "성자"라고 불릴 정도로 열렬하고 금욕적인 복음주의 신자였고, 또 감리교의 영향도 받았는데, 점차 자유주의적인 유니테리언교의 영향과 독일 고등 비평의 영향을 받으며, 전통적인 기독교의 사고를 벗어나기 시작했다. 그러나 첫 소설로부터 마지막 소설에 이르기까지 기독교 원리와 신앙에 대하여 꾸준히 다루고 있음에도 나타나듯이 종교에 대한 연구를 이어가 당대를 뛰어넘는 미래 종교적인 성숙한 신앙을 지향해나갔던 경우였다. 「복음주의의 가르침: 커밍 박사」는 엘리엇이 "교리적 기독교"에 대해 비판하는 것이 하나님의 사랑의 부재에 대한 것임을 잘 보여주고 있으며, 「숙녀 소설가의 어리석은 소설들」은 이 소설들에 박진성(迫眞性)이 부족한 점을 가장 비판하고 있으며, 특히 종교적 도덕적 생각을 전달하고자 하는 "예언자적 부류"에 속하는 소설들에 나타난 기독교적 관점이 너무 편협하거나 지나치게 과장되어 있음을 신랄하게 비판했다.

철학계 사상계에서 급진적 지성인으로 자리 잡고 있던 엘리엇은 자신의 철학과 윤리학을 실질적인 상황을 통해 전달하기 위하여 소설을 쓰기 시작했다. 『애덤 비드』에서 엘리엇은 이상적인 소설가의 비전을 다이나 모리스라는 감리교 여설교자를 통해 제시하고 있다. 그린에서 행하는 다이나의 복음주의적 설교는 이기주의를 벗어나 타자에 대한 공감을 가지라는 도덕적 메시지를 전달하는 작가의 모습을 연상시킨다. 그러나 소설가의 이상적 모습으로 제시되는 다이나는 설교자로서보다 목회자로서 모습이 더 중요하다. 다이나는 헤티가 교수형을 언도받고 감옥에 갇혀 있을 때 헤티에게 찾아가며, 어두운 감옥 속에서 헤티와 함께 기도하며 함께 운다. 다이나의 공감과 사랑은 헤티로 하여금 처음으로 자신의 고통을 쏟아내는 목소리를 갖게 해준다. 지금까지 헤티가 아서를 통해 신분 상승을 꿈꾸다 임신하고 조산하고 영아 살해를 저지르게 되었던 것은 모두 헤티의 나르시시즘에 대해 비판적이고 그녀의 고통에 무관심한 (남성) 화자에 의해 서술되었다. 이제 비로소 헤티의 목소리를 통해 그녀가 물질 중심적이고 계급 중심적이며 남성 중심적인 롬셔 사회에서 얼마나 무력하고 희생당하기 쉬운 존재였는지 드러난다. 헤티에게 목소리를 준 다이나의 신성한 사랑과 공감은, 『애덤 비드』 17장에서 네덜란드 화가들이 비천한 시민들을 향해 가졌던 마음으로 제시된 것이며, 또한 엘리엇이 리얼리즘 작가로서 자신에게 요구했던 덕목이었다. 엘리엇은 리얼리즘이 외부 세계로부터 개인의 내적 세계로 들어가야 할 필요성을 주장했으며, 다이나를 통해 종교와 미학이 만난 이상적인 "작가"의 모습을 제시하고 있다.

이처럼 각 장에서 살펴본 바와 같이, 19세기 대표적 영국 여성문학은 기독교를 힘입어 가부장적 계급 중심적 물질 중심적 영국 사회에 대해 다양한 방법으로 비판을 가했다. 그들의 여성주의적 사회 비판의 근저에는 기독교가 있었던 것이다. 또한 19세기 여성문학은 성경 말씀에 근거하여 잘못된 사회를 비판하는 데 그치지 않고, 기독교 사상의 의미를 재발견해내고 그것을 살아가는 새로운 방법들을 제시하는 데에도 앞장섰다(Styler, 2010: 8). 전통적인 종교적 확실성이 유지되기 어려웠던 당시 문화 속에서는 문학적 신학(literary theology)이 중요성을 인정받게 되었는데(Styler, 2010: 6), 여성들은 아직 신학이라는 전문 영역의 교육을 받지는 못했지만 문학의 분야에서는 많이 활동하고 있었기 때문에, 여성 작가들은 문학적 신학에 적극 참여했던 것이다. 여성을 분리 영역 개념을 통해 도덕적 교육자로 보는 관점은 여성들로 하여금 글을 통해 기독교적 메시지를 사회 안에 널리 퍼트리는 것을 가능하게 했으며, 특히 복음주의에서 신자는 성경 말씀과 기독교적 가치를 세상에 전파할 의무를 가지고 있음을 강조했으므로, 여성 작가들은 작품을 통해 여성신학을 전파하고자 했다. 이 장의 맨 앞에 인용된 샬롯 브론테의 『셜리』에서의 인용문은 그러한 예를 잘 보여주고 있다.

인용문이 발췌된 장은 "낮은 계층 사람들이 여기에 소개되니, 점잖은 독자는 읽지 말고 건너뛸 것을 추천하는 장"이라는 제목이 붙어 있다. 이 장에는 두 가지 신학적 논쟁이 제시되어 있다. 먼저 셜리는 밀턴이 태초의 세계를 그리며 최초의 여성을 보려고 노력했으나 실패하고 말았고, 실제로 그가 본 이브는 자기 집 요리사(his cook)에 불과했다고 비판한다(320). "밀턴의 이브(Milton's Eve)" 대신 셜리가 제시하는 이브는 "지구상 최초의 인간들인 타이탄들의 어머니" 즉 새턴(Saturn), 히페리온(Hyperion), 오케아노스(Oceanus), 프로메테우스(Prometheus)의 어머니이다(320). 셜리가 캐롤라인에게 제시하는 이브의 모습은 다음과 같다.

> "나는 그녀의 확고한 눈빛을 그릴 수가 없어. 그녀의 눈은 맑고, 호수처럼 깊고, 위를 향해 있고, 예배로 가득 차 있고, 사랑의 부드러움과 기도의 광채로 떨리고 있어. 그녀의 이마는 구름처럼 광활하고, 어둠이 모이기 훨씬 전에 떠오른 초저녁 달보다 더 창백해. 그녀는 스틸브로 황무지의 산등성이 위로 가슴을 굽히고 있고, 거대한 손을 그 아래에서 맞잡고 있어. 그렇게 무릎을 꿇고, 그녀는 하나님과 마주 대하여 이야기를 나누고 있어. 아담이 여호와의 아들인 것과 마찬가지로, 저 이브는 여호와의 딸이야." (321)

여기에서 셜리가 그린 이브의 모습은 인류 최초의 남자 아담과 마찬가지의 위엄과 품위를 가진 창조주 여호와의 딸로 제시되어 있다. 셜리의 이런 과감한 주장에 "너무 대담하다" 혹은 "매우 모호하고 몽상적이다" 등으로 평가하며 불편해하던 캐롤라인 헬스톤은, 조 스콧(Joe Scott)이 셜리와의 대화에서 강한 성차별을 드러내자 그에 대한 반대를 제기하기 시작한다. 조는 로버트 무어(Robert Moore)의 공장 직공이지만, 지주이고 할로우 공장의 소유주이고 로버트 무어의 동업자인 셜리와의 대화에서 셜리가 그에게 토리당(Tory)인지 휘그당(Whig)인지 묻자, "분명히 내가 이해받지 못할 곳에서 설명하는 것은 어렵다"라고 거만하게 대답한다(327). 정치를 이해하지 못하는 여자와는 정치에 관련된 것을 이야기하지 않겠다는 이러한 조의 태도에 대해 셜리가, 정말로 이 세상의 모든 지혜는 남자의 두뇌 속에만 있다고 생각하느냐고 묻자, 그는 여자들은 변덕스럽고 고집이 세다면서, 여자를 그렇게 생각하는 근거로 바울이 쓴 편지, 「디모데전서」 2장 11절에서 13절을 인용한다. "여자는 조용히, 아주 순종하면서 배우십시오. 나는, 여자가 가르치거나, 남자를 지배하는 것을 허락하지 않습니다. 여자는 조용해야 합니다. 사실 아담이 먼저 지음을 받고, 그 다음에 하와가 지음을 받았습니다." 이것으로 인해 셜리와 조가 논쟁을 벌이자, 이 소설에서 "집안의 천사"와 같은 순종적이고 전통적인 여성으로 나오는 캐롤라인이 반론을 제기하고 있는 것이다.

캐롤라인의 반론에는 두 가지 요점이 있다. 첫 번째로 여자이기 때문에 남자 목회자들처럼 원어를 배우지 못했고 이것이 자신의 논지를 약화시킬 수 있음을 인식하고 있는 부분이며, 또한 여성들의 성경 해석은 무시를 받을 수밖에 없었던 당시 사회적 배경을 보여주고 있는 부분이다. 그러나 두 번째 요점이 더욱 중요한데, 그것은 성경 전체의 맥락으로 보았을 때, 이 말이 뜻하는 바가 분명히 다른 것이었을 것이라고 해석하는 것이다. 인용문의 장 제목이 암시하고 있듯이, 이러한 과감한 성경 해석은 당시에 많은 비판을 불러올 것이라는 점을 샬롯 브론테는 잘 알고 있었다. 더구나 그러한 말을 셜리의 입으로 하게 하는 것이 아니라 전통적인 여성인 캐롤라인의 입으로 제시하고 있는 것은 더욱 과감한 주장을 시도하는 것이다. 그러므로 이 순간 캐롤라인의 말은 다소 더듬으며 시작되는 것으로 묘사되어 있지만, "바울에 대한 반란군의 (그리고 유토피아적 여성주의자와 천년왕국신봉자의) 해설을 발언하며 쾌락(jouissance)으로 가득 차 있다"고 해석되기도 하고(Houston, 2013: 47), 샬롯 브론테에게 "분명히 성경은 젊은 여성의 삶에 대한 믿을 만한 지침서가 아니다. 적어도 남자들에 의해 해석되는 대로는 아니다"라는 것을 보여주고 있다고 분석되기도 한다(Perkin, 2009: 70).

당시 신앙을 가졌던 여성 작가들은 그리스도 안에 굳건히 뿌리를 박고, 가부장제화되고 제도화된 기독교에 이의를 제기하고 그러한 기독교가 성경을 왜곡하고 있다고 비판하고 성경이 의미하는 본래의 뜻을 되살리고자 노력했다. 이들 여성 작가들의 작품을 분석함에 있어서 그 작품에 나타난 종교적인 내용을 제대로 이해하지 못한다면 그들의 작품 이해 자체가 불완전하다고 할 뿐 아니라 왜곡되기가 매우 쉽다고 할 수 있다. 이 책에서 분석한 작품들은 모두 기본적인 기독교의 가르침을 기초로 하고 있음을 볼 수 있다. 그런데 이들이 관습적 교의에 대해 비판하거나 당시의 교리에 대해 논쟁을 벌이면, 종교적 제도에 대한 강력한 비판과 신앙의 결핍의 차이점을 구분하지 못한 채, 이러한 태도가 신앙을 모두 거부한 것으로 잘못 해석하곤 했다(Clarke, 2009: 200). 캐롤라인이 『셜리』에서 제기한 논쟁도, 바울은 「디모데전서」에서는 이렇게 말한 것이 사실이지만, 캐롤라인의 주장대로 이것은 당시 특수한 상황에 맞게, 그리고 그 문화에 맞게 여성의 역할을 설정하고 있었을 뿐, 그것이 기독교의 기본 정신이라고 한 것은 아니다. 사실 바울은 갈라디아 교회에게 보낸 편지에서 "유대 사람이나 그리스 사람이나, 종이나 자유인이나, 남자나 여자나 차별이 없습니다. 그것은 여러분이 그리스도 예수 안에서 다 하나이기 때문입니다"(「갈라디아서」 3:28)라고 한 데에도 나타나듯이 하나님 앞에 인종, 계급, 성별의 차이가 없이 모두 동등한 기독교를 천명한 바 있다. 바울의 이 말은 인종, 계급, 성별의 세 축을 차별과 억압의 교차성(intersectionality)의 가장 핵심적인 축으로 보는 오늘날 여성주의의 관점에서 보았을 때 차별과 억압에 대한 매우 급진적이고 여성주의적인 비판이다.

이 책에서는 19세기 영국 여성 작가들이 여성주의적인 관점에서 소설을 쓰고 이를 통해 사회 비판의 목소리를 낼 수 있었던 것이 영국의 종교, 특히 19세기 복음주의에 힘입은 바가 컸음을 분석했다. 18세기에 시작된 복음주의 부흥운동은 19세기 모든 영국인들의 신앙의 근저에 자리 잡았고, 복음주의 여성들은 사적 영역에서 얻은 영적 권위를 공적 영역으로 확장시켰다. 종교는 여성들로 하여금 공적 영역과 정치적 분야로 넘어갈 수 있게 해주는 개인적인 힘의 근원이었고, 종교를 통해 여성 작가들은 공간적 경계를 넘어 영적인 것과 사회적인 것을 연결시켰다. 하나님으로부터 부름을 받았다는 믿음과 그 믿음을 통해 획득한 권위는 가부장적인 사회의 관행들을 비판할 수 있는 힘의 근원이 되었던 것이다. 기독교의 기본 정신으로 돌아가려는 복음주의 운동은 여성 작가에게 힘이 되었고 여성 독자들뿐만 아니라 일반 사회의 모든 독자들에게도 커다란 영향을 주었다. 문학 작품의 의미 생산이 독자에게도 달려 있다면, 19세기 독자들은 기독교적 배경 속에서 이 작품들을 이해했는데, 오늘날 19세기 작품을 분석하는 데 있어서 그러한 독자들의 작품 이해를 배제한다면 독자들을 통해 생산된 중요한 의미 또한 놓치게 되는 것이다. 19세기 작가와 독자들이 공유하고 있던 기독교라는 뿌리를 제대로 이해하지 못하면, 이 작품들이 맺었던 열매의 의미도 놓칠 수밖에 없는 것이다.

19세기 여성 작가들의 작품을 역사화하는 데 있어서 종교라는 요소에 대한 고려는 매우 중요하며, 여성문학에 대한 기독교적 분석은 더 폭넓게 진행되어야 할 것이다. 20세기 세속화를 통해 그 의미들이 대폭 평가 절하되거나 왜곡된 부분이 이들의 작품에 나타난 기독교적 요소이기 때문이다. 종교의 역할을 되살리면 놓쳤던 작품의 의미를 되살릴 수 있을 뿐 아니라 작품이 당시 사회에 주었던 영향력을 이해하는 데에도 큰 도움이 될 것이라는 점에서, 앞으로 이 부분에 대한 많은 연구가 이루어지길 바란다. 여성문학과 종교의 관계가 재조명되어 19세기 작품들에 대한 이해의 폭과 넓이와 깊이가 더욱 확장되기를 기대한다.

| 참고문헌 |

르 블랑, 샤를. 『키에르케고르』. 이창실 옮김. 서울: 동문선, 2004.

표재명. 『키에르케고어의 단독자 개념』. 서울: 서광사, 1992.

_____. 「시간의 계기로 본 실존의 3단계설」. 『사랑과 영혼의 철학자 키에르케고어를 만나다』. 인천: 도서출판 치우, 2012.

Adams, Kimberly VanEsveld. "Feminine Godhead, Feminist Symbol: The Madonna in George Eliot, Ludwig Feuerbach, Anna Jameson, and Margaret Fuller." *Journal of Feminist Studies in Religion* 12 (1996): 41-70.

Adorno, Theodor W. "On Kierkegaard's Doctrine of Love." *Søren Kierkegaard: Modern Critical Views*. Ed. Harold Bloom. New York and Philadelphia: Chelsea House Publishers, 1989.

Aho, Kevin. *Existentialism: An Introduction*. Malden, MA: Polity Press, 2014.

Altick, Richard D. *Victorian People and Ideas*. New York: Norton, 1973.

Anger, Suzy. "George Eliot and Philosophy." *The Cambridge Companion to George Eliot*. Ed. George Levine. Cambridge and New York: Cambridge University Press, 2001.

Armstrong, Nancy. *Desire and Domestic Fiction: A Political History of the Novel*. New York: Oxford University Press, 1987.

Ashton, Rosemary. *George Eliot: A Life*. Harmondsworth: Penguin Books, 1997.

Baumber, Michael. "William Grimshaw, Patrick Brontë and the Evangelical Revival." *History Today* 42 (1992): 25-31.

Bebbington, David W. *Evangelicalism in Modern Britain: A History from the 1730's to the 1980's*. Grand Rapids, MI: Baker, 1992.

Bodenheimer, Rosemarie. "A Woman of Many Names." *The Cambridge Companion to George Eliot*. Ed. George Levine. Cambridge: Cambridge University Press, 2001.

Booth, Wayne C. *The Rhetoric of Fiction*. 1961. 2nd ed. Chicago, IL: University of Chicago Press, 1983.

Bowlby, Rachel. "'Hetty Had Never Read a Novel': *Adam Bede* and Realism." *The George Eliot Review* 41 (2010): 16-29.

Brontë, Charlotte. *Jane Eyre*. 1847. Ed. Q. D. Leavis. New York: Penguin Books, 1966.

_____. *Shirley*. 1849. Eds. Herbert Rosengarten and Margaret Smith. Oxford: Oxford University Press, 1979.

_____. "Editor's Preface to the New Edition of *Wuthering Heights*." 1850. Emily Brontë, *Wuthering Heights: Authoritative Text, Backgrounds, Criticism*. Eds. William M. Sale, Jr. and Richard J. Dunn. 3rd ed. New York: W. W. Norton, 1990.

Brontë, Emily. *Wuthering Heights*. 1847. New York: Nal Penguin, 1959.

_____. "No Coward Soul Is Mine." *Victorian Literature 1830-1900*. Eds. Dorothy Mermin and Herbert F. Tucker. New York: Harcourt College Publishers, 2002.

Brown, Earl Kent. *Women of Mr. Wesley's Methodism*. New York: Edwin Mellen, 1983.

Byatt, A. S. and Nicholas Warren, eds. *George Eliot: Selected Essays, Poems and Other Writings*. Middlesex: Penguin Books, 1990.

Carlyle, Thomas. "from *Past and Present*." *Victorian Literature 1830-1900*. Eds. Dorothy Mermin and Herbert F. Tucker. New York: Harcourt College Publishers, 2002.

Chance, Janna Smartt. *Obeying God Rather than Men: Protestant*

Individualism and the Empowerment of Victorian Women. Ph. D. Thesis. Rice University, 2008.

Childers, Joseph W. *Novel Possibilities: Fiction and Formation of Early Victorian Culture*. Philadelphia: University of Pennsylvania Press, 1995.

Clapp-Itnyre, Alisa M. "Dinah and the Secularization of Methodist Hymnody in Eliot's *Adam Bede*." *Victorians Institute Journal* 26 (1998): 40-68.

Clark, George Kitson. *The Making of Victorian England*. 1962. New York: Atheneum, 1971.

Clarke, Micael M. "Emily Brontë's 'No Coward Soul' and the Need for a Religious Literary Criticism." *Victorians Institute Journal* 37 (2009): 195-223.

Colby, Robin B. *"Some Appointed Work To Do": Women and Vocation in the Fiction of Elizabeth Gaskell*. London: Greenwood Press, 1995.

Corbett, Mary Jean. "Representing the Rural: The Critique of Loamshire in *Adam Bede*." *Studies in the Novel* 20 (1988): 288-301.

D'Albertis, Deirdre. *Dissembling Fiction: Elizabeth Gaskell and the Victorian Social Text*. New York: St. Martin's Press, 1997.

Davies, Stevie. *Emily Brontë: Heretic*. London: The Women's Press, 1994.

de Beauvoir, Simone. *The Second Sex*, Trans. H. M. Parshley. New York: Vintage Books, 1989.

Dellamora, Richard. "Earnshaw's Neighbor/Catherine's Friend: Ethical Contingencies in *Wuthering Heights*." *ELH* 74 (2007): 535-55.

Doern, Kristin G. "Equal Questions: the 'Woman Question' and the 'Drink Question' in the Writings of Clara Lucas Balfour, 1808-78." *Women, Religion and Feminism in Britain, 1750-1900*. Ed. Sue Morgan. New York: Palgrave Macmillan, 2002.

Drew, Philip. "Charlotte Brontë's Insight into *Wuthering Heights*." 1964. *Emily Brontë: Wuthering Heights*. Ed. Miriam Allott. revised edition. London: MacMillan, 1992.

DuVal, Katherine Niell. "The Quiet Heretics: Religion and the Craft of the Brontë Sisters." Diss. U of Arkansas, 1991.

Edgecombe, R. S. "Two Female Saviours in Nineteenth-Century Fiction: Jeanie Deans and Mary Barton." *English Studies* 77.1 (1996): 45-58.

Eliot, George. *Adam Bede*. 1859. Ed. Stephen Gill. Middlesex: Penguin Books, 1980.

_____. *Middlemarch: A Study of Provincial Life*. 1871-2. Ed. W. J. Harvey. Middlesex: Penguin Books, 1965.

_____. "Evangelical Teaching: Dr Cumming." *George Eliot: Selected Essays, Poems and Other Writings*. Eds. A. S. Byatt and Nicholas Warren. Middlesex: Penguin Books, 1990.

_____. "Silly Novels by Lady Novelists." *George Eliot: Selected Essays, Poems and Other Writings*. Eds. A. S. Byatt and Nicholas Warren. Middlesex: Penguin Books, 1990.

Ellis, Sarah. *The Daughters of England: Position in Society, Character and Responsibilities*. London: Fisher, Son, & Co., 1842.

_____. *The Wives of England: Their Relative Duties, Domestic Influence, and Social Obligations*. New York: D. Appleton, 1843.

Evans, C. Stephen. *Søren Kierkegaard's Christian Psychology: Insight for Counseling and Patoral Care*. Vancouver, British Columbia: Regent College Publishing, 1990.

Feuerbach, Ludwig. *The Essence of Christianity*. 1841. Trans. George Eliot. 1854. London: Harper & Row, 1957.

Franklin, J. Jeffrey. "The Merging of Spiritualities: Jane Eyre as Missionary of Love." *Nineteenth-Century Literature* 49 (1995): 456-482.

Fryckstedt, Monica Correa. *Elizabeth Gaskell's Mary Barton and Ruth: A Challenge to Christian England*. Stockholm: Uppsala, 1982.

Gallagher, Catherine. *The Industrial Reformation of English Fiction: Social Discourses and Narrative Form, 1832-1867*. Chicago: University of

Chicago Press, 1985.

Gaskell, Elizabeth. *The Letters of Mrs. Gaskell*. Eds. J. A. V. Chapple and Arthur Pollard. Manchester: Manchester University Press, 1966.

_____. *The Life of Charlotte Brontë*. 1857. Ed. Alan Shelston. Middlesex: Penguin Books, 1975.

_____. *Mary Barton: A Tale of Manchester Life*. 1848. Ed. Stephen Gill. Middlesex: Penguin Books, 1970.

Gatens, Moira. "The Art and Philosophy of George Eliot." *Philosophy and Literature* 33 (2009): 73-90.

Gilbert, Sandra M. and Susan Gubar. *The Madwoman in the Attic: The Woman Writer and the Nineteenth-Century Literary Imagination*. New Haven: Yale University Press, 1979.

_____, eds. *The Norton Anthology of Literature by Women: The Tradition in English*. New York: Norton, 1985.

Gleadle, Kathryn. *The Early Feminists: Radical Unitarians and the Emergence of the Women's Rights Movement 1831-51*. New York: St. Martin's Press, 1995.

Grego, Alessandra. "George Eliot's Use of Scriptural Typology: Incarnation of Ideas." *Myths of Europe*. Eds. Richard Littlejohns and Sara Soncini. Amsterdam, Netherlands: Rodopi, 2007.

Griesinger, Emily. "Charlotte Brontë's Religion: Faith, Feminism, and *Jane Eyre*." *Christianity and Literature* 58 (2008): 29-59.

Haight, Gordon S. *George Eliot: A Biography*. Oxford: Oxford University Press, 1968.

_____, ed. *The George Eliot Letters*. 9 vols. New Haven: Yale University Press, 1954.

Harrison, G. Elsie. *The Clue to the Brontës*. London: Methuen, 1948.

Harrison, J. F. C. *The Early Victorians, 1832-1851*. New York: Praeger, 1971.

Helmstadter, Richard J. and Bernard Lightman, eds. *Victorian Faith in Crisis:*

Essays on Continuity and Change in Nineteenth Century Religious Belief. Stanford, California: Stanford University Press, 1990.

Hodgson, Peter C. *The Mystery beneath the Real: Theology in the Fiction of George Eliot*. Minneapolis, MI: Fortress Press, 2000.

Homans, Margaret. *Bearing the Word: Language and Female Experience in Nineteenth-Century Women's Writing*. Chicago, IL: University of Chicago Press, 1986.

Hopps, Gavin and Jane Stabler. "Introduction: Grace under Pressure." *Romanticism and Religion from William Cowper to Wallace Stevens*. Eds. Gavin Hopps and Jane Stabler. Aldershot: Ashgate, 2006.

Hotz, Mary Elizabeth. "A Grave with No Name: Representations of Death in Elizabeth Gaskell's *Mary Barton*." *Nineteenth Century Studies* 15 (2001): 37-56.

Houston, Gail Turley. *Victorian Women Writers, Radical Grandmothers, and the Gendering of God*. Columbus, Ohio: The Ohio State University Press, 2013.

Hughes, Kathryn. *George Eliot: The Last Victorian*. New York: Cooper Square Press, 2001.

Jacobs, Alan. "George Eliot: Good Without God." *First Things: A Monthly Journal of Religion and Public Life*. April 2000: 50-53.

Jasper, David. "Religion." *The Brontës in Context*. Ed. Marianne Thormählen. Cambridge, UK: Cambridge University Press, 2012.

Jay, Elisabeth. *The Religion of the Heart: Anglican Evangelicalism and the Nineteenth-Century Novel*. Oxford: Clarendon Press, 1979.

Jenkins, Ruth Y. *Reclaiming Myths of Power: Women Writers and the Victorian Spiritual Crisis*. London and Toronto: Associated University Presses, 1995.

Joseph, Felicity, Jack Reynolds and Ashley Woodward, eds. *The Continuum Companion to Existentialism*. New York: Continuum, 2011.

Joshua, Essaka. "'Almost my hope of heaven': Idolatry and Messianic Symbolism in Charlotte Brontë's Jane Eyre." *Philological Quarterly* 81 (2002): 81-107.

Kenney, Theresa M. "Compassion and Condemnation in *Wuthering Heights*: Materialism, Christianity, and the Occult." *Wuthering Heights: With an Introduction and Contemporary Criticism*. Ed. Joseph Pearce. San Francisco, CA: Ignatius, 2008.

Kermode, Frank. "A Modern Way with the Classic." *Emily Brontë's Wuthering Heights*. Ed. Harold Bloom. New York: Chelsea House Publishes, 1987.

Kierkegaard, Søren. *Concluding Unscientific Postscript to Philosophical Fragments*. Eds. and Trans. Howard V. Hong and Edna H. Hong. Princeton, NJ: Princeton University Press. 1992.

_____. *Either/Or*. Part I & II. Eds. and Trans. Howard V. Hong and Edna H. Hong. Princeton, NJ: Princeton University Press. 1987.

_____. *Fear and Trembling*. Eds. and Trans. Howard V. Hong and Edna H. Hong. Princeton, NJ: Princeton University Press. 1983.

_____. *Works of Love*. Eds. and Trans. Howard V. Hong and Edna H. Hong. Princeton, NJ: Princeton University Press. 1995.

Knight, Mark and Emma Mason. *Nineteenth-Century Religion and Literature: Introduction*. Oxford: Oxford University Press, 2006.

Knight, Mark and Thomas Woodman, eds. *Biblical Religion and the Novel, 1700-2000*. Burlington, VT: Ashgate, 2006.

Krueger, Christine L. *The Reader's Repentance: Women Preachers, Women Writers, and Nineteenth-Century Social Discourse*. Chicago and London: The University of Chicago Press, 1992.

_____. "Witnessing Women: Trial Testimony in Novels by Tonna, Gaskell, and Eliot." *Representing Women: Law, Literature, and Feminism*. Eds. Susan Sage Heinzelman and Zipporah Batshaw Wiseman. Durham and London: Duke University Press, 1994.

Lamonaca, Maria. "Jane's Crown of Thorns: Feminism and Christianity in *Jane Eyre*." *Studies in the Novel* 34 (2002): 245-263.

Larson, Janet L. "Lady-Wrestling for Victorian Soul: Discourse, Gender, and Spirituality in Women's Texts." *Religion and Literature* 23 (1991): 43-64.

Leavis, F. R. *The Great Tradition: George Eliot, Henry James, Joseph Conrad*. London: Chatto & Windus, 1955.

Levinas, Emmanuel. *Otherwise than Being: Or Beyond Essence*. Trans. Alphonso Lingis, Pittsburgh: Duquesne University Press, 2002.

Levine, George, ed. *The Cambridge Companion to George Eliot*. Cambridge University Press, 2001.

Lewis, Robert P. "'Full Consciousness': Passion and Conversion in *Adam Bede*." *Religion and the Arts* 2 (1998): 423-442.

Lewis, Sarah. *Womans' Mission*. London: John W. Parker, 1839.

Liddell, Robert. *Twin Spirits: The Novels of Emily and Anne Brontë*. London: Peter Owen, 1990.

Marck, Nancy Anne. "Narrative Transference and Female Narcissism: The Social Message of *Adam Bede*." *Studies in the Novel* 35 (2003): 447-470.

Marsden, Simon. *Emily Brontë and the Religious Imagination*. London: Bloomsbury, 2014.

_____. "'Vain Are the Thousand Creeds': *Wuthering Heights*, the Bible and Liberal Protestantism." *Literature and Theology* 20 (2006): 236-50.

Marsh, Nicholas. *Emily Brontë: Wuthering Heights*. London: MacMillan, 1999.

Mason, Emma. "The Clue to the Brontës?: Methodism and *Wuthering Heights*." *Biblical Religion and the Novel, 1700-2000*. Eds. Mark Knight and Thomas Woodman. Burlington, VT: Ashgate, 2006.

Mazaheri, John. "Religion and Work in Adam Bede." *George Eliot-George Henry Lewes Studies* 48-49 (2005): 64-74.

McLead, Hugh. *Religion and Society in England, 1850-1914*. New York: St. Martin's Press, 1996.

Melnyk, Julie Ann. "Faith of Our Mothers: Women's Religious Utterance in Nineteenth-Century Britain." Diss. University of Virginia, 1993.

_____. "Women, Writing and the Creation of Theological Cultures." *Women, Gender and Religious Cultures in Britain, 1800-1940*. Ed. Sue Morgan and Jacqueline deVries. New York: Routledge, 2010.

Melville, Lewis. *Some Aspects of Thackeray*. London: Stephen Swift, 1911.

Mermin, Dorothy and Herbert F. Tucker, eds. *Victorian Literature 1830-1900*. New York: Harcourt College Publishers, 2002.

"Methodism." *Britannica Online* 〈http://www.britannica.com/EBchecked/topic/378415/Methodism〉

Meyer, Susan. "From 'Your Father Was Emperor of China, and Your Mother an Indian Queen'": Reverse Imperialism in *Wuthering Heights*." *Emily Brontë, Wuthering Heights*. Ed. Linda H. Peterson. 2nd ed. Boston, MA: Bedford/St. Martin's, 2003.

Michie, Helena. *The Flesh Made Word: Female Figures and Women's Bodies*. New York: Oxford University Press, 1987.

Miller, J. Hillis. *The Disappearance of God: Five Nineteenth-Century Writers*. Cambridge, MA: Harvard University Press, 1975.

Millard, Kay. "The Religion of Elizabeth Gaskell." *The Gaskell Society Journal* 15 (2001): 1-13.

Milton, John. *Paradise Lost, The Portable Milton*. Ed. Douglas Bush. New York: Penguin Books, 1977.

Mirsky, Prince D. S. "Emily Brontë." *The Brontë Sisters: Critical Assessments I: Recollections, Obituaries, Early Studies 1848-1943; Evaluations of Juvenilia and Poems, Writers on the Writing*. Ed. Eleanor McNees. Sussex: Helm Information, 1996.

Morgan, Sue. "Introduction. Women, Religion and Feminism: Past, Present and Future Perspectives." *Women, Religion and Feminism in Britain, 1750-1900*. Ed. Sue Morgan. New York: Palgrave Macmillan, 2002.

Morgan, Sue and Jacqueline deVries, eds. *Women, Gender and Religious Cultures in Britain, 1800-1940*. New York: Routledge, 2010.

Newman, Beth. "'The Situation of the Looker-on': Gender, Narration, and Gaze in *Wuthering Heights*." 1990. *Feminisms: An Anthology of Literary Theory Criticism*. Eds. Robyn R. Warhol and Diane Price Herndl. New Brunswick, NJ: Rutgers University Press, 1997.

Norris, Kathleen. "A Word Made Flesh: Incarnational Language and the Writer." *The Incarnation: An Interdisciplinary Symposium on the Incarnation of the Son of God*. Eds. Stephen T. Davis, Daniel Kendall, SJ, and Gerald O'Collins, SJ. Oxford: Oxford University Press, 2009.

Nünning, Ansgar. "'But why will you say that I am mad?': On the Theory, History, and Signals of Unreliable Narration in British Fiction." *Arbeiten zu Anglistik und Amerikanistik* 22 (1997): 83-105.

Nünning, Vera. "Unreliable Narration and the Historical Variability of Values and Norms: *The Vicar of Wakefield* as a Test Case of a Cultural-Historical Narratology." *Style* 38 (2004): 236-77.

Ogden, Daryl. "Double Visions: Sarah Stickney Ellis, George Eliot and the Politics of Domesticity." *Women's Studies* 25 (1996): 585-602.

Olson, Greta. "Reconsidering Unreliability: Fallible and Untrustworthy Narrators." *Narrative* 11 (2003): 93-109.

Orr, Marilyn. "Incarnation, Inwardness, and Imagination: George Eliot's Early Fiction." *Christianity and Literature* 58 (2009): 451-481.

Parker, Pamela Corpron. "Fictional Philanthropy in Elizabeth Gaskell's *Mary Barton* and *North and South*." *Victorian Literature and Culture* (1997): 321-331.

Parsons, G., ed. *Religion in Victorian Britain* (i, Traditions; ii, Controversies; iv. Interpretations). Manchester University Press in association with the Open University, 1988.

Pattison, George. "Existentialism and Religion." *The Continuum Companion to Existentialism*. Eds. Felicity Joseph, Jack Reynolds and Ashley Woodward. New York: Continuum, 2011.

Perkin, J. Russell. *Theology and the Victorian Novel*. Ithaca, NY: McGill-Queen's University Press, 2009.

Peters, John G. "'We stood at God's feet, equal': Equality, Subversion, and Religion in *Jane Eyre*." *Brontë Studies* 29 (2004): 53-64.

Polka, Brayton. "Who is the Single Individual? On the Religious and the Secular in Kierkegaard." *Philosophy & Theology* 17 (2005): 157-175.

Poovey, Mary. *The Proper Lady and the Woman Writer: Ideology as Style in the Works of Mary Wollstonecraft, Mary Shelley, and Jane Austen*. Chicago, IL: The University of Chicago Press, 1984.

_____. *Uneven Development: The Ideological Work of Gender in Mid-Victorian England*. Chicago, IL: The University of Chicago Press, 1988.

Qualls, Barry. "George Eliot and Religion." *The Cambridge Companion to George Eliot*. Ed. George Levine. Cambridge: Cambridge University Press, 2001.

Ranft, Patricia. *Women and Spiritual Equality in Christian Tradition*. New York: St. Marin's Press, 1998.

Reardon, Bernard M. G. *Religious Thought in the Victorian Age: A Survey from Coleridge to Gore*. 2nd ed. London: Longman, 1995.

Rich, Adrienne. "Jane Eyre: The Temptations of a Motherless Woman." *On Lies, Secrets, and Silence: Selected Prose, 1966-1978*. New York: Norton, 1979.

Rigby, Elizabeth. "*Vanity Fair, Jane Eyre* and the Governesses' Benevolent Institution — Report for 1847." *Quarterly Review* 84 (1848): 153-185.

Rimmon-Kenan, Shlomith. *Narrative Fiction: Contemporary Poetics*. London: Methuen, 1983.

Rowe, Karen E. "'Fairy-born and human-bred': Jane Eyre's Education in Romance." *The Voyage In: Fictions of Female Development*. Eds.

Elizabeth Abel, Marianne Hirsch, and Elizabeth Langland. Hanover, NH: University Press of New England, 1983.

Ruskin, John. "Of Queen's Gardens." *Essays and Letters Selected from the Writings of John Ruskin*, Ed. Mrs. Louis G. Hufford. Boston, MA: Ginn & Company, 1894.

Sanders, J'Aimé L. "Discovering the Source of Gatsby's Greatness: Nick's Eulogy for a 'Great' Kierkegaardian Knight." *The F. Scott Fitzgerald Review* 3 (2004): 108-127.

Schönberger-Schleicher, Esther. *Charlotte and Emily Brontë: A Narrative Analysis of Jane Eyre and Wuthering Heights*. Berne: Peter Lang, 1999.

Schor, Hilary M. *Scheherezade in the Marketplace: Elizabeth Gaskell and the Victorian Novel*. Oxford: Oxford University Press, 1992.

Scotland, Nigel. *Evangelical Anglicans in a Revolutionary Age 1789-1901*. Cumbria, UK: Paternoster, 2004.

Searle, Alison. "An Idolatrous Imagination? Biblical Theology and Romanticism in Charlotte Brontë's *Jane Eyre*." *Christianity and Literature* 56 (2006): 35-61.

Shell, Alison. "Re-reading *Jane Eyre* as a Christian Allegory." *Brontë Studies* 31 (2006): 61-62.

Showalter, Elaine. *A Literature of Their Own: British Women Novelists From Brontë to Lessing*. Princeton, NJ: Princeton University Press, 1977.

Singleton, Jon. "The Dissonant Bible Quotation: Political and Narrative Dissension in Gaskell's *Mary Barton*." *ELH* 78 (2011): 917-941.

Smith, Allen Permar. "George Eliot and the Authority of Preaching." *Theology and Sexuality* 13 (2007): 175-180.

Soloway, Richard Allen. "Episcopal Perspectives and Religious Revivalism in England 1784-1851." *Historical Magazine of the Protestant Episcopal Church* 40 (1971): 27-61.

Sorensen, Katherine. "From Religious Ecstasy to Romantic Fulfillment: John

Wesley's *Journal* and the Death of Heathcliff in *Wuthering Heights*." *The Victorian Newsletter* 82 (1992): 1-4.

Spencer, Jane. *The Rise of the Woman Novelist: From Aphra Behn to Jane Austen*. Oxford: Basil Blackwell, 1986.

Spivak, Gayatri Chakravorty. "Three Women's Texts and a Critique of Imperialism." *Critical Inquiry* 12 (1985): 243-61.

Stevens, R. Paul. *The Abolition of the Laity: Vocation, Work and Ministry in a Biblical Perspective*. Cumbria, UK: Paternoster Press, 1999.

Stolpa, Jennifer M. "Dinah and the Debate over Vocation in *Adam Bede*." *George Eliot-George Henry Lewes Studies* 42-43 (2002): 30-49.

"St. Teresa of Avila." *Catholic Online* 〈http://www.catholic.org/saints/saint.php?saint_id=208〉

Styler, Rebecca. *Literary Theology by Women Writers of the Nineteenth Century*. Burlington, VT: Ashgate, 2010.

Swindells, Julia. *Victorian Writing and Working Women: The Other Side of Silence*. Minneapolis: University of Minnesota Press, 1985.

Talley, Lee Allen. "Subject to the Word: Evangelical Discourse and the Brontës' Fiction." Diss. Princeton University, 1999.

Thomson-Bailey, Philippa. "Neglected Religious Cues in Nineteenth-Century English Novels." Diss. Columbia University. 1994.

Thormählen, Marianne. *The Brontës and Religion*. Cambridge: Cambridge University Press, 1999.

_____, ed. *The Brontës in Context*. Cambridge, UK: Cambridge University Press, 2012.

Tillotson, Kathleen Mary. *Novels of the Eighteen-Forties*. Oxford: Clarendon Press, 1954.

Tompkins, Jane. *Sensational Designs: The Cultural Work of American Fiction: 1790-1860*. New York: Oxford University Press, 1985.

Traversi, Derek. "*Wuthering Heights* after a Hundred Years." 1949. *Emily*

Brontë: Wuthering Heights. Ed. Miriam Allott. revised edition. London: MacMillan, 1992.

Twycross-Martin, Henrietta. "The Drunkard, the Brute and the Paterfa-milias: The Temperance Fiction of the Early Victorian Writer Sarah Stickney Ellis." *Women of Faith in Victorian Culture: Reassessing the Angel in the House*. Eds. Anne Hogan and Andrew Bradstock. New York: Palgrave, 1998.

Unsworth, Anna. *Elizabeth Gaskell: An Independent Woman*. London: Minerva Press, 1996.

Valenze, Deborah M. *Prophetic Sons and Daughters: Female Preaching and Popular Religion in Industrial England*. Princeton, NJ: Princeton University Press, 1985.

Van Ghent, Dorothy. *The English Novel: Form and Fiction*. New York: Rinehart, 1953.

Vejvoda, Kathleen. "Idolatry in *Jane Eyre*." *Victorian Literature and Culture* (2003): 241-261.

Warhol. Robyn R. "Toward a Theory of the Engaging Narrator: Earnest Interventions in Gaskell, Stowe, and Eliot." *PMLA* 101 (1986): 811-818.

Watt, Ian. *The Rise of the Novel*. Berkely and Los Angeles, California: University of California Press, 1957.

Watts, Ruth. "Rational Religion and Feminism: The Challenge of Unitarianism in the Nineteenth Century." *Women, Religion and Feminism in Britian, 1750-1900*. Ed. Sue Morgan. New York: Palgrave Macmillan, 2002.

Williams, Raymond. *Culture and Society, 1780-1950*. New York: Harper & Row, 1958.

Winnifrith, Thomas John. "Brontë's Religion." *Critical Essays on Emily Brontë*. New York: G. K. Hall, 1997.

Woelfel, James. *Portraits in Victorian Religious Thought*. Lewiston, New York: The Edwin Mellen Press, 1997.

Wollstonecraft, Mary. *A Vindication of the Rights of Woman: An Authoritative Text, Backgrounds, the Wollstonecraft Debate, Criticism.* 2nd ed. Ed. Carol H. Poston. New York: Norton, 1988.

Woolf, Virginia. *A Room of One's Own.* London: Harcourt Brace Jovanovich, 1929.

Zerweck, Bruno. "Historicizing Unreliable Narration: Unreliability and Cultural Dicourse in Narrative Fiction." *Style* 35 (2001): 151-78.

* 이 책의 내용은 "19세기 영국 여성 작가와 기독교"를 주제로 전문학술지에 발표되었던 다섯 편의 논문에서 수정 · 보완한 것임을 밝혀둔다. 논문의 제목은 다음과 같다.

· "19세기 영국 기독교와 여성 작가의 관계에 대한 재고,"『한국여성학』, 18권 2호
· "단독자로서의 제인 에어,"『근대영미소설』, 21권 3호
· "『폭풍의 언덕』에 나타난 믿을 수 없는 화자와 기독교적 가치,"『근대영미소설』, 15권 2호
· "『매리 바튼』에 나타난 개스컬의 서술적 권위와 종교,"『영미문학 페미니즘』, 10권 1호
· "조지 엘리엇의 종교와 미학:『애덤 비드』를 중심으로,"『근대영미소설』, 20권 3호

| 찾아보기 |

-ㄱ-

가부장적 23, 32, 38, 39, 40, 44, 49, 56, 59, 64, 85, 101, 150, 172, 175, 238, 348, 250, 263, 269, 272, 276

가부장제화한 기독교 265

가부장적 문화 169, 266

가정성 24, 30, 89

가정성 예찬 28, 31-35, 265

가톨릭 16, 18, 55, 62, 119

로마 가톨릭 16, 55

영국 가톨릭 16

감리교 17, 19, 20, 35, 37, 61, 62, 98, 112, 114-121, 129, 170-171, 214, 235-238, 248, 250-252, 267-268, 270

감리교 여성 설교자 38, 237, 271

『감리교 잡지(*Methodist Magazine*)』 118

감상소설 163

개스켈 (Elizabeth Cleghorn Gaskell) 25, 42, 44, 58, 99, 101, 159, 160-165, 168-169, 172-173, 175, 177-178, 181-182, 184-193, 196, 198-200, 202-205, 269-270

「가난한 사람들의 스케치(Sketches of the Poor)」 168, 203

『룻(*Ruth*)』 173, 175, 200, 204

『메리 바튼: 맨체스터 생활에 관한 이야기(*Mary Barton: A Tale of Manchester Life*)』 203

-대븐포트 (Davenport) 178-179, 181, 196

-메리 바튼 (Mary Barton) 100-101, 159, 162, 170, 172, 173, 175, 177, 178, 183, 187, 195, 198, 203, 269-270

-에스더 (Esther) 173-178, 189, 196, 198-200, 269

-윌 (Will) 191-192, 194, 197-198

-젬 (Jem) 174, 176, 177, 184, 187, 190-195, 197-198, 200, 270

-존 바튼 (John Barton) 161, 173-178, 184, 187, 196-197, 269

-좁 레그 (Job Legh) 192, 199

-카슨 씨 (Mr. Carson) 178, 183-185, 198-199

-해리 카슨 (Harry Carson) 174, 176, 184, 190

『북과 남(*North and South*)』 201, 204

『샬롯 브론테의 생애(*The Life of Charlotte Brontë*)』 205

『실비아의 연인들(*Sylvia's Lovers*)』 205

『아내와 딸들: 일상의 이야기(*Wives and*

Daughters: An Everyday Story)』 205
『콘힐 잡지(*Cornhill Magazine*)』 205
『크랜포드(*Cranford*)』 202
개스켈 (William Gaskell) 168, 172, 203
개스켈 (Julia Gaskell) 203
개스켈 (Florence Gaskell) 203
개신교 개인주의 60
개인 17, 21, 24, 30, 35, 37, 43, 53, 60-61, 64, 67, 70-71, 74-76, 78, 87-91, 94-96, 108, 110, 115, 120, 137, 143, 148
개종 20, 86
개혁 15, 32, 38, 41, 169, 208, 220-221, 268
개혁운동 221, 268
개혁주의 41
게이튼즈 (Moira Gatens) 210
계관시인 26
계급 81, 96, 101, 123-124, 127, 139-140, 150, 161, 163, 176-177, 200-201, 245, 249, 275
계급중심(적) 175, 201, 245, 249, 268-269, 271-272
계몽(주의) 269, 164
고등 비평 (Higher Criticism) 44, 218, 270
공감 126, 138, 149, 167, 178, 204, 210-211, 212, 218, 233, 232, 241, 242, 246, 249, 252-253, 258, 271
공적 영역 28-29, 30, 32, 35, 43-44, 186, 195, 199, 270, 276
광신 17, 115, 118
교리적 기독교 215-216, 231, 370
교차성 (intersectionality) 275
교파 20, 119-120, 129, 164, 265
구바 (Susan Gubar) 23, 51, 263
작가성에 대한 불안 23, 27, 161
구원 19-20, 50-51, 57, 66, 72, 84-85, 87, 88, 92, 97, 115, 121-122, 145, 191, 215-217, 238, 242, 246, 252
국가 17, 24, 28, 30, 66, 68-69, 181, 205, 269
권위 16, 18, 21, 25, 35, 37, 38, 41, 43, 49, 56, 63, 62, 86, 119, 127, 163, 182, 185, 171-172, 236-237, 240-241, 265, 276
서술적 권위 201
설교의 권위 234, 236
성경 해석의 권위 20, 35, 36, 37, 38
영적 권위 33-34, 44, 266, 276
그레고 (Alessandra Grego) 217
그리스도 ('예수' 참조) 7, 16, 19, 36, 50-51, 59, 66, 72, 83, 85-86, 92, 94, 96-97, 265, 267, 275
그리징거 (Emily Griesinger) 53
그림쇼 (William Grimshaw) 56, 116, 143
근대 24, 166, 212
근본주의 22, 263
글리들 (Kathryn Gleadle) 166
글쓰기 23, 38, 169-170, 198, 200, 202, 266, 270
금주 운동 34, 41
급진적 여성주의 개신교 60
기계파괴운동 101
기도 (Guido) 194
비아트리스 첸치 (Beatrice Cenci) 194
기독교 실존주의 66, 167
기독교 국가 181, 269
기독교 사회주의 171
기아의 40년대 (Hungry Forties) 179, 183
길버트 (Sandra M. Gilbert) 23, 51, 139, 263
길을 헤매는 자 173-174

−ㄴ−

나사로 181-182, 269

나이트 (Mark Knight) 121, 142, 166
내포작가 107-108
너시 (Henry Nussey) 102
노동계층 115, 179-180, 188-189, 204
노리스 (Kathleen Norris) 232
「말씀이 육신이 되었다(A Word Made Flesh)」 232
노예 제도 17, 41
뉜닝 (Vera Nünning) 108
뉜닝 (Ansgar Nünning) 108

-ㄷ-

다윈 (Charles Darwin) 222
『종의 기원(*On the Origin of Species*)』 222
단독자 53, 64-65, 67-72, 75-78, 83-84, 87, 89, 91, 93-97
달버티스 (Deirdre D'Albertis) 174-175
더들리 (John Dudley) 143
데이비즈 (Stevie Davies) 113
델러모러 (Richard Dellamora) 133, 141
도덕성 30, 68, 210-211, 218
도브리 (Bonamy Dobree) 109
도약 59, 71, 80, 84-87, 92
돈 (Kristin G. Doern) 70
드루 (Philip Drew) 110
들라로슈 (Hippolyte Paul Delaroche) 216
"예수" 216
디즈레일리 (Benjamin Disraeli) 193
『시빌(*Sybil*)』 160, 193
디킨즈 (Charles Dickens) 204, 257
『고난의 시대(*Hard Times*)』 160
『늘 쓰는 말들(*Household Words*)』 204
『일년 내내(*All the Year Round*)』 204

-ㄹ-

러들로 (John Ludlow) 172
"존 타운젠드 (John Townsend)" 171
러모나카 (Maria Lamonaca) 53, 63, 94
러스킨 (John Ruskin) 29
런던 101, 122-124, 142, 161, 183, 187, 202, 203, 255-256, 268
레비나스 (Emmanuel Levinas) 134
로우 (Karen E. Rowe) 94
로 (William Law) 35
「경건하고 거룩한 생활로의 진지한 부름(A Serous Call to a Devout and Holy Life)」 35
롭슨 (William Robson) 171
루이스 (Maria Lewis) 213, 254
루이스 (Sarah Lewis) 33, 42
가정성 예찬 101, 225, 255-259
『여자의 임무(*Women's Mission*)』 33
루이스 (George Henry Lewes) 101, 225, 255, 256-259
『숙녀 소설가(*The Lady Novelists*)』 223, 229, 256, 270
『철학의 전기적 역사(*Biographical History of Philosophy*)』 256
루터 (Martin Luther) 18, 227
르 블랑 70, 96
리델 (Robert Liddell) 137
리먼-케넌 (Shlomith Rimmon-Kenan) 108
리비스 (F. R. Leavis) 107
릭비 (Elizabeth Rigby) 49
『계간 논평(*Quarterly Review*)』 49

-ㅁ-

마르크 (Nancy Anne Marck) 244
마르크스 (Karl Marx) 203

『공산주의 선언문(*The Communist Manifesto*)』 203
마쉬 (Nicholas Marsh) 110
마즈든 (Simon Marsden) 264, 22, 121, 131, 148
마티노 (James Martineau) 101, 167, 168
만인제사장주의 36
매저허리 (John Mazaheri) 227
매지 (Travers Madge) 170
맨체스터 161, 170-171, 173, 174, 175, 179, 180, 182, 187, 192, 203
메이슨 (Emma Mason) 121, 129, 142, 166
메이어 (Susan Meyer) 51, 141
멜닉 (Julie Melnyk) 16-17, 40-41, 85
『기독 숙녀의 잡지(*The Christian Lady's Magazine*)』 41
『기독 세계 잡지(*The Christian World Magazine*)』 41
모건 (William Morgan) 117
모리스 (Frederick Maurice) 171
모어 (Hannah More) 30, 38, 41, 121
문학적 신학 272
물질중심(적) 249, 271-272
미가야 (Micaiah) 51
미치 (Helena Michie) 42
미학 210-211, 213, 224, 228-230, 232, 249-250, 252, 270-271
믿을 수 없는 화자 107-108, 110-112, 122, 137, 149-151
밀 (John Stuart Mill) 21, 227
밀러 (J. Hillis Miller) 113, 120
『신의 실종(*The Disappearance of God*)』 113, 120
밀러드 (Kay Millard) 164
밀턴 (John Milton) 23, 40, 153, 263, 272
밀턴의 악령 23
밀턴의 이브 62, 272
『실락원(*Paradise Lost*)』 23, 62

—ㅂ—

바리새인 50-51, 66, 97
바울 35, 53, 131, 273, 274-275
바이런 영부인 (Lady Byron) 164
바이런 경 (Lord Byron) 152
벅랜드 (Buckland) 180-181
『맨체스터의 가난한 자들을 위한 목사의 보고서(*Reports of the Ministry to the Poor, in Manchester*)』 179-180
번즈 (Jabez Burns) 129
『400개의 스케치와 설교의 골격들(*Four Hundred Sketches and Skeletons of Sermons*)』 129
번팅 (Jabez Bunting) 129
범버 (Michael Baumber) 116
베빙톤 (David W. Bebbington) 40
벨 (Acton Bell, 'Anne Brontë' 참조) 100, 154
벨 (Ellis Bell, 'Emily Brontë' 참조) 107
벨 (Currer Bell, 'Charlotte Brontë' 참조) 100, 107
보산킷 (Mary Bosanquet) 38, 237
보울비 (Rachel Bowlby) 228
복음주의(자) 53, 55-59, 61-64, 86, 88-89, 98, 114-116, 151, 163, 170, 182, 213-215, 217-218, 221, 235-237, 254, 265, 267-272, 275-276
복종 59, 88, 221, 236
본문 비평 (Lower Criticism) 219
부름(을 받다) 26, 35, 63, 81, 89, 119, 234, 236, 239, 240-241
부스 (Wayne C. Booth) 107

내포 작가 107-108
『소설의 수사학(*The Rhetoric of Fiction*)』 107
부자와 나사로 181-182, 269
부흥운동 17-18, 236, 265, 276
분리 영역 28-32, 34, 42, 45, 62-63, 265, 275
공적 영역 28-30, 32, 35, 43-44, 186, 195, 199, 270, 276
브랜웰 (Maria Branwell) 55, 98, 117-118, 152, 268
『감리교 잡지(*Methodist Magazine*)』 118
브랜웰 (Elizabeth Branwell) 15, 55, 98-100, 118, 152-153, 155
브레이 (Charles Bray) 255
『필연성의 철학(*The Philosophy of Necessity*)』 254
브레이 (Caroline Bray) 49, 255
브론테 (Branwell Brontë) 268
브론테 (Charlotte Brontë) 26, 42, 44, 50, 51, 52-56, 58-60, 64-66, 75-76, 84, 87-88, 93-103, 107, 111-112, 114, 116, 118, 136, 155, 160, 169, 208, 266-267, 272, 274
로우 헤드 학교 (Roe Head School) 99
브뤼셀 99, 102, 153
『빌레트(*Villette*)』 102
『선생님(*The Professor*)』 101-103, 155
『셜리(*Shirley*)』 42, 54, 60, 100-101, 272, 275
-셜리 (Shirley Keeldar) 54, 61, 101, 262, 272-274
-조 (Joe Scott) 273
-이바 (Eva) 54
-캐럴라인(Caroline Helstone) 101
앵그리아(Angria) 152
『엠마(*Emma*)』 103
『제인 에어(*Jane Eyre*)』 49, 50-52, 60, 64-65, 100, 107, 155, 266
-로체스터 (Rochester) 81-88, 90-95
-브로클허스트 씨 (Mr. Brocklehurst) 56-58, 76, 79
-씬진 (St. John Rivers) 87-92
-제인 에어 (Jane Eyre) 49, 53, 56, 76, 91, 94, 96, 266-267
-템플 선생 (Miss Temple) 57, 79
-헬렌 번즈 (Helen Burns) 78
『커러, 엘리스, 액턴 벨의 시(*Poems by Currer, Ellis, and Acton Bell*)』 100, 154
코완 브리지 학교 (Cowan Bridge School) 57, 98, 120, 152
브론테 (Anne Brontë) 121
『아그네스 그레이(*Agnes Grey*)』 155
브론테 (Emily Brontë) 8, 25, 44, 155, 107, 110-114, 121-122, 126, 128, 134, 140, 142, 149-152, 160, 267-268
곤달(Gondal) 152-153
「내 영혼은 비겁하지 않습니다(No Coward Soul Is Mine)」 106, 120
「늙은 금욕주의자(The Old Stoic)」 154
자비와 용서 111-112, 126, 128, 130, 132, 134, 138, 268
『폭풍의 언덕(*Wuthering Heights*)』 107, 109, 111-113, 125-126, 129, 132, 134, 136-137, 139, 148, 155, 267, 268
-넬리 딘 (Nelly Dean) 109, 134, 136-137, 268
-록우드 (Lockwood) 109-112, 122-130, 132-134, 136-138, 141, 144, 149-150, 268
-에드거 린튼 (Edgar Linton) 136, 140

-캐서린 (Catherine) 124-127, 129, 133-146, 149-150, 268
-캐시 (Cathy) 122-123, 126, 135-136, 144-149
-헤어튼 (Hareton Earnshaw) 123-124, 136, 144-149, 268
-히스클리프 (Heathcliff) 123-127, 132-150, 268
브론테 (Patrick Brontë) 55-56, 98, 113, 116-117, 119, 152, 205, 266, 268
브론테 자매 44, 52, 57-58, 98, 100, 114, 116-118, 120, 143-144, 154-155, 268
『블랙우드 잡지(*Blackwood's Magazine*)』 152, 168, 256
비국교도 59, 63, 231, 255

—ㅅ—

사우디 (Robert Southey) 26-27
사적 영역 28-30, 34, 43, 276
사회 문제 소설 (Social Problem Novels) 161-162, 201, 204
사회적 리얼리즘 204
산업소설 101, 159, 160-161, 163, 178, 204, 269
산업혁명 28, 30, 101, 161, 204
삼위일체 16, 85, 164-166, 218, 269
새커리 (William Makepeace Thackery) 25, 101, 257
섀프츠베리 경 (Lord Shaftesbury) 41
서술기법 8, 107, 267, 268-269
선교 15, 34
『선도자(*Leader*)』 209
선한 사마리아인 134, 141, 181
선행 164, 226, 263, 269
설 (Alison Searle) 53
설교자 37-38, 56, 61-62, 116-119, 121, 128, 163, 214-215, 225-227, 234-239, 248, 250-251, 271
성경 7, 15, 18, 20, 35-38, 41, 57-58, 61, 73-74, 78, 113, 119, 165-166, 168, 177, 182, 184, 191, 202-203, 213, 217, 222, 226, 236, 240, 251, 266, 268-269, 272, 274-275
성경 해석 35-38, 61, 165, 266, 269, 274
오직 성경으로 (Sola Scriptura) 18
성령 37, 61, 91-93, 165, 230, 266
성별 ('젠더' 참조) 96, 101, 154, 236, 275
성부 165, 215
성육신 (incarnation) 216-218, 232-233
성육신적 문학 232
성자 16, 128, 165, 270
세속 사회 21
세속성 17, 55
세속주의 212
세속화 21, 263-264, 276
셜리 (Walter Shirley) 61
『성서의 우월성(*The Supremacy of the Holy Scriptures*)』 61
소논문 15, 24
소렌슨 (Katherine Sorensen) 143
소명 42, 90, 119, 169, 173, 212, 225, 227-229, 232-233, 239, 240-241
속죄 20
쇼어 (Hillary M. Schor) 162, 174-175, 198
쇼월터 (Elaine Showalter) 23, 38
수도 방문 및 구제 협회 (Metropolitan Visiting and Relief Association) 171
스미스 (Allen Permar Smith) 236
스미스, 엘더 출판사 100-101, 155
스윈델즈 (Julia Swindells) 30

스콧 (Walter Scott) 152-153
스코틀랜드 (Nigel Scotland) 63
스타일러 (Rebecca Styler) 96, 172
스토우 (Harriet Beecher Stowe) 163
『톰 아저씨의 오두막집(*Uncle Tom's Cabin*)』 163
스톨파 (Jennifer M. Stolpa) 212, 240, 251
스트라우스 (David Friedrich Strauss) 209, 216-217, 255
『예수의 생애, 비판적 검토(*The Life of Jesus, Critically Examined*)』 209, 255
스티븐슨 (Elizabeth Cleghorn Stevenson, 'Elizabeth Gaskell' 참조) 167
스티븐슨 (William Stevenson) 168, 202
스펜서 (Jane Spencer) 27
스펜서 (Herbert Spencer) 255
스피노자 (Baruch Spinoza) 209, 218, 256
『윤리학(*Ethics*)』 209, 256
스피박 (Chakravorty Spivak) 51
시미언 (Charles Simeon) 19
신비주의 35
신사 25-27, 55, 122-124, 132-133, 142, 147, 161, 224, 268
신사의 클럽 26-27
신역사주의 24
실재 22, 109, 264
실존주의 65, 74, 267
실증주의 212
심미적 가치 213
싱글턴 (Jon Singleton) 182

–ㅇ–

아가멤논 (Agamemnon) 68
아놀드 (Matthew Arnold) 21, 101
아도르노 (Theodor W. Adorno) 95
아르미니우스파 19, 231
아브라함 67-69, 71, 75, 89, 92, 95, 182
아일랜드 98, 109, 213
아합왕 51
암스트롱 (Nancy Armstrong) 24
액자 서술자 125
앨틱 (Richard D. Altick) 222
앵거 (Suzy Anger) 210, 218
어거스틴 (Augustine) 53
에번즈 (Mary Anne [혹은 Ann] Evans, 'George Eliot' 참조) 209
에번즈 (Marian Evans, 'George Eliot' 참조) 209, 254
에번즈 (Elizabeth Evans) 38, 62, 214, 237
에번즈 (Robert Evans) 214, 254
에번즈 (Samuel Evans) 214
에지콤 (R. S. Edgecombe) 191
엘리스 (Sarah Stickney Ellis) 29, 62, 250
『영국의 부인(*The Wives of England*)』 62
『영국의 여성(*The Women of England*)』 62
엘리엇 (George Eliot) 25, 44, 61, 101, 160, 163, 209, 210-225, 227-238, 240-241, 243-244, 249-259, 270-271
「길필 씨의 사랑 이야기(Mr Gilfil's Love-Story)」 256
『대니얼 데론다(*Daniel Deronda*)』 212, 258
『목사 생활의 정경(*Scenes of Clerical Life*)』 209, 212, 225, 237, 256
『미들마치(*Middlemarch*)』 220, 258
-도로시아 브룩 (Dorothea Brooke) 258
「복음주의의 가르침: 커밍 박사(Evangelical Teaching: Dr Cumming)」 215

성전 (Holy War) 214, 215
「숙녀 소설가의 어리석은 소설들(Silly Novels by Lady Novelists)」 223, 229, 270
-예언자적 부류 223-224, 228, 271
아이작 (Isaac Evans) 214, 254, 256, 259
『애덤 비드(*Adam Bede*)』 61, 209, 212, 214, 222-223, 225-227, 231, 233-235, 241, 243-244, 247, 249-251, 257, 270-271
-다이나 모리스 (Dinah Morris) 62, 213, 225, 233-243, 245, 246-253, 271
-롬셔 (Loamshire) 244-245, 248-249, 271
-방문 (visiting) 170-171, 203, 205, 240, 252
-셋 (Seth Bede) 225-227, 239, 241, 250
-아서 (Arthur Donnithorne) 228-229, 242-245, 247-248, 271
-애덤 비드 (Adam Bede) 225-227, 231, 234, 241, 244, 247, 250-251
-어윈 (Rev. Adolphus Irwine) 228-231, 233, 251
-헤티 (Hetty Sorrel) 228, 242-249, 252, 271
「에이머스 바튼 목사의 슬픈 운명(The Sad Fortunes of the Reverend Amos Barton)」 256
월링턴 부인의 학교 (Mrs. Wallington's School) 213
「재닛의 회개(Janet's Repentance)」 256
『펠릭스 홀트(*Felix Holt*)』 258
프라이어리(Priory) 252
『플로강의 물방앗간(*The Mill on the Floss*)』 243
엥겔스 (Friedrich Engels) 203
『1844년 영국 노동 계층의 상황(*The Condition of the Working Class in England in 1844*)』 203
여성 구원자 191
여성 목회자 213
여성 설교자 37-38, 61, 119, 163, 225, 234, 237, 250
여성성 30, 34, 89, 166
여성신학 40, 272
여성 작가 22-25, 27, 31, 38-40, 42-45, 53, 118-119, 160-161, 163, 169, 186, 223-225, 237-238, 241, 255, 257, 263-266, 269, 272, 274, 275, 276
기독교 예언자 39
신앙심 32, 40, 44, 167
여성주의 ('페미니즘' 참조) 5-6, 8-9, 23-25, 38, 51, 59-60, 65, 85, 96, 121, 126, 263-265, 272, 274-275
여성혐오 23, 119, 263
『영국 국교 계간 논평(*The Church of England Quarterly Review*)』 49
영국 국교(도) 16-20, 54-56, 63-64, 98, 114-117, 119-121, 130, 165, 240, 248, 265, 266, 268
고교회파 (High Church) 18, 55-56, 266
광교회파 (Broad Church) 16, 55-56, 60-61, 115, 266
저교회파 (Low Church) 17, 44, 55-56, 60-62, 255-266, 268
『영국 여성 연감(*The English-woman's Year-book*)』 171
영 (Charlotte Yonge) 38
영성 8, 22, 60, 63, 76, 115, 265-267
예언자 39, 119, 223-224, 228, 266, 271

예수 ('그리스도' 참조) 16-17, 19-20, 37, 66, 130-132, 134, 148, 165, 170, 182, 184-185, 191, 209, 214, 216, 218, 230, 232, 234-236, 238, 241, 246, 255, 269, 275
고통받는 종 192
예의범절 지침서 (Conduct books) 27, 29
예표론 217
오어 (Marilyn Orr) 232
옥든 (Daryl Ogden) 250
옥스퍼드 운동 18, 21, 119
와츠 (Ruth Watts) 164
와트 (Ian Watt) 27
요크셔 (Yorkshire) 98, 101, 116, 118, 152-153, 159
용서 77, 111-112, 126-128, 130-132, 134, 138, 144, 148-151, 176-177, 183-185, 214, 217, 235, 268
울스턴크래프트 (Mary Wollstonecraft) 60
『여성의 권리 옹호(*A Vindication of the Rights of Women*)』 60
울프 (Virginia Woolf) 27, 31, 160, 263
「여자의 직업(Professions for Women)」 31
『자기만의 방(*A Room of One's Own*)』 160
워홀 (Robyn R. Warhol) 186
거리를 두는 서술자 186
끌어 당기는 서술자 186
웨스트 라이딩 (West Riding) 56, 98, 101, 116, 266
『웨스트민스터 리뷰(*Westminster Review*)』 209, 215, 223, 255
웨슬리 (John Wesley) 17-19, 20, 30, 35, 37, 56, 115, 143, 236, 268
웨슬리 (Charles Wesley) 56, 115, 268
웨슬리파 감리교 115-116, 118-119, 129
위니프리스 (Thomas Winnifrith) 121
윌버포스 (William Wilberforce) 41, 119
유니테리언(교) (Unitarianism) 16, 44, 163-168, 171, 173, 177, 179, 202-203, 214, 255, 269, 270
윤리학 134, 209-211, 256, 271
은혜 36, 66, 112, 129-131, 231, 268
이브 31, 62, 83, 139, 272, 273
이삭 67, 69, 71, 89, 92
이신칭의(以信稱義) 18
이중 기준 32
이피게니아 (Iphegenia) 68
인간성 종교 (Religion of Humanity) 211, 221, 240
인본주의 212
인유 (引喩, allusion) 15, 264
인종 123-124, 127, 140, 142, 150, 275

－ㅈ－

자본주의 30, 171, 188
자비 20, 29, 59, 111-112, 117, 126, 128, 130, 132, 134, 138, 150-151, 165, 268
자선 34, 41, 57-58, 96, 98, 152, 170-171, 177, 240, 269
자아 43, 60, 70, 82, 188, 190, 192, 208, 220, 258
자유주의 (Latitudinarian) 16, 56, 214, 255, 270
자조(self-help) 200
작가성에 대한 불안 23, 27, 161
작은 집에서의 설교 (cottage preaching) 251
장로교 115
재능 42-43, 54, 64, 90, 98, 119, 158, 161, 169, 172, 199, 200-201, 205, 265-266, 270

재예 (Accomplishments) 26
저웩 (Bruno Zerweck) 108-109
정체성 125, 126, 140
제이 (William Jay) 63
제이 (Elizabeth Jay) 31, 37
젠더 ('성별' 참조) 24, 123-124, 140, 150, 166
젠킨즈 (Ruth Y. Jenkins) 39, 56, 59-60
『권력의 신화 회수(*Reclaiming Myths of Power*)』 39
조슈어 (Essaka Joshua) 52
존슨 (Samuel Johnson) 35
종교개혁 18, 35, 37, 41, 44, 62, 188, 265
종교 맹점 121
종교성 30, 71-72, 87-88, 91-92
종교소설 15, 38
종교의 시대 16, 264
종교적 문학 비평 8, 22, 264
종속 24-25, 60, 63-64, 68, 78, 89, 154, 172, 250, 266
죄 71, 77, 83-84, 112, 119, 127-128, 130-131, 144-145, 176, 184-185, 238, 242, 268
중재자 37, 40, 62, 266
집 안의 천사 31-32, 274

—ㅊ—
차티스트 운동 (Chartism) 161, 174, 182-185, 187, 269
채드윅 (Edwin Chadwick) 180
『영국 노동자들의 위생 상태에 대한 보고서(*Report on the Sanitary Condition of the Labouring Population of Great Britain*)』 180
채프먼 (John Chapman) 255
챈스 (Janna Smartt Chance) 60
천직 42-44, 161
청교도 31-32
청교주의 15, 24, 32
청지기 43
침례교 17, 115, 129

—ㅋ—
칼라일 (Thomas Carlyle) 21, 188
칼빈 (John Calvin) 18
칼빈주의(적) 19-20, 56, 57-59, 120
캐번디시 (Margaret Cavendish) 263
커모드 (Frank Kermode) 128
케니 (Theresa M. Kenney) 145
코벤트리 (Coventry) 214, 254
『코벤트리 헤럴드(*Coventry Herald*)』 209
코볼드 (Edward Henry Corbould) 257
콘월 (Cornwall) 116-118, 152
콜리지 (Samuel Taylor Coleridge) 21
콜벳 (Mary Jean Corbett) 244
콜비 (Robin B. Colby) 197
콩트 (Auguste Comte) 218, 240
퀄즈 (Barry Qualls) 217
크로스 (Mary Anne Cross) 259
크로스 스트리트 유니테리언 교회 (Cross Street Unitarian Chapel) 203
크로스 (John Walter Cross) 258
크로스비 (Sarah Crosby) 38, 237
크루거 (Christine Krueger) 38, 118-119, 162-163, 194, 237, 250
『독자의 회개(*The Reader's Repentance*)』 38
클라크 (Micael M. Clarke) 22, 113, 264
클로즈 (John Clowes) 63
『황금 결혼반지(*The Golden Wedding Ring*)』 63

키에르케고어 (Søren Kierkegaard) 53, 65-76, 81, 83-84, 87, 89, 91, 93-97, 267
『공포와 전율(*Fear and Trembling*)』 65, 67, 69, 71, 75
단독자 (single individual) 53, 64-65, 67-72, 75-78, 83-84, 87, 89, 91, 93-97, 267
덴마크 국가 교회 66
보편자 (普遍者) 68
비극적 영웅 69
실존의 단계 69, 70-71, 79, 82, 87, 94, 267
-심미적 단계 80, 84
-윤리적 단계 69-71, 80, 84-85, 89
-종교적 단계 69-72, 84, 85, 87-89, 91, 95
『이것이냐 저것이냐(*Either/Or*)』 70
『철학적 단편 후서(*Concluding Unscientific Postscript to Philosophical Fragments*)』 71
킹슬리 (Charles Kingsley) 171

— ㅌ —

타락한 여자 160-161, 173-175, 192, 196, 200, 269
타이탄 272
타자 72, 94, 122, 133-134, 142, 149-151, 263, 268, 271
탤리 (Lee Allen Talley) 118
테니슨 (Alfred Tennyson) 21
테레사, 아빌라의 성녀 (St. Teresa of Avila) 208, 220-221, 258
토너 (Charlotte Elizabeth Tonna) 38
토멜렌 (Marianne Thormählen) 52, 59, 120, 129, 144
『브론테 가와 종교(*The Brontës and Religion*)』 52
토왈젠 (Bertel Thorwaldsen) 216
"부활 예수(Risen Christ)" 216
톰슨-베일리 (Philippa Thomson-Bailey) 145
톰프킨즈 (Jane Tompkins) 163
트래버시 (Derek Traversi) 113

— ㅍ —

파멸시키는 여자 (femme fatale) 194
파웰 (Baden Powell) 60
「성경의 해석(On the Interpretation of Scripture)」 61
파커 (Pamela Corpron Parker) 170
패티슨 (George Pattison) 74, 94
팻모어 (Coventry Patmore) 31
『집안의 천사(*The Angel in the House*)』 31
페넬 (John Fennell) 117
페미니즘 ('여성주의' 참조) 40, 51, 53, 97, 166, 263
페피즈 (Henry Pepys) 17
평등성 32
평신도 18, 214, 248
포다이스 목사 (Rev. James Fordyce) 28
『젊은 여성을 위한 설교(*Sermons to Young Women*)』 28
포스트모더니즘 263
포이에르바하 (Ludwig Feuerbach) 209, 216-219, 256
『기독교의 본질(*Essence of Christianity*)』 209, 217, 256
폭스(William Johnson Fox) 167-168
폴카 (Brayton Polka) 71, 74
표재명 68-69, 71-72, 75, 78, 83

푸비 (Mary Poovey) 24, 31-32
『균일하지 않은 발전(*Uneven Development*)』 24
『훌륭한 숙녀와 여성 작가(*The Proper Lady and the Woman Writer*)』 31
푸코 (Michel Foucault) 24
프라익스텟 (Monica Correa Fryckstedt) 179
프랭클린 (J. Jeffrey Franklin) 78, 86
프로메테우스 (Prometheus) 273
플레처 부인 (Mrs. Mary Fletcher, 'Mary Bosanquet' 참조) 117
피어슨 (Pearson, Christiana) 254
피터즈 (John G. Peters) 86

-ㅎ-

하워스(Howarth) 교구 55-56, 119, 266
하이트 (Gordon Haight) 216, 252
『조지 엘리엇 전기(*George Eliot: A Biography*)』 252
하층민 17-18, 127, 185
합리주의(적) 15, 167, 168
해리슨 (G. Elsie Harrison) 114, 120-121
『브론테 가에 대한 실마리(*The Clue to the Brontës*)』 120
해리슨 (J. F. C Harrison) 16
해석학 22, 264
허지슨 (Peter C. Hodgson) 212
헌트 (Thornton Leigh Hunt) 256
헤거 (Constantine Héger) 54, 99, 102, 121
헤넬 (Charles Christian Hennell) 214, 255
『기독교의 근원에 관한 연구(*An Inquiry concerning the Origins of Christianity*)』 255
헴프튼 (David Hempton) 64
호먼즈 (Margaret Homans) 196
호윗 (Mary Howitt) 172
『자서전(*Autobiography*)』 172
호윗 (William Howitt) 172
호츠 (Mary Elizabeth Hotz) 183
홀랜드 (Elizabeth Holland) 202
화이트필드 (George Whitefield) 56
화자의 신뢰성 107-108
신뢰성 107-108, 110, 123
회개 38, 119, 167, 183, 186, 238, 256
회의 21, 113, 192, 199, 214, 218-219, 220, 222, 255
회중파교회 17
휘그당 273

19세기 영국 여성 작가와 기독교

펴낸날 1판 1쇄 2017년 2월 28일
지은이 오정화
펴낸이 권은미
펴낸곳 이화여자대학교출판문화원
주소 서울특별시 서대문구 이화여대길 52(우 03760)
등록 1954년 7월 6일 제9-61호
전화 02) 3277-2965(편집), 362-6076(마케팅)
팩스 02) 312-4312
전자우편 press@ewha.ac.kr
홈페이지 www.ewhapress.com
책임편집 민지영
디자인 정혜진
찍은곳 한영문화사

ISBN 979-11-5890-206-3 93840
값 21,000원

이 도서의 국립중앙도서관 출판예정도서목록(CIP)은 서지정보유통지원시스템 홈페이지(http://seoji.nl.go.kr)와 국가자료공동목록시스템(http://www.nl.go.kr/kolisnet)에서 이용하실 수 있습니다. (CIP제어번호 : CIP2017004420)